경제비상사태

홍종학의 필리버스터

경제비상사태의 실상과
테러방지법의 숨은 의도

경제비상사태. 홍종학의 필리버스터
- 경제비상사태의 실상과 테러방지법의 숨은 의도

초판 1쇄 인쇄 2016년 3월 25일
초판 1쇄 발행 2016년 4월 1일

엮은이   편집부
편집   곽동훈
디자인   임인환

펴낸이   양은하
펴낸곳   들메나무
출판등록   2012년 5월 31일
등록번호   제 396-2012-0000101호
주소   (10446) 경기도 고양시 일산동구 백석로86번길 74-8 (201호)
전화   031) 904-8640
팩스   031) 624-3727
전자우편   deulmenamu@naver.com

가격   12,000 원

979-11-86889-03-9 (03300)

경제비상사태

홍종학의 필리버스터

경제비상사태의 실상과
테러방지법의 숨은 의도

들메나무

차례

머리말

이 책은 2016년 대한민국 제 340회 국회(임시회) 본회의 회의록 중 더불어민주당 홍종학 의원이 발언한 내용을 수록한 것입니다. 속기록을 그대로 옮긴 것이라 국회의장과 다른 의원들의 목소리도 조금씩 섞여 있어서 국회 현장의 생생한 분위기를 느낄 수 있습니다.

책의 내용은 홍의원 발언 그대로이지만, 독자의 편의를 위해 큰 제목과 작은 제목들을 추가했습니다. 그리고 홍종학 의원이 발표할 당시 사용했던 자료집을 내용상 적절한 부분에 삽입했습니다.

2016년 2월23일(화) 오후 6시에 개의하여 3월2일 산회한 이번 국회의 가장 큰 쟁점은 소위 '테러방지법'이라고 불리는 '국민보호와 공공안전을 위한 테러방지법안'이었습니다. 야당인 더불어민주당과 국민의당, 정의당 등은 이 법안의 반인권적*반민주적 요소를 지적하면서, 법안이 그대로 통과되는 것을 막기 위해 무제한 토론 즉 필리버스터에 들어갔습니다. 이는 대한민국뿐 아니라 전세계 역사상 가장 긴 필리버스터로서 각종 화제와 기록을 낳았습니다.

필리버스터에 참여한 의원들의 발표 모두가 나름 의미 있고 소중한 정보이자, 참고할만한 훌륭한 의견이지만, 그 중에서도 홍종학 의원의 발표내용을 여기에 수록하여 책으로 내게 된 이유가 있습니다. 한 때 아시아 뿐 아니라 세계로부터 인권과 민주주의의 신장으로 부러움을 샀던 대한민국은 지난 새누리 정권이 집권한 이래 표현의 자유가 추락하고, 민주주의가 손상되면서 뒷걸음질을 거듭했습니다. 국정원에 무소불위의 국민감시 수단을 제공하는 '테러방지법'은 민주주의의 추락을 가속화시키는 계기가 될 것이 틀림 없습니다.

그 뿐 아니라 새누리당 집권 이후 대한민국 경제 역시 추락을 거듭하고 있습니다. 실질 GDP 성장률은 매년 내려가고, 국가와 기업, 가계 모두 감당하기 어려운 엄청난 부채를 지고 있으며, 자영업자들은 유래 없는 불경기에 시달리고 있습니다. 이러한 상황에서 박근혜 정부는 노동자를 더욱 쉽게 해고할 수 있는 법률을 제정하려고 합니다.

공중파와 종편을 비롯한 대다수의 언론들은 이러한 현실을 국민들에게 제대로 알려주지 않습니다. 만약 지금이 노무현 정권이나 김대중 정권이었다면, 대한민국은 신문지상에서 몇 번이나 망했을 것입니다. 하지만 많은 이들이 IMF 관리 시절보다 어렵다고 하는 지금, 언론들은 약속이나 한 듯이 대한민국의 경제위기에 대해 침묵하고 있습니다.

우리가 필리버스터에 참여한 여러 의원들 중 군이 홍종학 의원의 발언을 모아 이렇게 책으로 내기로 결심한 이유가 바로 이 때문입니다. 대한민국의 주류 언론들이 침묵하고 있는 지금 그나마 이런 기회를 통해 대한민국의 경제현실을 정확하게 짚어주고, 이를 '경제비상사태'라고 정확하게 요약했기 때문입니다. 독자 여러분은 이 책을 통해 소위 '테러방지법'의 비민주성과 반인권성, 인권탄압과 정치개입으로 얼룩진 국정원의 어두운 역사 그리고 국정원의 권한을 강화하려는 박근혜 정권의 숨은 의도에 대해서도 알 수 있겠지만, 무엇보다도 대한민국의 경제현실을 정확하게 직시할 수 있을 것입니다.

혹시 독자분이 오해하실 지도 몰라 밝혀두지만, 이 책은 홍종학 의원 개인을 소개하거나 홍보하기 위해 만든 것이 아닙니다. 들메나무 출판사의 임직원은 홍종학 의원과 아무런 관계도 없습니다. 다만 필리버스터 기록을 책으로 만드는 것에 대해서 홍종학 의원실의 양해를 구해두었습니다.

그럼 지금부터 현상황이 왜 박근혜 정부가 말하는 '국가비상사태'가 아니라 '경제비상사태'인지 국회의 경제전문가에게 직접 들어보겠습니다.

도서출판 들메나무 기획위원 곽동훈

1. 스미스씨 워싱턴에 가다

필리버스터 강의 계획

부의장 이석현: 다음은 더불어민주당 홍종학 의원 나오셔서 토론해 주시기 바랍니다.

경제민주화 전문가이신 홍종학 의원님이 나오셨습니다.

홍종학 의원님 정말 오랫동안 기다리셨는데요, 또 SNS를 통해서 국민과 소통을 무척 열심히 하는 분인데 제가 지금 트위터 팔로우하고 있는 것 알고 계신가요?

홍종학 의원: 예, 알고 있습니다.

부의장 이석현: 일곱 시간 전에 저한테 트윗 글 홍 의원님이 올린 것을 제가 보았더니 뭐라고 되어 있느냐 하면 '희망의 필리버스터 제가 다음 차례입니다 어제처럼 줄이 길지는 않지만 오늘도 방청석은 꽉 찼습니

다. 이학영 의원님 저렇게 목소리를 높이시니 걱정이 됩니다 언제까지 하시려나' 이렇게 되어 있어요.

그런데 '언제까지 하시려나' 하는 뜻을 제가 알겠는데 '이학영 의원님 저렇게 목소리를 높이시니 걱정이 됩니다' 이것은 어떤 의미로 하신 말씀입니까?

홍종학 의원: 대단하시네요. 이학영 의원님 그러면 오래 못 하실 것 같아서 걱정했는데······

부의장 이석현: 아, 오래 못 하실 것 같아서요?

홍종학 의원: 예.

부의장 이석현: 저는 또 '이학영 의원님이 저렇게 목소리를 높이시니 나도 높여야 되나' 하고 걱정이 된 것으로 알았더니······

말씀하십시오.

홍종학 의원: 안녕하세요.

더불어민주당 비례대표 홍종학입니다.

저는 시간도 늦고 그래서 편하게 하도록 하겠습니다.

사실 제가 이 본회의 연단에 오를 때 항상 딱딱하게 할 수밖에 없어서 그것이 항상 좀 섭섭했었습니다. 그래서 오늘 시간도 충분하고 그래서 편하게 토론을 하도록 하겠습니다.

저는 경제학교수였습니다.

가천대학에서 20여 년 동안 강의를 했고요, 그래서 뭐 세 시간 정도 강의는 예전에 했는데 최근에는 안 했는데 이제 오늘 다시 그렇게 하게 될것 같습니다. 그래서 강의하듯이 그렇게 토론을 진행을 해 볼까 합니다. 그래서 편하게 그렇게 그냥 말씀을 드리도록 하겠습니다.

전반적으로는 주제에 맞게 얘기를 해야 되기 때문에, 지금 사실상 이필리버스터라는 것이 국내에서 이렇게 오랫동안 진행된 것이 처음이지않습니까? 그래서 이 필리버스터의 의미에 대해서 제가 한번 따져보도록 하겠습니다.

그리고 제 생각에 지금 국가비상사태라고 하는데 두 번째로는 과연 그것이 타당한 이야기인가에 대해서 얘기를 해 보고요, 세 번째는 제가생각할 때는 이 테러방지법이 원래 목적하는 테러를 방지하기 위한 그런 목적보다는 여론 통제를 위한 수단을 확대하는 것이 아니냐 하는 생각에서 그러한 얘기를 해 보도록 하겠습니다.

네 번째로는 지금 지식정보화 사회에서 이 테러방지법이 과연 우리나라의 지식정보화 사회의 발전에 도움이 되겠느냐 이런 얘기를 해 보도록 하겠습니다. 그다음에 다섯 번째로는 한국 민주주의 역사에서 이테러방지법을 어떻게 봐야 되겠는가 하는 이야기를 한번 또 제 생각을말씀을 드리고요.

여섯 번째는 지금 이 테러방지법 때문에 여야가 이렇게 대치를 하고 있는데 우리가 타협의 정치를 하지 못하고 이렇게 대립의 정치 그리고 사실상 지금 대통령께서 하고 계시는 것은 공포의 정치인데, 이 사회적 대타협을 저는 항상 얘기를 해 왔습니다. 그래서 그런 사회적 대타협을 주장하는 정치와 이 공포의 정치가 얼마나 차이가 나는가 이런 얘기를 좀 해 보도록 하겠습니다.

그다음에 이제 문제의 핵심이 지금 국정원이기 때문에 국정원의 얘기를 할 수밖에 없고요, 그리고 일곱 번째로는 국정원 얘기를 하겠습니다. 그래서 국정원의 얘기에 대해서 저희가 지금 계속 과거 얘기를 하기 때문에 많은 분들이 그것은 과거 얘기 아니냐 그러지만 지금 뭐 가장 최근에도 많은 문제들이 생겨났기 때문에 이것이 과거의 문제가 아니다, 우리 국정원 문제를 저 나름의 시각에서 다시 한 번 따져보도록 하겠습니다. 그것이 일곱 번째고요.

여덟 번째로는 지금 일련의 박근혜정부에서 진행되어 오는 과정이 있습니다. 그래서 최근에 지금 정부가 강력하게 밀어붙이는 것 중의 하나가 노동개혁법이라는 말이지요. 저희는 '노동개악'이라고 얘기하는데 '노동개혁'이라고 얘기하는 그것이 있다, 이것과 이 테러방지법 이것이 저는 상당한 연관성이 있다고 생각을 하고요, 그래서 그 문제에 대해서 얘기를 한 다음에 마지막으로 정리를 해 보도록 하겠습니다.

이런 말씀을 드리자니까 제 소개를 조금은 해야 될 것 같습니다.
저는 아까 말씀드렸다시피 경제학 공부를 했고요, 그리고 미국에 유학을 갔습니다. 서울에 있을 때는 그냥 평범한 학생이었고요, 운동권에 들지도 못했습니다. 그리고 제가 이상하게도 우리나라에 큰 일이 있을 때마다 군에 입대해 있다거나 외국에 있다거나 그래서 87년에는 저는 미국에 있었고요, 그때 공부하고 있었습니다.

미국의 힘은 사상의 자유에서 나온다

제가 공부한 데가 캘리포니아대학이었는데요, UC샌디에이고입니다. 그래서 UC버클리·UCLA·UC샌디에이고, 같은 유니버시티 오브 캘리포니아University of California, 캘리포니아대학입니다. 미국의 캘리포니아 주의 주립대학이지요. 한 7, 8개가 있는데 그중에 잘 알려진 버클리대학, UCLA대학 그다음에 샌디에이고입니다.

제가 말씀을 드리는 이유는 지금 이것과 관련되어서……

부의장 이석현: 홍 의원님!

홍종학 의원: 예.

부의장 이석현: 말씀 중에 죄송합니다.

제가 사회를 교대할 시간이 되어서 들어가 보겠습니다. 말씀 잘 하시고요, 이따가 새벽 1시부터 5시까지 또 제가 이 의장석에서 모시기로 했습니다.

다시 뵙겠습니다.

─ 이석현 부의장, 정의화 의장과 사회교대

의장 정의화: 계속하십시오.

홍종학 의원: 그래서 이제 외로운 유학생활을 하고 있었는데요, 그때 그 대학에서 굉장히 재미있는 행사가 있었습니다. 일주일에 한 번씩 영화 상영을 하는 그런 행사였는데요, 이 영화가 그냥 영화가 아니라 이른바 우리 식으로 얘기하면 제3세계 영화를 학생회에서 보여주는 그런

행사였습니다.

거기 갔더니 재미있는 행사들이 굉장히 많았고요, 예를 들면 저는 그전까지 뭐 그렇게 음악을 많이 안 들어서 잘 몰랐는데 밥 말리라고 하는 레게음악의 원조, 나중에 보니까 거의 영웅이더군요. 자메이카의 밥 말리에 대한 영화라든가 이런 것을 보게 되었지요. 제3세계 영화를 그렇게 뭐 자주 가지는 못했습니다마는 가끔 보는 것이 너무나 저로서는 새로운 세계였고요. 거기에 놀랍게도 사회주의 얘기, 이런 얘기들이 거기 죽 있었지요. 그러니까 저는 어떻게 보면 한국에서 보지 못하던 그런 새로운 얘기를 미국에서 보게 된 그런 경험을 했습니다.

저의 입장에서는 '아, 이것이 미국의 힘이구나. 미국이 자신들의 생각하고 다르지만 그런 제3세계 얘기를 이렇게 가감 없이 대학 학생회에서 보여주는구나.' 거기에는 사회주의자들의 일생에 대한 것도 있고 거의 사회주의자를 굉장히 미화한 그런 영화도 있었습니다. 그때 그 유명한 로자 룩셈부르크 이런 사람들 얘기가 영화로 나오고 그래서 저는 그 얘기를 그때 알게 되었습니다.

놀라운 것 중의 하나가 그 당시에 1980년대 중반에 문제가 되었던 이른바 산디니스타 게릴라와 그다음에 콘트라 contra 를 해서 거기 문제가 되었던, 즉 미국의 CIA가 다른 나라의 내정에 간섭을 해서 원래 소모사 정권이라고 하는 아주 잔혹한 정권이 있었는데 거기에 대해서 산디니스타가 사실 혁명을 통해서 정권을 교체했지요. 그런데 미국이 불법적으로 반군을 지원했고 그 반군 지원한 것에 대해서 미국에서 청문회도 열리고 그랬는데, 그런 것들을, 그런 미국의 굉장히 가슴 아픈 얘기, 미국 CIA의 불법적인 얘기, 미국 백악관의 국가안보실에서 벌어졌던 아주 치명적인 얘기들을 대학의 학생들이 가감 없이 영화로 보고 있다는

데 대해서 저는 굉장히 놀랐습니다. 저는 그게 바로 미국의 힘이라고 생각을 합니다. 저도 그런 것을 보면서 그때 제 시각이 굉장히 넓어졌다는 것을 느끼고요.

우리 대학이 지금 그런 의미에서 저는 상당한 문제가 있다고 생각을 합니다. 우리 대학에서 만약에 그런 영화를 상영한다거나 이게 지금 가능할까? 심지어는 우리 대학 학생들도 그런 것을 시도하지 않고 있고, 만약에 그런 것을 시도하게 되면 또 문제가 될 거고요. 요즘 유명, 심지어는 야당의 지지하는 이런 사람들 초청해서 강연만 해도 우리 대학이 지금 문제가 되고 있는 상황이니까요. 그래서 그런 입장에서 저는 세상을 뭐라고 그럴까요, 우리나라가 아직도 갈 길이 한참 멀구나.

제가 지금 말씀드리는 것은 바로 이와 같은 생각의 차이를 말씀드리는 겁니다. 어떤 사람들은 그런 것들을 자꾸 가둬 놓으려고 그러고 자꾸 그런 의견을 얘기하지 못하게 하고 이렇게 하는 반면에 한쪽의 사람들은 그게 뭐가 문제냐, 이렇게 돼 있고요.

우리가 얘기하는 통상적으로 미국이라고 하는 나라가 바로 그렇게 자기와 정반대, 자기한테 해가 되는 그린 얘기조차도 자유롭게 대학에서, 최소한 지식인사회에서는 그렇게 얘기할 수 있기 때문에 미국의 오늘이 있지 않은가, 이런 것들이 제가 생각하는 겁니다.

돌아와서 저는 학교에서 강의를 하다가요 그다음에 경실련 활동을 했습니다. 경실련 활동을 하면서 굉장히 많은 것을 배웠고요, 그것을 통해서 우리나라의 재벌 문제에 대해서 건드리기 시작을 했습니다. 재벌 문제에 대해서 문제가 있다고 하는 것을 제가 경제학자로서 얘기를 하기 시작했고, 그래서 경실련과 같이 경실련에서 활동하다 보니까 그런 얘기들을 많이 하게 됐고요. 그 결과 2012년도에 제가 당시 민주통합당 비례대표, 경제민주화를 그때 상징으로 해서 제가 비례대표 4번으로 비례대표가 됐습니다.

새누리당과 더불어민주당의 차이

제가 지금 말씀드리는 것은 뭐냐 하면 많은 분들이 '새누리당과 지금 우리 더불어민주당 간에 무슨 차이가 있겠느냐?' 바로 이런 차이가 있는 거지요. 개인의 생각의 자유, 인권 이런 것들을 저희가 좀 더 강조한다고 한다면 새누리당의 입장에서는 그런 것보다는 성장이라든가, 인권보다는 안보 이런 것들을 더 강조해야 되겠다, 이런 얘기들을 많이 하는 거지요.

어떤 학자들은 그렇게 얘기합니다. 그래서 미국에서도 공화당은 아버지와 같은 엄격한 규율을 강조하고 그리고 사람들을 그런 것으로 통제하려고 하는 그런 아버지와 같다고 한다면 미국 민주당, 진보는 어머니와 같다. 그래서 어머니처럼 복지를 통해서 따뜻하게 국민들을 보살피려고 노력하고, 반면에 개인의 인권 이런 것들은 충분히 제공을 하려고 하고, 그런 차이가 있다는 말씀을 드리겠습니다. 그런 입장에서 제가 이 문제를 한번 살펴보겠다는 얘기입니다.

필리버스터가 시작이 되면서 저는 한국 정치가 새로운 국면을 맞고 있지 않나 이런 생각을 하게 되는데요. 우리 네티즌들이 역시 대단히 기발하셔서 이 필리버스터를 '마국텔'이라고 얘기해서 '마이 리틀 텔레비전'에 빗대서 '마이 국회 텔레비전' 해서 '마국텔'이라고 지금 얘기가 돼 있는데요, 굉장히 재밌게 봤습니다.

저는 실제로 국회가 마국텔이 돼야 되지 않겠는가 이렇게 생각을 합니다. 그렇지 않습니까? 그러니까 새누리당은 새누리당대로 계속 얘기를 하시고요. 마이 리틀 텔레비전처럼 한 방 정해 놓고 계속 얘기하고 거기에 좋은 얘기 하고 지지하면 국민들이 그 당을 더 좋아할 거고요, 우리 당은 우리 당대로 지금 이렇게 얘기하고 그다음에 국민들이 우리에게 더 호응을 하게 되면 우리 당에 대해서 지지하고. 그러니까 마이 리틀 텔레비전에서도 그냥 당일로 이렇게 성적이 나오듯이 바로 그렇게 국민들이 정당을 평가했으면 좋겠다 하는 측면에서 저는 '마국텔'이라고 하는 것이 상당한 의미가 있는 용어라고 생각을 합니다.

제가 국회에 와서 꼭 하고 싶은 게 하나 있었습니다. 그게 뭐냐 하면 지금 국회방송 때문에 많은 분들이 이것을 보는 것이 가능하게 됐는데, 우리 지방의회를 이렇게 항상 생중계를 하자. 법적으로 이게 굉장히 중요한 것이다.

제가 미국에서 공부할 때도 보면 미국의 케이블TV의 2개 방송이 정치에 열려 있는데 하나는 국회, 의회를 생중계하고 있고 다른 하나는 지방의회를 꼭 생중계를 하고 있습니다. 제가 국회에 왔을 때 이것은 꼭 하고 싶었는데 다른 일 하다가 보니까 바빠 가지고 이거를 못 했습니다. 저는 우리 국민들께서 이번에 마국텔 보시고 이게 참 의미가 있는 거다,

대한민국 정치사에 의미가 있는 거라고 생각하면 저와 함께 우리 모든 지방의회…… 지방의회에서 지금 뭐 하고 있는지 잘 모르시잖아요. 그렇지요? 그것도 역시 마찬가지로 이렇게 집에서 편안하게 볼 수 있도록 우리 지방의회의 모든 것들을 다 TV 중계를 하는 제도를 도입하자는 것을 이번 기회에 저는 말씀을 드리고 싶습니다.

필리버스터의 의미

제가 필리버스터에 대해서 알게 된 것은 어렸을 때 영화를 통해서 알게 됐습니다. 신경민 의원님께서 이미 말씀하셨다시피 '스미스 워싱턴에 가다'● 라는 아주 유명한 영화가 미국에 있고요. 그 영화에서 촌뜨기 스미스가 의원이 돼 가지고 워싱턴에 가서 여러분이 생각하는 것처럼 그냥 우리 식으로 얘기하면 의원이 누릴 수 있는 온갖 권리만 누리고 그렇게 즐겁게 살다가 어느 날 자기가 살아오던 배경을 잊고 그다음에 자기가 동의한 법이 자기 동네 자기 친구들을 배신하는 그런 법이라고 하는 것을 알게 되고 그것에 의해서 그때부터 필리버스터를 하게 되지요.

저는 정치에는 관심이 없었고요. 제가 이렇게 정치인이 돼서 이렇게 연단에 서리라고도 거의 상상해 본 적도 없었습니다, 어렸을 때는. 그랬는데 그 영화는 상당히 오랫동안 제 기억에 남아 있고, '그것이 민주주의의 굉장히 중요한 수단이구나' 이렇게 생각을 하게 됐습니다.

예를 들면 이런 겁니다. 오늘 뉴욕타임스에서 이 필리버스터에 대해서 기사를 냈습니다. 뉴욕타임스에서 기사를 냈는데, 간단하게 읽어 드리면,

"야당 의원들이 정부가 지지하는 테러방지법이 통과된다면 개인의 자유와 사생활을 위협할 것이라며 이를 위한 투표를 막기 위해 토요일 국회에서 닷새째 연속 발언을 계속했다.

● 주: 프랑크 카프라 감독의 1939년작. 원래 보이스카웃 단장인 제퍼슨 스미스가 우연히 상원의원이 되어 자신을 만만하게 본 부패 세력과 싸우는 이야기. 제임스 스튜어트와 진 아서 주연. 오스카 11개부문에 올라 각본상을 수상한 고전 명작 중 하나이다. 주인공 스미스가 지칠 때까지 필리버스터를 하는 장면이 유명하다.

정청래 의원은 오후 늦게 연단을 비우기까지 거의 12시간을 발언하며 지난 수요일 10시간 18분을 발언한 동료 야당 의원인 은수미 의원의 최장 국회 연설 기록을 깼다. 정 의원의 뒤를 이어 진선미 의원이 1969년 이후 한국 최초로 야당이 필리버스터에 의존하기로 지난 화요일 결정을 내린 후 18번째 발언자로 이에 참여했다.

필리버스터가 90시간을 넘기며 이제 이는 역사상 최장의 필리버스터가 되고 있다. 2011년 캐나다의 신민주당은 58시간 동안 필리버스터를 진행했다. 이 필리버스터가 성공하려면 의원들은 3월 10일 자정현 국회의 회기가 끝날 때까지 발언을 지속해야 할 것이다. 가능한 한 오랜 시간을 끌고자 몇몇 의원들은 운동화를 신고 연단에 올라갔고 화장실에 가는 것을 피하기 위해 물을 마시는 것도 억제했다. 이들 대부분은 법전, 학술 논문, 뉴스 보도 기사 그리고 인터넷 댓글 등을 읽으며 시간을 끌었다. 어떤 야당 의원은 조지 오웰의 '1984'를 꺼내 한참을 읽기도 했다.

박근혜 대통령과 집권 새누리당은 한국의 주요 정보기관인 국정원에 개인과 단체를 조사할 더 큰 권한을 보장하는 테러방지법을 지지해 왔다. 그들은 최근 핵실험과 장거리 로켓 발사를 했던 북한의 위협과 이슬람 국가 조직과 같은 군사조직에 의한 행위 등을 지적한다.

야당 의원들은 테러방지법에는 국정원이 시민사찰을 위해 권력을 남용하는 것을 막을 수 있는 충분한 조치가 없다고 말한다.

정청래 의원은 '미사일을 발사한 것은 북한인데 왜 국정원은 한국 국민의 휴대폰을 조사하려 하는가? 로켓을 발사한 것은 북한인데 왜 국정원은 한국 국민의 은행계좌를 추적하려고 하는가?'라고 장황한 연설을 계속하며 말했다. 정 의원은 박근혜정부를 독재에 비유하는 등의 더욱 감정적인 표현에 기분이 상한 몇몇 새누리당 의원들과 때로 설전을 교환하기도 했다.

박근혜는 1979년 중앙정보부장에 의해 암살되기까지 18년 동안 한국을 철권으로 통치했던 전 군부 독재자 박정희의 딸이다.

국정원은 정치에 간섭하고 시민들과 언론인들을 염탐한 역사를 가지고 있다.

1999년부터 2003년까지 연이어 국정원을 이끈 두 명의 국정원장들은 한국의 정치인, 기업인 및 언론인 약 1800명에 대한 휴대폰 도청을 지시한 혐의로 유죄판결을 받고 집행유예를 받았다.

또 다른 전 국정원장은 2012년 대통령 선거 전에 당시 집권여당의 박근혜 후보를 지지하고 박근혜의 주요 진보 측 경쟁 후보인 문재인을 폄하하는 불법 온라인 선거운동을 명령한 것에 대해 유죄판결을 받은 후 지난해 3년 징역형을 선고받았다. 대법원은 하급법원에서 그를 기소하기 위해 사용된 증거 중 몇 가지를 거부한 후 원세훈에 대한 재판을 다시 할 것을 하급법원에 명했다."

이게 서울의 AP통신을 받아서 뉴욕타임스가 보도를 한 거고요, 이 번역은 뉴스프로에서 번역을 한 겁니다. 지금 이렇게 AP와 뉴욕타임스에서 굉장히 자세하게 한국의 필리버스터에 대해서 이렇게 보도를 하고 있습니다.

이렇게 보도한 것에 대해서 이것을 어떻게 평가할 것인가? 이게 국내 언론에서 이렇게 보도하는 언론은 거의 보기 힘들지요. 뭐 외국 언론이니까 그동안의 사정까지 얘기를 하다 보니까 이런 얘기를 하게 됐는데요. 생각의 차이라는 것은 뭐냐 하면 저희는 이런 것이 굉장히 자랑스럽다고 생각을 합니다. 대한민국이 필리버스터의 세계 기록을 세웠다, 그러면 이것은 대한민국의 민주주의의 하나의 커다란 쾌거지요. 이게 후진국 독재국가에는 있을 수 없는 거잖아요. 그렇지요? 선진국에서 그동안 이어오던 하나의 전통이었는데 그것을 대한민국 국회에서 드디어 하게 됐다. 이것은 굉장히 저는 자랑스러운 일이라고 생각을 합니다.

왜냐하면 필리버스터라고 하는 것 자체가 약자를 위한 제도입니다. 스미스처럼 그냥 혼자 외롭게 의사진행을 반대하는 그런 거지요. 많은 분들이 지금 잘못 알고 계신 것 중의 하나가 저희가 아무리 이렇게 많이 했어도 3월 10일이 지나면 이 법은 통과되게 되어 있습니다. 그것이 현재 한국의 법입니다.

스미스도 마찬가지지요. 스미스가 쓰러지기까지 하면서 그것을 한다고 할지라도 그 법을 통과시키는 것을 막지 못합니다. 필리버스터는 법을 통과시키는 것을 지연시킬 수는 있지만 그 법을 통과시키는 것을 막지는 못합니다. 그런데 그 영화에서는 어떻게 됐냐 하면 스미스가 그렇게 쓰러지는 것을 감수하고 이어나가는 그 순간에 사람들이 열광적으로 지원하기 시작합니다. 그것이 그 법의 통과를 막은 겁니다.

지금도 마찬가지입니다. 저희는 이 법을 막을 수 없습니다. 그런데 국민 여러분께서 이 소수자의 얘기를 들어 주시고 이 소수자의 얘기가 합리적이라고 생각한다면 그러면 그것에 의해서 여당이 태도를 바꾸게 될 것입니다.

2. 대한민국은 경제비상사태

대한민국 언론의 현실

아까 말씀드린 대로 여당과 야당은 생각이 좀 다릅니다. 사실상 큰 차이도 아닙니다. 그 얘기도 나중에 하겠습니다마는 이 테러방지법 자체를 우리가 국회에서 타협하지 못한다는 것 자체가 지금 저로서는 이해하기어려운 겁니다. 어렵지 않습니다. 지금 새누리당에서 주장하는 대로 이것은 외국 테러인 외국인들만 대상으로 하는 거다, 그러면 법조문 그렇게 만들 수 있습니다. 새누리당에서 얘기하는 대로 그런 식으로 이렇게 만들어 달라 그러면 그렇게 법조문 만들어 줄 기술자들이 많습니다.

그런데 저희가 오늘 얘기하는 것은 그렇지 않을 거라고 하는 합리적 의심이 여기 있다는 것이지요. 새누리당에서 요구하는, 박근혜정부와 새누리당이 지금 생각하는 이 법을 통해서 의도하는 것이 다른 것이 있다고 저희는 합리적 의심을 하는 겁니다.

그 합리적 의심에 대해서 국민들께 지금 호소할 기회를 가졌습니다. 저희가 이 필리버스터를 통해서 호소할 기회를 가졌다고 하는 것은 한국 언론이 얼마나 엉망인가를 보여 주는 거지요. 한국 언론이 그동안 얼마나 야당의 의견을 보도하지 않았으면 우리 국민들이 이제야 '야당이 저런 얘기를 하는구나', 일부라도 지금 이 밤늦은 시간에 이것을 보고 계시는 분들은 그걸 느끼시는 겁니다.

이 필리버스터를 하기 전에 야당의 의견에 대해서 제대로 보도한 언론이 있었는가? 없지요. 예, 없습니다. 그동안 지난 4년간 내내 그래 왔습니다. 야당이 주장해서 정년을 연장시켜 놨더니 새누리당이 먼저 플래카드를 죽 답니다. 우리가 얘기해서 '재벌의 세금을 좀 올리자', 새누리당이 반대합니다. 마지막 가서 반대해서 우리가 열심히 해 가지고 재벌들의 세금 요만큼 올려놓으면 새누리당이 지금 그것 때문에 경제 민주화했다 이렇게 얘기합니다. 그러니까 국민들의 입장에서는 여당이나 야당이나 차이가 없다. 야당이 그렇게 열심히 얘기했고 새누리당이 그렇게 반대했던 그 법안에 대해서 어느 한 언론도 보도해 주지 않았습니다. 이게 바로 대한민국의 문제인 겁니다.

오늘 저는 여러분들과 그런 얘기를 나누고 싶습니다. 그렇지만 뭐 그렇게 지는 비관적으로 보지 않습니다. 왜냐하면 모든 나라가 다 이런 과정을 거쳤다고 저는 생각을 합니다. 우리는 지금 민주주의 된 지 겨우 60년 정도 됐습니다. 우리가 87년부터 따진다고 한다면 한 40년 조금 안 된 거지요.

이 짧은 민주주의의 역사에서 이미 외국도 다 이런 경우를 거쳤고요 지금 우리는 그 과정을 거쳐 나가는 것이고 그 과정이, 저는 그래서 이 필리버스터가 대한민국 민주주의의 큰 획을 하나 그을 수도 있겠다 이 생각에 지금 이렇게 말씀을 드리는 겁니다. 대한민국의 정치 현실을 국민들이 낱낱이 볼 수 있는 그 기회가 이 필리버스터를 통해서 가능하지 않을까 저는 그렇게 생각을 합니다.

다시 말씀드립니다마는 이 필리버스터는 바로 대한민국 언론의 현실을 보여 주는 것이다. 이것을 우리 국민들께서 꼭 알아 두셔야 할 것 같습니다. 국회방송이라고 하는 그 단 하나의 방송을 제외하고는 지금 이 필리버스터를 보도하는 언론이 거의 없습니다. 얼마나 재밌습니까? 시청률이 이렇게 높은데 왜 이것을 생중계를 안 합니까, 다른 방송들은? 이해하기가 어려운 거지요. 이게 바로 대한민국 민주주의의 현실인 겁니다. 그 현실을 이 필리버스터가 지금 보여 주고 있는 겁니다. 그런 의미에서 저는 이 필리버스터가 상당한 의미가 있다 이렇게 생각을 합니다.

미국도 이와 같은 과정을 거쳐 왔습니다. 그러니까 지금 저희가 자본주의가 시작된 지, 48년부터 시작이 됐다고 그러면 상당히 오래된 거지만 실제로 경제 발전을 급속하게 시작한 지가 불과 30~40년밖에 되지 않았습니다. 그러면 미국의 경우를 따지게 되면, 우리가 이 자본주의가 시작돼서 30~40년 되고 경제가 급속하게 발전된 시기다 이 정도면 대개 어느 정도 되냐 하면 1910년 1920년쯤 됩니다. 유럽도 마찬가지고요. 그러니까 유럽이나 미국에서 1910년 1920년 이 정도 됐을 때에 민주주의의 상황이 어땠느냐, 지금 우리나라하고 거의 비슷합니다. 언론이 제대로 보도하지 않습니다.

그래서 당시 미국에서는 이른바 무크레이커muckraker라고 그래서 거름더미를 뒤지는 사람들, 탐사보도 기자들이 대거 등장하게 됩니다. 그 탐사보도 기자들로 인해서 미국의 민주주의는 한 단계 더 발전하게 되는 거지요.

그때서부터 미국의 주류 언론들은 시들어 가기 시작하고 바로 사람들이 알고자 하는 탐사보도 기자들이 얘기를 해 줌으로 인해서 미국 정치의 문제점, 그 당시만 하더라도 미국도 역시 마찬가지로, 우리보다도 더 낙후됐습니다. 어느 정도냐 하면 대통령후보를 그냥 몇 명이 모여서 뽑을 정도니까요.

한국의 정치현실과 재벌문제

제가 오늘 말씀드리고 싶은 것 중의 하나는 지금 이 정치 현실이 재벌 문제와 결코 무관하지 않다고 하는 말씀을 드리고 싶은 겁니다. 역사적으로 자본주의와 민주주의가 이 정도 발전한 국가에서는 항상 재벌이 있었습니다.

많은 사람들이 재벌이라고 하는 것은 한국에만 있는 거다 이렇게 생각하시는 분들이 있는데 그렇지 않습니다. 미국에도 재벌이 있었고, 독일에도 재벌이 있었고, 일본에도 재벌이 있었습니다. 지금 얘기하는 스웨덴에도 재벌이 있었고요. 그 재벌이 계속…… 유일하게 재벌이 없는 나라는 영국뿐입니다. 영국은 독특하게 다른 이유에 의해서 재벌이 발생하시 잃있는데요. 거기도 발생할 뻔하다가 안 됐습니다.

그러니까 정치구조가 어떻게 되느냐 하면, 재벌과 재벌을 지지하는 정치집단이 있게 됩니다. 이것이 예전 귀족으로부터 내려오는 그 집단이 되고요. 다른 하나는 바로 시민혁명을 일으킨 이른바 부르주아라고 하는 사람들, 시민계급과 이걸 대표하는 그래서 일반인들을 대변하는, 즉 말씀드려서 재계와 결탁한 정치세력과 그다음에 일반인들, 당시 막 시작되는 노동계급과 결탁하는 정치세력이 이제 막 시작되게 되는 거지요.

그 상황에서 언론은 항상 이렇게 재벌과 결탁한 정치세력의 편을 들게 되고 그래서 언론은 항상 편향되고 그러면서 굉장히 오랫동안 정치는 바뀌지 않습니다. 그러면 대중들은 분노하게 되는 거지요. 어느 순간에 진실을 알게 되면서 분노하게 되고 그것이 여러 가지 절차를 통해서 혁명이 일어나기도 하고 그다음에 민주주의가 발전하기도 합니다. 오늘 그런 얘기를 저는 좀 드리고 싶습니다.

많은 분들이 얘기합니다. '아니, 민주화가 이렇게 됐는데 이게 무슨, 왜 아직까지도 그런 의심을 덜어내지 못하느냐?'

최근에 인터넷에서 굉장히 많이 돌아다니는 정보가 있습니다. 이게 뭐냐 하면 국정원과 경찰이 내 휴대전화 정보를 털었는지 확인하는 법, 아마 보신 분들은 많이 보셨을 겁니다.

이게 박병우 민주노총 대외협력실장께서 이 글을 어디다가 실은 것이고 그것이 지금 인터넷에 떠돌아다니고 있는 겁니다. 민주노총 사무총국의 몇 분이 자체 조회를 해 본 결과—법적으로 지금 조회를 할 수가 있습니다—국정원, 경찰에 제공 내역이 있다는 것이 밝혀졌습니다. 통신사는 단 한 번도 그 사실을 알려 주지 않았고요. 그러니까 사실상 지금도 통신사는 거의 무제한적으로 본인이 모르는, 민주노총의 사무총국 몇 사람, 민주노총에서 일하는 사람들은 이렇게 다 국정원과 경찰에 정보를 제공해야 옳을까요? 여기에 지금 누구나 이렇게 될 수 있다는 것이지요.

그래서 지금 방법이 여기 나와 있는데요. 누구나 다 깜짝깜짝 놀라는 건데요. 어떤 사람은 심지어는 그냥 민주노총에서 일한다는 것 자체로만 조회를 당했다고 합니다.

지금도 이런 상태인데 왜 박근혜정부와 새누리당에서는 테러방지법이라고 하는 그런 것을 만들려고 하는가. 여기에 대해서 우리는 합리적 의심을 할 수밖에 없는 거지요.

개인통신기록을 정보기관에 제공한 내역을 조회하는 법

이게 재미있어서 혹시 모르시는 분들을 위해서 제가 읽어 드리겠습니다. 통신사별로 경찰이나 정보기관에 제공한 내역을 조회하는 방법입니다.

SK텔레콤의 경우에는 홈페이지에 로그인을 하신 다음에 페이지 하단에 이용내역 조회가 있습니다. 이것 지금 인터넷에 다 돌아다니고 있기 때문에 여러분들이 인터넷에서 쉽게 확인할 수 있는데요. 한번 해 보시기 바랍니다.

개인정보 이용내역 조회 클릭하는 게 있고요. 거기서 통신자료 제공사실 열람요청을 하시면 됩니다. 그래서 그때 본인인증을 하게 되는데, 여기 아주 친절하게 이동전화를 선택을 하게 되면 본인인증이 쉽다고 합니다. 그러면 개인정보 수집에 동의하고 안내사항을 확인한 다음에 통신자료 제공사실 확인서를 요청하게 되면 SK텔레콤의 경우에는 메일 주소로 7일 후에 결과가 온다고 합니다. 그리고 PDF 파일을 클릭하고 비밀번호를 입력하면 볼 수 있습니다.

이게 인터넷에 떠돈 다음부터 엄청나게 많은 분들이 지금 이것 신청하고 있습니다. 왜 그럴까요? 국정원을 믿지 못하기 때문이지요.

말씀드린 김에 KT도 말씀드리겠습니다. KT 홈페이지에 들어가서 로

그인하고 홈페이지 하단에 주요안내란 클릭한 다음에 통신자료 제공내역 우측의 화살표를 클릭해서 메뉴를 우측으로 이동해야 이 메뉴가 보인다고 합니다. 클릭해서 본인인증하고 통신자료 제공내역 열람신청에 대해서 정보 수정한 다음에 하루 이틀 후에 신청한 이메일로 발송 회신이 온다고 하고요.

비슷한 내용입니다만 LG도 마찬가지로 홈페이지 접속해서 하단에 개인정보 이용내역, 그다음에 통신자료 제공사실 열람신청을 하게 되면 인증절차 기입하고 개인정보 입력하면 LG도 일주일 정도 후에 회신이 옵니다. 다 한번 해 보시기 바랍니다.

지금 현재도 이런 겁니다. 자기도 모르는 사이에 굉장히 많은 사람들이…… 나중에 이 데이터도 보여 드리도록 하겠습니다. 이런 것이지 않습니까? 지금도 이렇게 많이 할 수 있다, 국민도 할 수 있다면 지금 외국인은 어떻게 되겠어요? 외국인에 대해서는 거의 안 되니까 우리 국가보안법에 의해서 다 될 수 있는 것 아닙니까? 그런데 왜 굳이 테러방지법을 하려고 하느냐 이런 말씀을 저는 드리고 싶은 겁니다.

그 얘기를 하려면 어쩔 수 없이 직권상정에 대해서 말을 해야 되고요. 그리고 존경하는 정의화 의장님 말씀을 안 드릴 수가 없습니다. 그런데 저는 이렇게 생각을 합니다. 정의화 의장님께서 취임하실 때 굉장히 강하게 얘기를 하셨습니다.

'어떤 경우에도 직권상정을 하지 않겠다. 직권상정은 국회의장 권위를 위한, 대화를 위한 도구일 뿐이다. 여야가 배려하고 양보하고 타협해서 처리해야 한다. 저의 멘토인 이만섭 전 국회의장도 직권상정을 하지 않은 최초의 국회의장이라고 자랑하셨는데 누가 하라고 해도 직권상

정은 안 할 거다'

이렇게 얘기를 하셨습니다.

'의장 경선 때부터 나는 거수기 의장은 하지 않겠다고 말했다. 내가 가장 듣기 싫은 얘기가 통법부다. 대한민국은 삼권분립 국가이며 대의 민주주의 국가다. 그동안 의원들이 제 몫을 못한 것이다. 대통령이 나라를 끌고 가는데 국회가 받쳐 줄 것은 잘 받쳐 주고 발목 잡지는 말아야 하나 그 목적이 당리당략이 돼서는 안 된다. 나는 친박도, 친이도, 비박도 아니고, 그저 친 대한민국이다. 이는 대통령도 마찬가지일 것이다.'

작년도에는 아예, 작년 12월 달입니다. 12월에 청와대에서 테러방지법에 대해서 직권상정 요구를 하니까 이렇게까지 얘기를 하셨습니다. '갑자기 IS 테러가 서울이나 부산에 어디 생겼다고 치자. 그렇다면 테러방지법은 직권상정할 수가 있다. 그건 상식적이다. 그렇지도 않은데 테러방지법을 국가비상사태라고 하면서 직권상정해 봐라. 여러분들이 웃지 않겠냐' 이렇게 기자들에게 얘기하십니다. 이렇게 얘기를 하시고 심지어는 강력하게 반대를 하셨는데, 어떤 기사는 자극적으로 이렇게까지 썼습니다.

'직권상정하느니 차라리 성을 갈겠다'

국회 책임론에 대해서 굉장히 불쾌감을 얘기를 하셨고 이게 2015년 12월 17일 얘기입니다.

의장님 뒤에 계신데 이런 말씀 드려서 대단히 죄송합니다만 제가 생각하는 것은 이겁니다. 의장님께서 이렇게 강력하게 얘기하셨단 말이지요. 그러니까 틀림없이 취임 때 직권상정에 대해서 전혀 의지가, 안 하겠다는 의지가 굉장히 강하셨다 그리고 12월 15일만 하더라도 '아니, 테러도 안 났는데 무슨 직권상정이라는 말이냐? 내 성을 갈겠다'…… 그러면 12월 15일부터 오늘까지 도대체 무엇이 바뀐 걸까요? 이게 지금 핵심이겠지요.

정의화 의장님께서 하시고 싶어서 이것을 하셨을까요? 진짜로 대한민국이 비상사태라고 생각하셔서 이것을 하셨을까요? 그것은 대한민국 국민이 판단을 하실 겁니다. 존경하는 정의화 국회의장님께서, 항상 합리적이신 분이 갑자기 '지금 대한민국이 비상사태다' 이것을 믿으셔서 직권상정을 하셨을까요? 저는 그렇게 판단하지 않습니다. 여기에 지금 문제가 있는 겁니다.

국회가 통법부가 되면 안 된다고 그렇게 생각하신 의장님이 직권상정을 했는데 그렇다면 우리는 불가피한 이유가 있었을 것이다. 그 불가피한 이유가 과연 무엇이겠느냐? 그러면 둘 중에 하나이겠지요. 진짜로 지금 비상사태 같은 것이 어딘가, 지난번에 국정원장이 얘기했으니까 그런 위협이 있다고 생각하셨든지, 아니면 또 다른 이유가 있어서 그랬든지. 저희는 그 무슨 이유가 있었기 때문에 이렇게 됐을 거라고 생각을 하는 겁니다. 그것은 정상적인 민주주의적인 절차는 아니라고 생각하는 거지요.

그것이 아까 말씀드린 대로 지금 대한민국의 민주주의의 단계가 바로 그 단계라는 겁니다. 국회의장조차도 무언가에 의해서 영향을 받는 이것이 오늘 우리의 상황을 얘기하는 것 아닌가 저는 그렇게 생각을 합니다.

국가비상사태라고 하는데 여당 의원님이 저 국회 앞마당에서 텐트 치고 지금 무슨 행사하고 계세요. 있을 수 없는 얘기지요. 국가비상사태, 저는 너무나 안타깝습니다, 사실상.

대한민국 경제는 무너져가고 있다

아까 제가 제 말씀을 좀 드리다가 지금까지 왔는데요, 저는 경제학자입니다. 경제학자이고 한국경제에 대해서 걱정을 가장 많이 하는 경제학자입니다. 저의 이론에 의하면 한국경제는 이미 오래 전부터 굉장히 안좋아졌고요. 그래서 저는 외환위기 이후부터 계속 20년 동안 '한국경제 굉장히 위험하다. 그러니까 우리가 열심히 지금부터 한국경제의 구조 개혁을 해야 된다.' 저는 한국경제 구조 개혁론자입니다. 그러니까 현재의 구조를 가지고서는, 재벌과 기재부와 정치, 그러니까 재벌과 기재부가 저렇게 결탁해서 정경유착이 되어 있는 이런 상황에서는 한국경제는 성장하기가 굉장히 어렵다 이것을 저는 20년간 주장을 해 왔고요, 국회에 와서 그것을 열심히 하려고, 경제민주화를 하려고 제가 4년간 열심히 했습니다마는 저 혼자의 힘이나 우리 더불어민주당 소수당이 할 수 있는 일이 아니지요. 완강한 저항에 부딪혔고 지금 거의 손을 대지 못하고 한국경제는 그냥 무너지기는 것을 지금 보고 있습니다. 너무나 안타까운 일이고요, 너무나 죄송한 일입니다.

저는 저 나름대로 '대한민국 경제는 지금 무너져가고 있다'를 20년 동안 얘기하고 있는데, 이게 문제가 좀 있는 거지요. 그러니까 '경제가 좋아진다. 좋아진다' 얘기해야 되는데 저처럼 '굉장히 문제가 있으니 이것을 해결하자' 이렇게 얘기를 하니까 많은 분들이 '쟤는 왜 저래?'……
그런데 불행하게도 제가 지금 주장한 게 맞아 들어가지 않습니까? 이게 비상사태 아닙니까? 저는 그렇게 생각을 합니다. 국가비상사태가 아니라요 저는 경제비상사태가 훨씬 더 중요하다고 생각합니다.

(자료를 들어 보이며)

한국의 실질GDP성장률과 추세

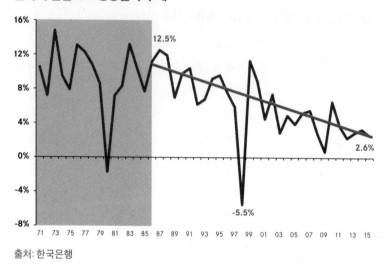

출처: 한국은행

이 그래프는요 87년서부터 지금 2015년까지 대한민국 경제성장률입니다. 명백하게 대한민국은 무너져가고 있잖아요. 이 문제에 대해서 얘기를 해야 되는 것 아닙니까?

대통령께서, 저는 대통령을 이해합니다. 제가 경제학자이기 때문에 제가 국가 운영에 대해서, 특히 한국경제처럼 굉장히 빠르게 성장한 경제가 구조적으로 문제가 있어서 나빠지고 있다…… 저 나름대로 열심히, '그러면 한국경제가 좋아지게 하기 위해서 어떻게 해야 될까?' 저 나름대로 20년 동안 열심히 고민을 합니다.

대통령께서 청와대에 계서서 지금 이 상황에 대해서 제대로 인식을 하고 있느냐? 저는 그것은 의심스럽지만 설사 인식을 하셨다고 할지라도 그것을 해결하기는 굉장히 어렵지요. 그러니까 대통령께서 저는 굉장히 열심히 국가를 위해서 일을 하신다고 생각을 합니다. 그런데 문제는 이 경제 문제에 대해서 지금 제대로 해결을 못 하니까 엉뚱한 것을 하고 계신다…… 이것이 바로 경제가 안 좋은데 선거는 다가오고, 그러면 어떻게 선거를 치를 것이냐? 지금 이 얘기만 하는 것 아닌가 이렇게 생각합니다.

이것이 박근혜정부뿐만 아닙니다. 역사적으로 보면 2008년도 이후에 경제위기가 왔는데 이와 같은 경제위기는 100년 만에 딱 한 번 더 있었습니다. 1929년 대공황입니다. 1929년도 대공황이 왔을 때 국민들이 못살게 되는 거지요. 우리나라도 2008년 이후에 경제가 굉장히 안 좋아져서 우리 서민들 다 지금 굉장히 안 좋은 상황이지요. 박근혜정부는 국민행복시대를 열겠다고 큰소리 떵떵 치면서 정권을 잡았습니다. 그래서 3년이 지났는데 지금 한 일이 있습니까? 아무것도 없지요.

그러면 박근혜정부의 지도부가 어떤 선택을 할 것인가? 우리가 원하는 것은 민주주의국가가 제내로 됐디면 정말 중요한 문제에 대해서 지금이라도 손을 잡고 같이 이 문제를 해결해야 되는데 불행하게도 지금 이와 같은 공포정치, 대치정치, 박근혜정부의 일방정치 이런 것들에 의해서 그것을 못 하고 있는 거지요. 저는 바로 그게 지금 대단히 큰 문제라고 생각을 합니다.

박근혜정부 재정적자 167조 낼 거라고 생각합니다. 이게 지금 국가비상 사태 아닙니까?

왜 그러냐면 참여정부에서 5년간 재정적자 10조 원 마이너스 냈습니다. 이때 새누리당 의원님들이 뭐라고 그러셨는지 기억하십니까? 나라를 거덜낸다고 그랬습니다. 이러면 나라를 망친다고 그랬습니다. 나라를 거덜내는 정부라고 그랬습니다. 그런데 이명박 정부에서 그것보다 10배가 많은 100조 원의 재정적자를 냈고, 98조 8000억 원 재정적자를 냈고 그리고 박근혜정부 들어서 지금 167조 재정적자 냅니다. 10조 원이 나라를 거덜내는 정도라면 167조 원을 재정적자를 내는 정부는 도대체 어떤 정부입니까?

그때 10조 원 재정적자 낸다고 그 아우성치던 언론들, 지금 167조 재정적자 낸다고 그것 보도해 주는 언론 있습니까? 그것 보도하는 방송 있습니까? 이게 바로 국가비상사태인 겁니다. 그런데 언론이 보도를 하지 않으니까 국민들은 이것을 모르고 계시는 거지요.

수출증가율이 대한민국이 이런 적이 없습니다. 작년도에 8% 마이너스 됐습니다. 금년 1월 달에 18.5% 마이너스 됐습니다.

지금은 경제비상사태

나라가 무너지고 있습니다. 지금. 이 문제를 해야지요. 경제 비상사태입니다, 경제 비상사태. 테러방지법, 아무것도 아니에요. '여야가 그냥 합의해라' 청와대에서 한마디만 하면 1분이면 합의 볼 수 있습니다.

지금 이 얘기를 하지 않으려고, 이것이 언론에 나서 국민들이 이걸 알고 '나라가 지금 위험하구나. 지금 경제가 엉망이구나', 경제 엉망인 건 대한민국 국민이 다 아는 사실 아닙니까? 그것을 딴것으로 눈길을 돌리기 위해서 이런 엉뚱한 것을 하는 것 아니겠냐. 그러면 나라는 어떻게 되겠느냐, 도대체. 그것이 저희가 생각하는 겁니다.

가계부채 1200조가 넘어섰습니다. 가계부채는 저는 할 말이 많습니다. 제가 벌써 '가계부채가 이상하다. 가계부채 문제에 대해서 이 문제를 제대로 해야 된다' 얘기한 게 거의 한 2000년도부터니까 한 십육칠 년 됩니다.

한국경제는 성장할 수 없습니다. 빚에 다들 허덕이고 있잖아요. 오늘도 신문에 났습니다. 이 빚을 갚느라고 소비를 할 수가 없다, 소비가 안 되니까 시장이 텅텅 비지요. 시장 텅텅 비고 자영업자 망해 가지요. 빚 갚기 바쁜데 소비를 어떻게 합니까? 다 무너지는 거지요.

이 1200조 어떻게 해결할 겁니까? 그렇게 엄청난 가계부채가 있었는데 갑자기 난데없이 부동산경기 살린다고 지금 와 가지고 결국은 1200조 된 것 아니겠습니까?

왜 이게 중요하냐면요, 부시 정부가 바로 똑같이 이 정책을 쓴 겁니다. 지금 이 테러방지법의 근간이 된다고 하는 '애국법', 이름 참 잘 짓지요. 원래는 애국법이 아니지요. 그걸 앞자만 따서, 엮어는 앞자만 죽 따니까 그것의 앞자를 교묘하게 잘 조합을 해 가지고 애국, 패트리어트 patriot라고 하는 단어를 만들고 그래서 애국법이라고 부르는 겁니다.

바로 부시 정부가 한 게 뭡니까? 경제가 안 좋으니까 부동산경기 띄운 거예요. '당신이 집이 있는데 왜 집을 그걸 그대로 내버려두느냐. 그거 가지고 대출받아라' 그게 이른바 그 유명한 '소유자 사회'입니다.

부시가 바로 이렇게 한쪽으로는 부동산경기 띄우고 한쪽으로는 애국법이라고 그래 가지고 이른바 언론을 통제하고 여론을 통제하려고 하는 바로 이것, 이게 지금 대한민국에서 그대로 되고 있는 겁니다. 보수정부에서 바로 이렇게 하는 거예요.

경제가 어려운 이유가 있습니다. 경제가 어려운 이유는 대한민국 국민 다 압니다. 양극화돼서 그렇지요. 서민들은 돈이 없고 그리고 부자들만 돈이 있으니까 재벌들의 금고만 넘쳐나고 수퍼부자들만 잘살고 온 국민은 못살게 되어서 경제가 살아날 수가 없습니다.

그때 어떻게 하냐? 자, 그러면 부동산경기 살리자. 왜 빚을 안 늘리냐? 그래서 빚 얻어 가지고 결국은 2008년도 경제위기 온 겁니다. 이렇게 하면 안 된다고 얘기하니까 그 여론을 막기 위해서 이른바 패트리어트, 이른바 멋있게 애국법이라고 만든 거지요.

심지어 미국에서도 이랬습니다. 그런데 아까 말씀드린 대로 민주주의 역사가 일천한 한국에서는 지금 얼마 되지도 않았는데 언론은 철저하게 통제당하고 있고 바로 거기서 이 똑같은, 이 보수정부의 바로 이것이 메뉴입니다, 메뉴.

부동산경기를 띄우자, 그렇게 해서 땅부자·집부자 잘살게 하고, 그래서 잠깐 동안 경기가 활성화되는 것처럼 보이고 그리고 애국법이나 테러방지법이나 이런 걸 해서 공포정치를 해 가지고 '자, 전쟁 일어나려고 그러는데 군비 확장하는 혹은 이런 거 하는 우리 보수정부를 지지해야 되지 않겠느냐' 이것이 바로 전형적인 보수정부이고 박근혜정부는 바로 그것을 지금 따르고 있는 거다 저는 그렇게 봅니다.
역사는, 저는 경제사를 공부하면서 반복되는 게 너무나 안타깝습니다.

마천루의 저주

롯데월드타워가 123층이 저기 지금 올라가고 있는데요, 역사적으로 저렇게 고층빌딩을 짓고 나면 경제가 무너지는 '마천루의 저주'라는 것이 있습니다.

미국에서 고층빌딩을 짓기 시작하는데요, 고층빌딩을 지으면 지금 롯데월드타워처럼 보통 한 3에서 5년 정도 걸리지요. 대개 그 고층빌딩이 완성되는 그 순간에는 대공황이 벌어지든지 불황이 아주 극심하든지 이런 상황입니다. 왜냐하면 고층빌딩을 짓는다는 것 자체가 이게 거품이 어마어마하기 때문에 그렇습니다.

많은 분들이 잘못 알고 계시는데 제가 건축가한테 들은 얘기로는 100층짜리 건물을 하나 짓는 것은 50층짜리 2개를 짓는 비용이 들어가는 게 아니라 50층짜리 4개 정도 짓는 비용이 들어간다, 비용이 엄청나게 들어간다는 겁니다. 그러니까 수지타산이 맞지 않는 거예요. 수지타산이 맞지 않는데도 불구하고 저렇게 높은 빌딩을 짓는다, 그것은 부동산 거품이 엄청나게 클 때만 그런 거지요.

미국에서 내내 50층 이상의 건물을 지을 때가 1900년도 초입니다. 1900년도·7년도·8년도에 고층빌딩 지으면서 미국에 대대적인 엄청난 경제위기가 왔습니다. 지금 엠파이어 스테이트 빌딩이라고 하는 것 저것도 역시 마찬가지로 경제위기의 한복판에 지은 겁니다. 그다음에 월드타워센터가 그게 가장 높은 빌딩이었는데 대공황의 한복판에서 1932년·33년도에 저게 지어집니다. 아, 월드타워는 70년대에……

바로 그렇게 고층빌딩을 짓고 그렇게 해서 공황이 오고 이게 지금 반복됩니다. 70년도에 월드타워 짓고 아, 이제 괜찮거니 했는데 그때 바로

74년도에 경제위기가 옵니다. 스태그플레이션이라고 하는 세계적인 경제위기가 74년도에 오지요. 미국에서 더 이상 고층빌딩 짓지 않습니다. 그랬더니 이제 외국으로 그게 왔습니다.

여러분 잘 아시다시피 말레이시아에서 고층빌딩 짓고 나서 97년도 외환위기 온 겁니다. 그러고 나서 두바이에서 지금도 현존하는 가장 높은 빌딩 짓고서 2008년도에 경제위기 왔습니다. 중국에 상하이 빌딩 짓고서 중국이 지금 휘청거리고 있는 거지요.

지금 한국도 고층빌딩이 원래 2008년도에 부산에도 그렇고 서울도 그렇고 고층빌딩 100층짜리가 일고여덟 개가 계획되고 있었는데 2008년도 경제위기로 대개 없어졌는데 유일하게 저 월드타워 남고 지금 현대차가 건물을 짓겠다고 합니다.

이게 바로 거품의 상징인 겁니다. 경제는 지금 굉장히 위험한 상황이라고 하는 것의 징후가 여러 군데 있다, 이것이 바로 국가비상사태입니다. 국회가 해야 될 일이 이거고 박근혜정부가 해야 될 일이 이거고, 이런데 그런 얘기는 하지 않는 거지요.

박근혜 정부 들어 엄청나게 늘어난 부채

기업의 부채, 기업의 부채가 지금 엄청납니다. 이게 정확하게 외환위기 이전으로 그대로 돌아온 겁니다. 지금 언론이 보도를 안 해서 그러는데요, 지금 상황이 외환위기 이전의 기업부도 직전과 거의 유사합니다. 그리고 공공부문의 부채가 엄청나게 늘었습니다.

박근혜정부 들어서 이렇게 엄청나게 지금 부채가 늘어났습니다. 이렇게 빚을 얻었는데 박근혜정부 3년 동안 경제성장률은 어떻게 됐습니까? 형편없었지요.

사상최대재정적자

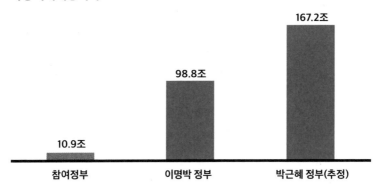

출처: 기획재정부, 2015년 이후 자료는 <2015-2019년 국가재정운용계획> 참조

거의 지금 경제가 흔들려서 이 얘기를 해 줘야 되는데 박근혜정부는 오히려 거꾸로 가고 있고 그런 거꾸로 가는 정책에 대해서 국민들이 지금, 그것의 눈과 귀를 막고 있다 저는 그렇게 생각합니다.

외환위기 이전과 그대로 재벌들의 총자산이 30대, 이 그래프에서 이게 바로 외환위기입니다. 외환위기 이전과 그대로, 왔습니다. 여기에 경제력 집중 심화, 4대 가문이 30대 재벌 자산 중에서 삼성이 5분의 1, 범삼성이 4분의 1, 4대 재벌이 2분의 1, 범4대 재벌 3분 2.

저는 묻고 싶습니다, 어떤 게 지금 더 심각한 국가비상사태인가.

(도표를 가리키며)

재벌의 연결기준 부채비율과 이자보상배율 (단위: %, 배)

		2007		2010		2013		2014	
		부채비율	이자보상배율	부채비율	이자보상배율	부채비율	이자보상배율	부채비율	이자보상배율
10	현대중	305	52.44	197	20.06	160	2.23	196	-11.32
14	한진	243	1.60	388	0.50	726	-0.16	864	0.71
15	한화	372	2.32	125	3.43	305	1.11	322	0.41
17	두산	405	3.65	366	2.09	244	1.50	253	1.43
22	LS	152	4.75	243	2.98	202	2.50	203	2.46
24	대우조선	450	9.53	297	6.37	301	2.21	326	3.34
25	금호	139	2.54	582	2.23	403	1.39	404	1.76
26	대림	141	6.23	164	2.45	174	1.66	201	-0.43
27	부영	1,793	1.15	342	4.23	344	7.19	367	6.34
28	동부	278	-0.06	250	-0.12	484	-0.20	864	-0.96
29	현대	201	1.83	251	2.10	2,448	-0.53	960	-0.13
33	효성	277	3.29	242	2.12	375	1.95	301	2.69
34	대우건설	-	-	197	-1.64	282	-2.05	278	3.42
39	동국제강	213	3.03	206	1.63	246	0.53	243	-0.08
40	코오롱	350	1.54	218	2.28	255	1.77	235	1.50
41	한진중	226	2.04	268	1.01	290	-0.58	316	-0.58
42	한라	-	-	-	-	300	0.41	214	1.37
45	한국지엠	213	9.72	207	4.18	415	8.02	457	-1.11
49	현대산업	178	1.04	166	1.27	207	-1.65	169	2.60
52	이랜드	-	-	-	-	399	2.33	345	2.84
57	대성	154	2.36	184	3.69	218	-0.28	271	0.54
58	하이트	195	2.15	278	2.40	244	1.69	267	1.24
61	한솔	-	-	-	-	246	1.34	374	0.72

연결기준 부채비율 200% 초과 & 이자보상비율 1.00배 미만인 그룹 추이 (48개 그룹 대상)
'07년 2개 →'08년 6개 →'09년 9개 →'10년 5개 →'11년 6개 →'12년 10개 →'13년 10개
→'14년 10개
⇒ 범4대 재벌을 제외한 여타 재벌의 경우 셋 중 하나는 (잠재)부실 상태

작아서 보이지는 않겠습니다마는 지금 한국 기업들이 부실화되고 있
다. 지금 여기 나와 있는 이 기업들이라고 하는 것이 이자보상비율이

1도 안 되는 기업들이 여기 빨간색으로 나와 있고요. 부채비율이 200이 넘는 것들이 빨간색으로 나와 있는데, 여기 2014년 가면 이렇게 빨갛게 나와 있는데 전문가인 김상조 교수의 견해에 의하면 '1996년 이후로 이렇게 빨간 걸 본 적이 없다.'

지금 이렇게 부실된 기업들의 주거래은행이 전부 어디냐? 우리·산업·신한·하나·외환·국민입니다. 그런데 중요한 것은 뭐냐 하면 여기 길게 되어 있는, 우리은행도 그렇고 산업은행도 이게 다 정부가 소유하고 있는 은행입니다. 지금 부실기업들을 정부가 다 떠안고 있는 거예요.

우리 한국경제는 지금 국가비상사태 정도가 아니라 무너지기 일보 직전에 와 있는 겁니다. 정부가 이 얘기를 해 줘야 되고 국회가 이 얘기를 해 줘야 되는데 지금 엉뚱한 테러방지법 가지고 얘기를 하고 있다 이런 얘기를 하고 있는 겁니다.

제가 지난번에 국정감사 때 부산을 갔었습니다. 그랬더니 어떤 분이 저를 알아보시더라고요. 저는 그냥 국회의원 알아본다고 그래서 너무 좋아서 이렇게 인사드렸는데 그분이 제 손을 잡고 '노동법 꼭 막아 주십시오. 우리 아이가 이제 열 살인데 지금 잘려 나가면 저는 큰일 납니다. 잘려 나간 선배들 보니까 자리를 못 잡더라고요.' 이게 지금 대한민국 노동자의 현실 아닙니까? 이게 국가비상사태 아닙니까? 저는 그렇게 생각합니다.

저는 국가비상사태가 바로 그 아빠가 그렇게…… 대한민국 국민이 지금 불안해하잖아요. 대한민국 국민이 지금 울고 있잖아요. 이게 비상사태가 아니에요? 이게 한두 명입니까?

자, 보세요.

작년도에 1년 동안 퇴사한 인원이 560만 명입니다. 이 사람들이 고용보험에 든 사람들이 560만 명입니다. 이 고용보험에 든 사람들이 가입자가 1160만 명이에요. 1160만 명에서 560만 명이 회사를 그만뒀어요. 고용보험에 들었다고 하는 것은 형편이 좋은 사람입니다. 형편이 좋은 사람들의 50% 가까이가 회사를 그만뒀다. 이런 나라는 전 세계에 없습니다.

여기 고용보험에 가입하지도 못한 660만 명 합치게 되면 1220만 명이 오늘 잘릴까 내일 잘릴까 지금 이러고 있습니다. 이게 국가비상사태가 아닙니까?

전체근로자의 2/3가 잘릴까 걱정

전체 임금근로자 1820만 명의 67%, 3명 중에 2명이 오늘 잘릴까 내일 잘릴까 걱정하면서 울고 있습니다, 대한민국 국민이. 이게 국가비상…… 저는 그렇게 생각합니다, 이게 국가비상사태라고.

그런데 지금 이 정부가 내놓는 정책이 뭡니까? 이 해고되는, 그다음에 회사를 그만두는 퇴사 인원을 지금 줄이는 정책을 쓰고 있습니까? 그게 아니잖아요. 반대의 정책을 쓰고 있잖아요. 이것이 심각한 국가비상사태라고 저는 생각합니다.

이것이 바로, 제가 아까 말씀드렸지 않습니까? 박근혜정부와 새누리당이 생각하는 국가비상사태와 우리 더불어민주당이 생각하는 국가비상사태가 이렇게 다른 겁니다.

("홍종학 개인 의견이지, 무슨 그게" 하는 의원 있음)

예, 제 개인 의견입니다. 제 개인 의견 얘기하면 안 됩니까?

("더불어민주당을 팔면 안 되지, 거기서" 하는 의원 있음)

더불어민주당 우리 그렇게 생각합니다.

("다 의견 다른 것 아는데. 내용 좋아요. 계속하세요" 하는 의원 있음)

이게 바로 국가비상사태고 저는 지금 박근혜정부가 이것을 여야정이 합의해서 지금 이 얘기를 해야 된다고 생각합니다.

— 2월 28일 24시 경과

또 말씀드립니다마는 이것 보도하는 언론 없습니다.

현장에 계신 분들은 알고 계시잖아요, 그렇지요? 현장에 계신 분들 나는 오늘 쫓겨날까 내일 쫓겨날까 모르는데 이 불안한 이것에 대해서 '나만 그런가?' 그렇게 생각하고 계시는 거지요. 아닙니다. 대한민국 임금근로자의 3명 중에 2명은 지금 이렇게 하루하루를 불안하게 살고 있습니다.

제가 국회에 있으면서, 그래서 지난번 국정감사 때 그랬습니다. 부총리한테 그랬습니다. '이 노동자들한테 미안하지 않냐? 국가를 경영하는 사람으로서 국민들에게 미안하지 않냐? 말이라도 좋으니 미안하다는 소리 한마디만 해 달라' 결국 안 했었습니다.

저는 미안하다고 얘기했습니다. 소리치고 싶었습니다. 대한민국 국민, 제가 국회의원이라는 것 자체가 부끄럽습니다. 이것에 대해서 단 하나도 할 수 없는 저 자신이 부끄럽고 대한민국이 이렇게 망해 가는데, 우리 국민들이 이렇게 울고 있는데 이것에 대해서 제가 할 수 있는 게 아무것도 없다는 게, 소수자라서 할 수 있는 게 없다는 게 너무나 안타깝습니다.

정치가 다 같은 정치가 아닙니다.

우리 조원진 수석님 좋아하시는 대로 테러와 관계된 얘기 하겠습니다.

인천공항 보안요원도 비정규직

저희 더불어민주당의 을지로위원회가 새벽 5시에 인천공항공사에 갔습니다. 인천공항공사에서 일하시는 분들이 어떻게 일하는지를 보기 위해서 국회의원 열댓 명이 그 새벽 5시에 갔습니다. 새벽 5시에 청소하시는 분들, 거기서 관리하시는 분들 다 나와서 일하시더군요.

제가 너무 놀란 게 덩치가 이렇게 크신 분이, 권총을 차고 계신 분이, 보안요원이 눈물을 흘리시면서 '내가 이렇게 열심히 일했는데 내가 비정규직이라고 나를 자른다', 이게 대한민국의 현실입니다.

공항의 보안구역 안에 총 차고 있는 사람이 비정규직인 나라가 이게 정상적인 나라입니까? 그러고서 테러를 어떻게 막습니까? 그러니까 저희는 그때 알았지요. 이게 말이 됩니까? 아니, 저기 비행기가 왔다 갔다

하고 테러범들이 언제 올지 모르는데 거기를 비정규직…… 비정규직이라고 못 하는 건 아닙니다. 그렇지만 다른 거지요. 비정규직 언제 잘려나갈지 모르는데 시킨 일만 하는 거지요. 그러니까 지금 뻥뻥 뚫리는 것 아닙니까? 인천공항 다 뚫렸잖아요. 저희는 기가 막힌 겁니다.

테러를 막기 위해서, 테러를 막자면 그러면 인천공항의 관리부터 제대로 해야 되는 것 아닙니까?

("일리 있어요. 맞는 말이에요. 동의" 하는 의원 있음)

지금부터라도 하면 되는 겁니다. 그것 안 하시잖아요. 그러고서는 지금 더 비정규직 하고 더 파견하자고 지금 그것 한단 말이지요.

자, 이게 저희가 말씀드린 대로 합리적 의심이 아니냐, 저희는 그렇게 말씀을 드리는 겁니다.

그리고 또 말씀드리겠습니다. 지금 얘기하신 대로 누구나 들어서 합리적인 이런 얘기를 저희가 국회의원 열댓 명이 공항에 가서, 을지로위원회에서 가서 그러고 나왔는데 그것 보도한 언론이 다 한 군데도 없었습니다.

국민과 함께하는 국회의원이 그 새벽에 열댓 명이 달려가서 그렇게 어렵게 일하시는 분들과 얘기하고 이걸 했는데 아무도 보도를 하지 않는다 이게 지금 대한민국 민주주의의 현실입니다. 그러니까 국민들 입장에서는 다 그놈이 그놈이지, 그 당이 그 당이지, 이렇게 생각하는 겁니다.

끔찍한 얘기 계속 더 드리겠습니다.

대한민국의 근속연수별 퇴사인원 현황, 아까 말씀드린 대로 전체 562만 명 중에서 1년에 퇴사하는 분들 중에서 1년 미만에 퇴사하는 분이 348만 명, 62%입니다. 그리고 3년 미만은 493만 명, 87.8%가 회사를 그만둡니다. 이게 국가비상사태 아닙니까?

1년 동안 고용불안에 시달리는 인원 (단위: 만 명)

	인원	비고
경제활동인구	2,590	
자영업자	770	
임금 근로자	1,820	
고용보험 가입자	1,160	
퇴사 인원	560	**1,220만 명**
고용보험 미가입자	660	**(임금근로자의 67%)**

출처 : 통계청, 한국고용정보원. 2013년 기준

제가 계속 말씀드립니다마는 이러니까 대한민국 노동자들의 경쟁력이 떨어지는 겁니다. 기술을 습득할 시간이 없잖아요. 지식정보화 사회에 기술을 습득하지 못하게 만드는 정부, 바로 이것 때문에 아까 제가 말씀드린 대로 대한민국 경제는 지금 쇠락해 가고 있는 겁니다. 이게 바로 국가비상사태지요. OECD 최악의 이런 제도를 갖고 있는 겁니다.

여기 연령대별로 보시면 더 끔찍합니다. 20대 이하는 3년 미만에 95.8%가 회사를 그만둡니다. 이게 OECD 최악이거든요. 그러니까 대한민국은 지금 제가 아까 말씀드린 대로 자본주의가 시작된 지 얼마 안된 그리고 민주주의가 시작된 지 얼마 안 된 바로 그 정글자본주의의 시기에 지금 있는 겁니다. 그것을 개혁에 의해서 상당히 많이 진전시켜 놓았는데 지금 이명박 정부, 박근혜정부 들어서 그것을 거꾸로 돌려 나가고 있다는 겁니다. 저는 이 문제가 국가비상사태라고 생각합니다. 이러니까 젊은 사람들이 헬조선이라고 그러는 기 아닙니까?

연령대별 퇴사인원 현황

구분		인원	비율
20대 이하	계	163	
	3년 미만	156	**95.8%**
30대	계	143	
	3년 미만	120	**83.9%**
40대	계	116	
	3년 미만	98	**84.9%**
50대	계	87	
	3년 미만	73	**83.9%**
60대 이상	계	54	
	3년 미만	46	**85.8%**
전체	**계**	**562**	
	3년 미만	**493**	**87.7%**

출처:한국고용정보원, 고용보험통계현황(2013년)

이게 바로 제가 아까 말씀드렸다시피 새누리당 의원님들하고 더불어민주당 의원님들하고 생각이 다릅니다. 보수와 진보의 차이가 그거지요. 새누리당은 이렇게 유연성을 높여야 기업들이 잘되고, 기업들이 잘돼야 투자를 할 것이고, 투자를 해야 경제가 잘된다. 저희의 생각은 뭐냐하면 그렇게 해서 재벌들 지원해 줬는데 그것이 국민들에게 돌아왔느냐? 돌아오지 않았다는 겁니다. 그 생각에 차이가 있는 거지요. 그 판단을 국민들이 하시는 겁니다.

저는 명확하게 말씀드리는 겁니다. 바로 이렇게 테러방지법이나 부동산 경기 활성화하고 이런 식으로 거품을 일으키려고 하는 이게 바로 보수 정부의 정책인 겁니다.

청년 실업률이 지금 이렇게 높습니다. 청년들이 이렇게 못 살게 되는 나라, 청년들이 대한민국에서 살기 어렵다고 얘기하는 이것이 저는 국가비상사태다. 국가 안보에서 가장 중요한 게 뭡니까?

(하태경 의원 의석에서 ― 그 논리가 대통령이 경제비상사태 선포하고 노동개혁법 다 통과시키자고 한다는데 말린다니까요, 지금. 내가 볼 때 좋은 전략이 아니에요.)

그러니까 국민들이 판단하신다니까요. 지금 존경하는 하태경 의원님께서는 경제비상사태니 그렇게 해서 아까 말씀드린 것과 마찬가지로 노동개혁법 통과시킨다 이렇게 하실 거라는 겁니다. 그게 바로 독재적인 발상이지요. 거기에 대해서 제가 나중에 다시 말씀드리겠습니다.

바로 그와 같은 사고방식하에서 지금 박근혜정부에서 자영업자가 8만 9000명이 문을 닫았습니다. 그만뒀어요. 줄어들었어요. 그러니까 새로 생긴 것까지 합치면 엄청나게 줄어들었습니다. 이게 바로 국가비상사태라고 저는 생각을 합니다.

'대출받아서 집 사라'가 전월세 대책?

전월세 폭등했잖아요. 저희가 그래서 전월세 상한제하자고 그러고 그

다음에 계약갱신 청구권 하자, 애 학교 다니는데 쫓겨 나가지 않도록 하자, 이거 3년째 저희 주장하고 있고 새누리당이 3년째 막고 있습니다. 그리고서 새누리당에서는 대안으로 내놓은 게 목돈 안 드는 전세제도라고 얘기했습니다. 제가 기재위에서 그것 말도 안 된다고 얘기했습니다. 아니, 세상에 어떤 집주인이 세입자를 위해서 대출을 받겠느냐 그랬더니 여야에서 합의를 하는데 도대체 이게 대통령 공약사항인데 이런 것도 안 들어주느냐고 그러고 책상을 치고 나가서, 부작용은 좀 있을 건데 어떻게 하냐 다수가 그렇게 얘기하니까 저희가 들어 드리겠다고 합의해서 그것 통과시켰습니다.

결과가 어떻게 됐는지 아십니까? 작년도에 그 제도 없어졌습니다. 제가 기가 막혀서, 그 실적이 몇 호입니까? 두 건이랍니다, 두 건. 박근혜정부에서 경제활성화법이라고 바로 목돈 안 드는 전세, 공약에 있는 거라고 반드시 통과시켜야 된다고 하는 그것 두 건입니다.

그러면 지금 전월세 대책은 뭐 있습니까? 없는 거지요. 그냥 전월세 비싸니까 대출받아서 집 사라 이게 박근혜정부의 정책입니다.

이세 징말 국기비상사태 아닙니까? 인구가 줄고 있는 것이요. 지금 저 출산율이 2013년도 1.19명, 인구가 줄어드는 아주 초저출산율 1.3을 하회하기 시작한 게 2001년부터 지금 16년째입니다. 제가 그래서 '신혼부부에게 집 한 채'라고 하는 포럼을 결성하고 그들에게 싸게 임대주택 공급할 수 있다 이거 했습니다.

우리나라 합계 출산율 1.19명(2013)

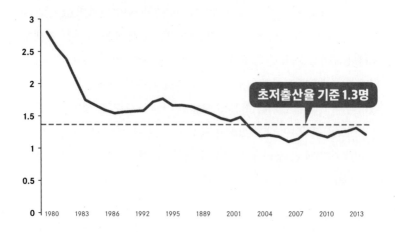

출처 : 통계청, 『2013년 출생통계(잠정), 국가승인통계 제10103호 출생통계』

제가 조선일보 1면 톱에 났습니다. 허경영 씨와 같은 대통령후보급으로 저를 만들더군요. 종편에서 엄청나게 씹어대고요. 그리고 1년 후에 정확하게 박근혜정부에서 이 비슷한 정책을 내놨습니다. 그때는 종편이 아무도 반대하지 않더군요. 이게 지금 대한민국의 현실입니다. 이러니 이 문제가 해결이 되겠습니까? 이게 국가비상사태지요.

인구가 줄면, 지금 우리나라는 시간이 가면 갈수록 존재할 가능성이 줄어드는 그런 나라가 되고 있는 겁니다. 젊은이들은 다 외국 나가고 떠나겠다고 얘기하지요. 인구는 줄지요. 이것에 대해서 지금 박근혜정부에서 대책을 내놔야 되는 것이고 여야정이 머리를 맞대고 얘기를 해야 되는 게 이것인데 이런 것들은 하지 않는 겁니다. 이것이 바로 보수와 진보의 차이인 겁니다.

말씀드린 대로 이제 우리 다 연세가 들어서 고령화 사회로 아주 급속하게 진입하게 됩니다. 이거야말로 국가위기지요. 이 국가위기에 대해서 지난 3년간 박근혜정부가 무엇을 했는가? 새누리당이 무엇을 했는가? 저희가 제안한 정책들을 사사건건 반대만 했지 이런 것에 대해서 제대로 대책을 내놓지 못했다는 게 오늘의 현실입니다.

결국은 어떻게 됐습니까?

국가위기가 뭡니까, 지금? 양극화가 심화된 게 국가위기 아닙니까?

양극화 심화가 국가위기

이렇게 경제는 굉장히 어려워서 온 국민은 눈물을 흘리고 있고 온 국민은 불안에 떨고 있는데, 테러라는 것이 지금 테러라고 하는 공포로부터 자유롭게 하자는 것 아닙니까?

그런데 지금 이미 대한민국 국민들은 전부 공포에 떨고 있습니다. 빈곤으로 인한 공포, 해고에 대한 공포, 내가 대한민국에서 제대로 살 수 있을까에 대한 공포, 이것에 대해서는 거의 지금 못하고 있는데 지금 박근혜정부, 새누리당이 지난 3년간 재벌의 금고 710조 만들어 준 겁니다. 그런 사이에서 대기업 편의점 2개 증가할 때 동네 슈퍼 1개 감소하고 재벌 대기업 한식뷔페 전쟁하고 골목상권 직격탄해서 5㎞ 반경 내의 음식점 45.2%가 매출이 감소하고 대형마트 24.7%가 증가하고 SSM 34% 매출 증가할 때 전통시장은 13.8% 감소했습니다.

재벌의 법인세를 1년에 5조 원이나 깎아 줍니다. 제가 경제민주화 한다고 국회에 와서 바로 이것을 밝혀냈습니다.

제가 내세우는 정책은 경제민주화 햇볕정책입니다. 그냥 사실을 국민들에게 알리면 국민들이 판단할 것이다. 그런데 이런 사실을 얘기했는데 불행하게도 보도가 안 되더군요.

재벌에게 왜, 710조나 내부유보자금을 쌓아 두고 있는 저 엄청난 재벌에게 왜 세금을 5조 원씩이나 깎아 주나? 그러면서 서민들에게 담뱃세는 몇조 원을 또 걷는, 이것이 바로 새누리당과 저희와의 차이고 국가위기를 바라보는, 국가비상사태를 바라보는 양당 간의 차이라고 하는 점을 저는 말씀드리고 싶습니다.

법인유형별 법인세 공제감면 현황

	법인수(개)	공제감면세액(억원)	실효세율(%)
합계	550,472 (100%)	87,400 (100%)	16.0
재벌	**1,764 (0.3%)**	**49,757 (56.9%)**	**16.2**
일반기업	99,257 (18.1%)	15,353 (17.6%)	18
중소기업	449,451 (81.6%)	22,290 (25.5%)	12.5

출처:국세청 제출 자료(2014년도 신고분) / 홍종학 의원실에서 재구성

제가 또 하나 말씀드리려고 하는 것인데요, 제가 국회의 기획재정위 와서 대한민국 국세청에다가 강력하게 요구한 게 있습니다. '제발 과학세정을 좀 합시다' '데이터 세정을 좀 합시다' 이런 이야기를 했습니다. '무리하게 세무 조사해 가지고 서민들 때려잡지 말고 제발 데이터 분석해서 탈세하는 사람들, 못된 사람들 좀 잡아냅시다.'

그러면 도대체 우리나라에 세금 내고 있는 사람들 다 통계를 한번 내 봅시다. 이 통계가 없었습니다. 이것 제가 만든 겁니다. 대한민국에서 소득세 신고한 사람들 1967만 명의 통계를 제가 만들었습니다. 물론 국

세청에서 만들었지요. 제가 요구해서 만들었습니다. 국세청이 도저히 못 한다고 그래서, 국세청이 이런 것 하나 못 하느냐 해서 이것 제가 만든 겁니다.

그러니 국세청이 과학세정이 되겠습니까? 이런 기본적인 통계, 대한민국의 사람들이 세금을 얼마 내는가, 어떤 사람이 얼마나 내는가에 대한 기본적인 통계도 안 만들고 그것을 제가 요청했을 때 빼고, 빼고, 빼다가 2012년도에 경제민주화 바람 타고 그때 이것 만든 겁니다.

그렇게 해서 찾아보니까 983만 등, 즉 정 가운데 있는 사람의 소득이 얼마인가 봤더니 한 달에 162만 원을 벌었습니다. 이게 2013년도의 얘기입니다. 지금 한 달에 162만 원을 벌면 정상적으로 생활이 됩니까? 아이 학교 보낼 수 있나요?

소득양극화 심화

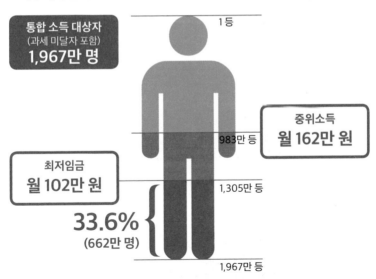

통합 소득 대상자
(과세 미달자 포함)
1,967만 명

1등

중위소득
월 162만 원

983만 등

최저임금
월 102만 원

1,305만 등

33.6%
(662만 명)

1,967만 등

출처: 국세청, 2013년도 귀속

("홍 의원님, 이제 경제 강의 말고 테러 이야기 좀 하세요" 하는 의원 있음)

("너무 어설프게 테러랑 연결시키니까 듣고 있는 사람이……" 하는 의원 있음)

아니, 그러니까 국가비상사태라고 하는 것이 지금 박근혜정부와 새누리당이 생각하는 국가비상사태와 저희 더불어민주당에서 생각하는 국가비상사태가 이렇게 다르다는 말씀을 드리는 겁니다. 이게 바로 지금 국가비상사태입니다.

그런데 이런 것을 하기 위해서 지난 3년간 박근혜정부와 새누리당은 무엇을 했는가?

(도표를 들어 보이며)

TV뉴스 캡처 화면

"한국, 아시아 선진국 중
최악 부패국가"

OECD "韓 10명중 7명
정부 신뢰 안해"

한국, '기업신뢰도' 꼴찌…
'정부신뢰도' 바닥

朴정부 낙하산 인사…
5명 가운데 1명꼴

한국 사법제도 신뢰도
42개국 중 39위

한국언론자유
2년 연속 하락… 60위

한국, 일자리 포기한 청년
비중 OECD중 3위

한국 고용 안정성 OECD
국가 중 가장 낮아

韓 전체 취업자
평균 근로시간 OECD 2위

男女 임금격차 OECD 3배

최저임금 이하 OECD 최다

직장인 유급휴가
한국이 '꼴찌'

"한국 여성 사회참여
OECD 꼴찌"

"한국정규직,OECD평균보다
해고쉬워

"일한 만큼 못 번다"…
한국 최하위권

"아이 키우기 힘든 나라"…
출산율 최하위권

빈부 격차 최대…
한국 노인 빈곤율 1위

한국, 노인복지 '낙제점'…
소득 '최하위'

전란 국가만 못한
'삶 만족도'

"한국인 행복지수
OECD 최하위 수준"

한국 자살률,
OECD 국가 중 '최고'

한국 복지지출…
OECD 꼴찌

한국 어린이·청소년, 삶의
만족도 'OECD 국가 중 꼴지'

교사 만족도,
OECD 국가 중 꼴찌

한국 1인당 세금 증가율
OECD 4번째

"국민의료비 공공부담,
OECD 중 최하위"

한국 GDP 대비 가계부채 비율
신흥국 최고

한국 1인당 세금 증가율
OECD 4번째

공교육비 민간부담…
OECD 3배

'OECD 2위' 한국만 유독
물가상승 높은 이유는

"한국 아동들, 학업
스트레스 세계 최고"

'아빠와 함께' 하루 6분…
OECD '꼴찌'

한국 아동복지지출
OECD 최하위

아동 성범죄 절반 집행유예

등록금 부담,
OECD '최고' 수준

'어려울때 의지할 사람 없어'
韓, OECD중 '꼴찌'

후진국병 결핵,
한국 OECD 국가 중 1위

한국, 휴대전화
단말기 가격 '세계최고'

"성평등 순위
136개국 중 111위"

서울 생활비 '껑충'…
도쿄 제치고 '8위'

한국 대기질
178개국 중 166위

사기사건 하루 600건
'사기공화국'

지금 시중에서는 이렇게 엄청난 보도들을, 대한민국이 OECD 1위인 것들을 모아 가지고 네티즌들이 이렇게 하고 다닙니다.

(조원진 의원 의석에서 ― 의제에 맞는 얘기를 좀 하세요!)

예, 의제로 가겠습니다.

(조원진 의원 의석에서 ― 의제에 맞는 얘기를 하시라고요.)

의제로 가겠습니다, 그러니까.

다 됐습니다.

이렇게 지금 여기 보시게 되면 대한민국이 지금 사법 신뢰도 떨어지고 이것 관계가 있잖아요. 낙하산 인사해 가지고 이렇게 되어 있고, 최악의 부패국가로 되어 있고, '정부 신뢰 안 해'가 이렇게 되어 있고, 일자리 포기한 청년 3위, 노인복지 낙제점, 아이 키우기 힘든 나라, 이런 얘기들이 다 있는 겁니다. 여기 전란국가만 못한 삶의 만족도, 현재 우리 국민이 느끼는 삶의 만족도가 전쟁을 하고 있는 나라보다도 못하다는 게 지금 대한민국의 현실이라는 겁니다.

(조원진 의원 의석에서 ― 대한민국에 대한 긍지가 없습니까?)

그러니까 바로 이렇게 문제가 되는 이런 것들을 박근혜정부가 해결을 해야 되고 여야가 합의해서 해야 되는 것인데 지금 그런 일들을 우리 대한민국 국민들이 원하는 만큼 정부가 그렇게 하고 있느냐, 그것이 바로 제가 던지는 질문입니다.

(조원진 의원 의석에서 ― 말하는 게 지금 뭐하는 거예요, 이게? 법안 통과를 해 줘야 될 것 아니에요, 법안이라도.)

조원진 수석님 말씀도 제가 조금 이따가 할 겁니다. 그러니까 기다리시고요. 조원진 수석님도 다음번에 그러면 저 다음으로 나와서 발언하시지요. 그 자리에서 그렇게 해서……

(조원진 의원 의석에서 ― 정부에 대해서 소신 있게 얘기를 하세요. 우리나라에 대해서 얘기하세요. 야당이 지금 너무 심하다고. 그 자리 나가면 왜 거짓말들을 그렇게 하십니까?)

그러면 이제 원하시는 대로 국가비상사태에 대한 박근혜정부와 새누리당의 시각과 경제비상사태에 대한 우리 더불어민주당의 시각이 다르다고 하는 것을 저는 국민들에게 말씀드리고 싶었습니다. 그래서 국민들이 보시기에 과연 지금 우리 정부와 국회가 해야 될 일이 무엇이냐에 대해서 제 의견을 말씀드린 겁니다. 지금 말씀드렸다시피 새누리당과 박근혜정부에서 뭔가 의도가 있지 않느냐, 거기에 대한 합리적 의심을 저희는 하고 있다고 얘기를 했습니다.

합리적 의심에 대해서 지금부터 말씀을 드리겠습니다.

3. 대한민국 IT산업이 망하는 이유

다음카카오가 굴복한 사연

노무현 대통령께서 돌아가시게 된 데는 그 핵심이 국세청의 세무조사로부터 시작됐습니다. 그리고 국세청의 세무조사는 처음부터 절차가 잘못된 것이었습니다. 부산에 있는 기업을 서울청 조사4국이 갑자기 세무조사를 합니다. 이 조사4국이라고 하는 데가 이른바 국세청의 중수부라고 하는 데이고 국세청의 저승사자라고 불리는 데입니다. 국세청에서 가장 세게 세무조사를 하는 데지요. 결국은 그 결과로 노무현 대통령께서 돌아가셨습니다.

2012년도에 저희가 들어와서 바로 그 문제에 대해서 국세청장에게 따졌고 국세청장은 다시는 그런 일이 없을 거라고 얘기를 했습니다. 한동안 괜찮은 것 같더니 2014년도 8월 달에 들어와서 갑자기 국세청장을 바꿨습니다. 그리고 서울청 조사4국을 또 바꿨는데 8월 21일 날 국세청장이 바뀌고 8월 28일 날 조사4국장을 바꿨는데 최경환 경제부총리가 대구고 15회, 국세청장이 대구고 20회 그리고 조사4국장이 대구고 20

회입니다.

("그건 무슨 상관이 있지요? 인사청문회 합니까?" 하는 의원 있음)

좀 들어 보시지요.

그러더니 조사4국이 이미 2013년에서부터 저승사자라고 하는 조사4국의 조사 건수가 늘어납니다. 조사 건수가 2013년도에, 박근혜정부가 들어서던 그해에 24%로 늘어납니다. 부과세액이 97%가 늘어납니다. 그러고서는 심지어는 다른 청에 있는 것들을 조사4국이, 교차조사라고 하는 것이 원래는 다른 청에서 조사해야 되는 것인데 이것을 조사4국이 조사를 하는 겁니다. 이게 2014년도까지는 대개 비슷하게 가다가 작년도에 상반기만 8건을 합니다.

이 상반기 8건에 도대체 어디가 들어가 있는가? 이 조사4국은 가면 압수수색, 장부를 그냥 가져옵니다. 이것도 거의 불법적이라 그래서 제가 기재위에 들어가서 이것 못 하게 굉장히 막았는데 아직까지도 이렇게 많이 합니다.

다른 기타, 다른 일반적인 세무조사에 비해서 조사4국은 대개 가면 그냥 장부 다 가져오는 것을 자기네는 원칙으로 알고 이렇게 합니다.

조사4국의 조사기간도 전체 국세청 조사기간에 비해서 두 배나 깁니다.

다음카카오가 갑자기 세무조사를 받습니다. 다음카카오가 세무조사를 받습니다. 다음카카오가 아주 이상하게 세무조사를 받습니다.

비정기 세무조사고 그리고 장부를 전부 가져가고 그리고 조사4국이 교차조사를 하고 그리고 최장기 세무조사를 합니다. 다음카카오가 137일 동안 세무조사를 받습니다. 7년간 세무조사를 세 번을 받습니다, 다음카카오가.

박근혜정부의 포털 길들이기가 어느 정도냐? 새누리당 여의도연구소에서 2015년 9월 4일에 포털 보고서를 공개합니다.

("그걸 국정원에서 했습니까? 그걸 국정원에서 했어요?" 하는 의원 있음)

지금 국정원이 문제가 아니잖아요?

("아니, 아무 관계없는 이야기를 하고 있으니까 그렇지요" 하는 의원 있음)

들어 보시지요, 얼마나 관계가 있는지 없는지.

("몇 번이나 비판을 받았는데⋯⋯" 하는 의원 있음)

("조용히 하세요" 하는 의원 있음)

들어 보세요, 들어 보시면 되잖아요. 들어 보시고 얘기하세요.

(홍지만 의원 의석에서 — 관련도 없는 얘기를 해요?)

관련이 없는지 아닌지 얘기하세요. 관련이 있는지 없는지는 우리 존경하는 홍지만 의원님이 지금 판단하시는 게 아니잖아요? 국민들이 판단하시는 것 아닙니까?

박근혜 대통령의 '잘못된 정보 파급 위험'에 새누리는 포털을 맹비난합니다. 2015년 9월 22일입니다.

국세청 조사사무처리규정에 따르면요, 납세자가 사업을 실질적으로 관리하는 장소의 소재지와 납세자가 관할을 달리하는 경우에 교차조사를 하게 돼 있습니다. 그런데 다음카카오는 판교에 '카카오'가 있고 '다음'이 제주도에 있습니다. 그러니까 다음카카오를 세무조사하려면 제주도를 관할하는 부산청이 하든지 아니면, 그러니까 원래 관할청은 부산청입니다. 그리고 판교에 있으니까 만약에 판교를 중시 보겠다. 이번에 카카오를 중시 보겠다, 그러면 중부청에서 해야 됩니다. 판교의 관할은 중부청입니다. 그런데 난데없이 서울청 조사4국이 조사를 합니다.

'일정 지역에서 사업을 하는 납세자에 대해서 공정한 세무조사가 필요한 경우' 이것은 뭐냐 하면 토착기업하고 세무서하고 유착 관계를 막기 위해서 하는 겁니다. 다음카카오 이것 아니잖아요?

'세무조사 대상 납세자와 출자 관계에 있는 자, 특수관계인에 해당하는 자에 대한 세무조사가 필요한 경우' 지금 국세청에서 얘기하는 것은 바로 이걸 얘기합니다. 이석우 대표를 하겠다는 것이지요.

자, 그렇게 해서 그러면 과연 다음카카오를 이런 정도로 세무조사할 일이 있었겠느냐? 2015년 10월 30일 날, 제가 이것을 국정감사할 때 지적을 했습니다. 이게 아마 10월 초쯤 될 겁니다. 그러니까 제가 지적하고 나서 며칠 있다가 10월 30일 날 중단을 했는데, 끝냈는데 이게 137일을 조사한 겁니다. 법인 평균 조사기간 36.2일에 비하면 3.8배만큼 엄청난 다음카카오 세무조사를 한 것이지요.

다음카카오가 7년간 세 번 세무조사를 받았는데 2008년도 광우병 사태가 나니까 세무조사를 받았습니다. 그다음에 2013년도에는 난데없이 모범 납세자상을 받습니다. 지금 문제가 없다는 것이지요. 그런데 모범 납세자상을 받은 다음카카오를 2014년도에 세월호 사태가 터진 다음에 또 세무조사를 합니다.

정부의 여론이 나쁜 얘기가 돌 때마다 다음카카오를 세무조사했다는 합리적 의심을 하기에 충분한 것이지요. 그러더니 메르스 사태가 난 2015년에 또 세무조사를 한 겁니다.

(홍지만 의원 의석에서 ― 기업들은 다 그런 식으로 붙일 수 있지요.)

이게 과연 지금 존경하는 홍지만 의원님 말씀하신 대로 기업들은 다 그렇게 갖다 붙일 수 있는 것이냐? 7년간 법인 사업자가 3회 이상 받은 기업은 0.06%밖에 안 됩니다. 2만 8000개 기업 중에서 17개 기업만이 7년간 세 번 세무소사를 받습니다.

("주제에 맞는 얘기만 하십시오, 다른 얘기는 하지 마시고" 하는 의원 있음)

들어 보세요. 얘기가 안 끝났잖아요.

지금 박근혜정부가 포털을 어떻게 다루고 지금 정보에 대해서 어떻게 취급해 왔는가를 얘기하는 겁니다.

카카오톡 사찰 논란이 아까 말씀드린 대로 2014년 9월 16일 날 '대통령 모독했다' 이렇게 얘기하니까 9월 18일 날 검찰이 전담 수사팀을 발족하고 이석우 전 대표가 그때 문제가 되니까 '카카오톡은 검열받지 않는다' 이렇게 발표를 합니다. 그리고 2014년 10월 7일 날 김인성 전 교수가 국정원의 카카오톡 감청 사실을 공개합니다.

자, 이제 국정원 나왔으니까 만족하십니까? 홍지만 의원님, 국정원 나왔는데요?

(홍지만 의원 의석에서 — 만족합니다.)

자, 만족하십니까?

국정원이 카카오톡 감청 사실을 공개하니까, 이석우 전 대표가 국회 국정감사 참고인 출석한 게 2014년 10월 16일입니다. 그랬더니 난데없이 이석우 전 대표를 2014년 12월 10일 날 소환을 합니다. 그리고 기소를 합니다, 2015년 11월 4일 날. 2014년 12월 10일부터 거의 1년간을 이러고 있다가 바로 다음카카오가, 앞에서 말씀드린 대로 다음카카오 작년도에 세무조사하던 그때 그리고 이석우 대표를 기소합니다.

다음카카오, 최근 우리나라에서 신생 벤처기업 중에 가장 잘된 기업 아닙니까? 이런 기업은 우리가 발전하도록 지원해 줘야 되는 것 아닙니까? 그런데 정권의 마음에 들지 않는다는 이유로 이렇게 7년에 세 번씩이나 세무조사를 하고 규정에 맞지 않게 부산에서 세무조사해야 될 것을 서울청 조사4국으로 가져오고 그리고 난데없이 137일이나 세무조사를 한 다음에……

(홍지만 의원 의석에서 — 그건 너무 단정적이고 편향적이고 극한 결론이고 그렇습니다.)

금년 1월 7일 날 부과한 세액이 얼마인가? 다음카카오 74억 부과했고 법인 부담세액은 57억, 탈탈 털 거지요, 그냥. 이래 가지고 기업이, 대한민국의 벤처기업이 살아나겠어요? 이래 가지고 대한민국의 IT 기업이 살아나겠습니까?

다음카카오 세무조사

비정기조사
장부 일시보관
조사4국 교차조사
최장의 세무조사 기간 137일
7년간 세무조사 3번 (0.06%)

유례없는 고강도 세무조사 왜?

이석우 대표 그만두셨지요? 다음카카오 그만뒀습니다. 그리고 중앙일보로 들어갔습니다. 이게 바로 박근혜정부가 지금 포털을 어떻게 생각하느냐, 카카오톡의 감청을 어떻게 생각하느냐……

이석우 대표가 카카오톡 감청을 그렇게 하면 대한민국의 IT산업이 망한다, 전부 다 텔레그램으로 간다…… 텔레그램으로 얼마나 많은 사람들이 갔습니까? 카카오톡 그 기업 하나 간신히 살려 놓은 거 키워 주지는 못할망정 이렇게 한 것 아닙니까. 이게 바로 저희가 생각하는 것과 새누리당이 생각하는 게 다른 겁니다.

FBI 요청을 거부한 애플

애플이 지금 미국 FBI 요청을 거부했지요. 이게 미국의 힘입니다. 애플을 믿고 사람들이 애플을 사지요. 이제 삼성전자, LG전자의 휴대폰을 과연 누가 살까요? 지금 이렇게 카카오톡 감청 요구해 가지고 감청의 요구를 제대로 받아들이지 않으니까 세무조사 이렇게 들어가고 개인 뒷조사해 가지고 개인 막 해 가지고 결국 회사 쫓아내고 이것이 바로 박근혜정부와 새누리당이 생각하는 인권과 그다음에 지식정보화사회에서의 정보에 대한 태도인 것입니다. 저희는 잘못됐다고 생각합니다. 다음카카오는 지원을 해도 시원찮을 기업인데, 지금 이 시장이 얼마나 경쟁이 치열한 시장인데 애플이 바보 같아서 FBI가, 미 정부가 요구하는 것을 반대했겠습니까? 중국 소비자가 애플 사겠어요, 삼성전자 사겠어요? 지금 한국에 애플 소비자가 상당합니다. 이유가 뭡니까? 이런 것 아닙니까?

그런데 지금 다음카카오, 우리 좋은 메신저, 지금 세계가 다 메신저 전쟁을 하고 있는데 그 좋은 메신저기업 하나 나왔습니다. 천재 CEO입니다. 이석우 씨 천재예요. 네이버(NHN)에서 하다가 나와 가지고 혼자 얼마 안 돼 가지고 다음카카오 저렇게 키운 우리나라가 정말 지원해도 시원찮을 벤처기업인데 정권의 입맛에 맞지 않는다고 벤처기업의 대표를 쫓아내는 정부 이게 지금 대한민국의 민주주의라는 겁니다. 이게 바로 지금 테러방지법을 만들자고 제안하는 박근혜정부가 해 온 거랍니다.

지금 많은 분들이 잘 모르시는 통계를 하나 제공하겠습니다.

네이버 이용자를 수사기관의 요청에 의해서, 국정원이나 검찰이나 이런데 요청에 의해서 제공한 자료입니다. 2012년도에 이렇게 되다가 2015년도에 거의 20만 건 이렇게 제공합니다. 압수영장을 8000건 신청하고요. 그다음에 처리가 7000건이 되고요. 통신제한조치도 이렇게 요청을 해서 127건이, 이건 127명이 해당을 당하는 거지요. 통신사실 확인자료, 통신을 했느냐 이 자료를 네이버가 제공한 게 9000건이나 됩니다. 통신자료는 최근에는 없어졌는데요.

네이버 이용자제공 통계

구분		압수영장	통신제한 조치	통신사실 확인자료	통신자료
2012	요청	1,487	30	7,841	–
	처리	1,278	30	7,430	16,549
	제공	169,669	109	35,054	68,184
2013	요청	9,244	72	6,571	–
	처리	8,047	72	5,540	–
	제공	219,357	195	19,500	–
2014	요청	9,342	56	4,790	–
	처리	8,188	56	4,002	285
	제공	76,379	193	8,457	–
2015	요청	8,895	28	4,891	179
	처리	7,648	28	4,163	–
	제공	223,940	127	9,006	–

출처: 네이버 투명성 보고서

다음을 보면 다음도 역시 마찬가지로 이렇게 늘고 늘고 늘다가 압수영장을 받아서 50만 건을 수사기관에게 제출을 했습니다. 통신제한조치

214건, 통신사실 확인자료 이게 1394건입니다. 이것 좀 이상하지요, 그렇지요? 지금 네이버가 다음보다 훨씬 큰 회사 아닙니까? 그런데 네이버보다도 오히려 훨씬 더 많은 압수영장을 다음에다가 요구하고 있는 거지요.

카카오 이용자 제공통계, 카카오도 바로 이렇게 이미 제공하고 있습니다. 우리가 모르는 사이에, 아까 그래서 제가 말씀드렸지요. 그 회사한테 요청해서 검찰이나 수사기관에 그런 사실을 제공한 적이 있는지 그것 좀 밝혀 달라 그 방법을 알려 드렸는데 지금 이렇게 어마어마한 숫자의 우리의 통신사실이나 통신을 확인하거나 혹은…… 개인정보지요. 통신자료라는 건 개인정보입니다. 개인정보가 지금 수사기관에게 가고 있다는 겁니다.

다음(Daum) 이용자제공 통계

구분		압수영장	통신제한 조치	통신사실 확인자료	통신자료
2012	요청	1,363	56	4,230	14,443
	처리	1,284	53	1,864	9,844
	제공	124,957	324	2,390	67,299
2013	요청	4,782	69	3,670	647
	처리	4,138	68	1,336	-
	제공	416,717	272	2,228	-
2014	요청	4,772	47	3,498	232
	처리	4,398	47	1,523	-
	제공	351,877	237	3,212	-
2015	요청	4,409	39	4,453	209
	처리	3,112	39	1,940	-
	제공	507,124	214	1,394	-

출처: 카카오 투명성 보고서

카카오 이용자제공 통계

구분		압수영장	통신제한 조치	통신사실 확인자료	통신자료
2012	요청	811	41	534	791
	처리	704	41	466	385
	제공	–	47	7,109	1,031
2013	요청	2,676	86	1,423	636
	처리	2,223	81	1,114	1
	제공	–	272	1,435	17
2014	요청	3,864	81	1,827	232
	처리	2,999	78	1,415	–
	제공	–	117	2,188	–
2015	요청	3,145	9	1,318	34
	처리	2,301	8	1,094	–
	제공	290,320	8	1,467	–

출처: 카카오 투명성 보고서

2015년 상반기만 500만명 개인정보를 수사기관에 제공

국내 전체 통신사업자의 제공통계도 여기 있습니다. 그러니까 2015년
도 상반기만 하더라도 여기 통신자료 56만 건 그다음에 처리계정 수
500만 명, 500만 명의 개인정보가 지금 수사기관에게 갔다는 겁니다,
2015년도 상반기에만 하더라도. 그리고 통신사실 확인한 자료, 통신을
했느냐 안 했느냐가 300만 건이 넘어갔다는 거고요. 지금 이런 정도로
우리는 거의 무차별적으로 우리의 개인정보가 수사기관에게 넘어가고
있습니다.

국내 전체 통신사업자 제공 통계

구분		압수영장	통신제한 조치	통신사실 확인자료	통신자료
2012	처리건수	-	447	239,308	820,800
	처리계정수	-	6,087	25,402,617	7,879,588
	법원 발부수	107,499	-	-	-
2013	처리건수	-	592	265,859	944,927
	처리계정수	-	6,032	16,114,668	9,574,659
	법원 발부수	166,877	-	-	-
2014	처리건수	-	570	259,184	1,001,013
	처리계정수	-	5,846	10,288,492	12,967,456
	법원 발부수	166,033	-	-	-
2015	처리건수	-	203	150,880	560,027
	처리계정수	-	2,832	3,799,199	5,901,664
	법원 발부수	-	-	-	-

출처: 카카오 투명성 보고서, 미래창조과학부, 법원행정처 사법연감

그러면 제가 말씀드리는 게 지금 다음카카오를 이렇게 괴롭힌 이유가 도·감청을 더하기 위해서, 즉 카카오톡 감청하고 그 자료를 요청하는데 카카오톡에서 그것을 견딜 수가 없으니 좀 줄여 가지고, 카카오톡이 내부서버에 보관하는 기간을 줄였습니다. 그러니까 국정원 입장에서는 자기들이 원하는 자료를 제대로 갖기가 어렵게 된 거지요. 그러니까 정권 차원에서 나서서 다음카카오를 이렇게 괴롭혔다 저는 이렇게 봐야된다고 생각을 합니다.

(하태경 의원 의석에서 — 애플 같은 용기가 없네, 다음카카오는. 대차게 싸워야지. 그래야 세계적으로 뜨지.)

아니, 그러니까 이석우 대표…… 존경하는 하태경 의원님, 그것은 잘못

얘기하시는 거고요. 그렇게 해서 다 고객들이 나가고 다음카카오 못 믿겠다, 카카오톡 못 믿겠다, 텔레그램 가자 해 가지고 붐이 이니까 이석우 대표가 그때 발표하셨지요. '카카오톡 더 이상 정부의 요청에 응하지 않겠다' 그 순간부터 정부의 이와 같은 정말 비겁한 이런 세무조사하고 개인 뒷조사 하고 그리고 그것을 언론에다 흘립니다. 아마 여러분들이 지금 인터넷 들어가서 '이석우' 때리면 안 좋은 얘기만 쭉 나올 겁니다. 이 정부가 이렇게 해 왔기 때문에, 이렇게 해 온 정부가 테러방지법을 요구하는 것……

(하태경 의원 의석에서 — 카카오페이도 설명 좀 해 봐요, 카카오페이. 그거 잘 나가잖아. 정부가 도와준 것 아니에요?)

그런 것들을 얘기하는 게 바로 저희는 합리적 의심이라고 생각합니다.

(하태경 의원 의석에서 — 카카오페이 한번 설명해 보세요.)

하태경 의원님께서 얘기해 주신 대로 저희가 생각하는 굉장히 중요한 것 중의 하나가 바로 이겁니다. 바로 이 법이 한국의 IT산업을 망가뜨린다는 겁니다. 시식징보화시회라고 하는 것의 근본적 기제를 박근혜정부는 잘 모르고 있는 것 아니겠는가?

지금 애플에서 그렇게 정부의 요청을 거부하는 이유는 경쟁이 굉장히 치열하기 때문에 그렇습니다. 제가 생각하는 게 뭐냐 하면 아까 국세청도 그렇고 국정원도 그런데요, 이렇게 보는 거지요. 그러니까 국정원이 우리가 필리버스터 해서 이제 온 국민이 아시게 된 것처럼 옛날에는 그냥 무소불위의 권력을 휘둘렀습니다. 그래서 여기 국회에 상주했습니다. 무슨 정보기관 요원이 그런 정보기관 요원이 있는지 '나 국정원 요원입니다' 이러고 돌아다녔어요. 국정원 요원이다 그러고 정보 달라고 그러면 사람들이 가서 주는 거지요. 그런데 지금은 굉장히 좋아져서 그것을 못 하게 된 거예요.

그러면 국정원은 지금 이와 같은 IT산업의 IT기술을 이용해서 새로운 방식의 정보를 습득해야 되는 겁니다. 국정원이 그런 노력을 했느냐? 그런 노력을 해서 어떤 성과를 얻었다는 얘기를 저는 못 들었습니다. 제가 생각할 때는 아까 말씀드린 대로 만약에 지금 빅데이터시대에 국정원이 테러리스트를 정말로 조기에 찾고자 한다면 테러방지법에 연연할 것이 아니라 빅데이터에 투자를 해야 된다고 하는 것이 저의 생각입니다.

국정원이 빅데이터 분석이 아니라 댓글을 달고 있으니

바로 이것이 제가 안타깝게 생각하는 겁니다. 국세청이 제대로 된 기관으로 거듭나기 위해서는 제가 4년 내내 '과학세정을 하자, 데이터를 분석하자, 그래서 탈세자를 찾아내자' 이것 절대 안 합니다.

국세청이 얼마나 한심했는고 하니 대한민국 강남에 1년에 몇억짜리, 월세가 한 달에 4000만 원, 5000만 원 되는 집이 있습니다. 거기 그 월세에 대해서 세금을 제대로 부과하고 있느냐 이것을 확인해 달라고 그랬더니 확인 못 한답니다. 통계를 달라고 그랬더니 통계 없답니다. 그러면 월세 받은 것에 대해서 그것 과세 안 하느냐? 모른답니다.

그러더니 부리나케, '그러면 노동자들은, 근로자들은, 직장인들은 단돈 1000만 원 벌고 2000만 원을 벌어도 과세하면서 저렇게 월세로 수천만 원씩 버는 사람은 왜 과세를 안 하느냐?' 제가 얘기하니 그게 문제가 되어서, 그랬더니 그냥 법을 만들더군요. 그래서 '일정기간 동안 과세를 연기한다' 이렇게 새누리당에서 법을 내서 2000만 원 이하는 독립해서 과세 안 하는 것으로 그렇게 되어 있습니다.

국세청도 마찬가지로 지식정보사회에 굉장히 많은 정보가 밖에 있습니다. 저희가 SNS라고 하는 이것에 대해서 거의 그냥 다 공개하고 살잖아요.

미국의 CIA 국장이 청문회에 나와서 그런 얘기를 했습니다. '자기들의 입장에서는 노다지가 터진 것 같다. 사람들이 그냥 자기를 다 공개하니 자기들 입장에서는 그것만 잘 분석해도 테러리스트 다 잡아낼 수 있다'.

미국에서 9·11 테러가 나고 나서 미국의 FBI가 굉장히 많이 바뀌었습니다. 그중의 하나가 뭐냐 하면 '왜 9·11 테러를 사전에 예방하지 못했느냐?' 그것에 대해서 분석보고서가 나온 것을 보니까 결국에는 정보는 많았는데 그 많은 정보를 수집하고 소화해서 해석할 수 있는 능력이 없었다. 그래서 9·11 테러 이후에 미국이 엄청나게 많은 돈을 들여서 그 시스템을 통합한 겁니다.

박근혜정부가 이런 것을 한다는 얘기를 저는 들어 본 적이 없습니다. 너무나 안타까운 일입니다. 우리 IT산업, IT기업은 저렇게 못살게 해서 죽이고 그리고 국정원이 진짜로 해야 될 일 그것들은 하지 않으면서 엉뚱한 법을 내 가지고 지금 인권을 탄압하는 것 아니냐 이런 얘기입니다.

(하태경 의원 의석에서 ─ 테러방지법이 있는 나라는 다 IT산업이 안 된다 이것은 말이 안 되잖아요. 그것을 한번 설명해 보십시오.)

박근혜정부가 들어서서 창조경제를 얘기하면서 굉장히 각광을 받은

책 중의 하나가 '창업국가'라고 하는 책이 있습니다. 거기 보면 페이팔 얘기가 나오는데요, 지금 미국에서 핀테크의 가장 선두주자 중의 하나가 페이팔입니다. 세계적인 기업이지요. 이 페이팔을 만든 사람들이 어디에서 온 사람이냐면 이스라엘에서 온 사람들입니다. 바로 이 사람들이 이스라엘에서 테러리스트 쫓다가 온 사람들입니다. 바로 이 사람들이 빅데이터 분석해 가지고 테러리스트 찾아내는 사람들이에요. 그 기술을 미국에 가서 금융시장에 대입을 한 곳이 페이팔입니다.

(하태경 의원 의석에서 — 빅데이터 아이디어 굿 아이디어. 그것은 나는 충분히 수용 가능하다고 봅니다.)

세상은 이렇게 바뀌고 있는 겁니다. 그런데 박근혜정부는 아직까지도 국정원에 의존하는 70년대 사고방식으로 그것을 하겠다고 하니, 그리고 국정원 요원들은 그렇게 빅데이터 분석을 하는 것이 아니라 댓글을 달고 앉아 있으니 저희가 답답하지 않겠습니까?

(하태경 의원 의석에서 — 국정원도 개혁해야지. 그런데 테러방지법과 빅데이터가 대립되는 것은 아니지요, 홍 의원님. 그것은 같이 하면 돼.)

그리고서는 그 국정원에 지금 엄청난 권한만 또 주자 이렇게 얘기하는 것을 저희가 어떻게 받아들여야 하는지 저희는 갑갑하기만 합니다.

(하태경 의원 의석에서 — 국정원이 빅데이터까지 하라고 그러면 권한을 더 주는 것이지. 그것은 모순되지요.)

국정원이 최근에, 여러 가지 문제가 계속 진행되고 있지 않습니까? 그런 것에 대해서 얘기하지 않으면서 국정원에게 자꾸만 권한을 더 주자고 얘기하는데 어떤 숨겨진 의도가 있지 않겠느냐고 생각하는 것은 합리적 의심이라고 저희는 생각을 합니다.

워싱턴의 보너스 아미

다시 처음으로 돌아가서 말씀드리겠습니다. 제가 경제 얘기를 해서 이것과 테러방지법이 무슨 상관이 있느냐 자꾸 얘기를 하시는데 이게 상관이 굉장히 큽니다.

아까 말씀드린 대로 양극화가 심화되면, '양극화가 심화되니까 경제가 성장하지 않습니다' 그러면 일반 대중은 불만이 있게 되는 거지요. 따라서 그 불만을 억누르기 위한 기제가 필요한 겁니다. 계속 그런 것들을 박근혜정부에서 하고 있다 저희는 그렇게 생각을 하는 거지요.

2008년도 경제위기라고 하는 것이 1929년도 경제위기랑 비슷하다, 그러면 제가 두 가지 말씀을 드리겠습니다.

1929년도 경제위기가 왔을 때 미국 정부가 공화당 정부였습니다. 이른바 유명한 후버 대통령이 당시의 대통령이었습니다. 대공황이 와서 사람들은 굉장히 어려운 상황이고 굶어죽게 되어 있고 먹을 게 없어서 줄을 쫙 서 있습니다. 그러니까 아우성 하지요, 후버 대통령한테 저기 경제가 어려우니 저 사람들을 돕자.

1차 세계대전, 이게 1929년도 얘기니까요 1919년도에 끝난 1차 세계대전에 참전했던 퇴역군인들이 '먹을 게 없으니 우리 연금을 달라.' 미국 정부가 그 전쟁에 참여한 사람들한테 연금을 주기로 했는데 그것을 미국 정부가 재정이 부족하니까 천천히 주기로 했는데 '지금 먹고살기가 어려우니 그 연금을 달라' 그랬는데 미국 정부에서 못 준다고 그랬더니 이 퇴역군인들이 전부 모여서 워싱턴으로 데모를 하러 올라갑니다. 이게 이른바 '보너스 아미 Bonus Army'라는 이름으로, 보너스 달라고 데모하는 군인들이라 이런 속칭이 붙을 정도입니다.

그랬더니 후버 정부에서 '우리의 애국적인 군인들이 저렇게 데모를 할 리가 없다' 그래 가지고 '저것은 빨갱이 짓이다' 소문을 퍼뜨렸고 '저기 대다수들이 다 적색분자다' 그래 가지고 군이 발포를 해서 굉장히 많은 사람들이 죽습니다. 나중에 알고 보니까 그것은 정부의 공작이었고요 결국 그걸로 인해서 공화당 정부는 무너지게 됩니다.

그때 후버 정부일 때 '경제가 이렇게 어려우니 사람들을 도와야 되지 않겠느냐? 지금 먹고살기 어려워서 저 사람들이 데모를 하는데 저 사람들을 도와야 되지 않겠느냐?' 이게 바로 미국의 진보, 민주당이 주장한 겁니다. 그랬는데 공화당에서는 그게 아니라 '저기 빨갱이들이 저렇게 했으니 저것을 진압해야 한다' 해서 처절하게 진압한 겁니다.

이 후버 대통령은 독실한 크리스천입니다. 그래서 교회에 성금도 굉장히 많이 하고 우리나라 대통령도 그것 쫓아 했는데 자기 월급을 전부 교회에, 사회기구에다 헌납한 대단히 훌륭한 대통령입니다. 그런데 정부가 '우리 가난한 국민들을 도와야 된다. 지금 대공황이 와서 헐벗은 국민들을 도와야 된다'는 건 반대합니다. '그건 정부가 할 일이 아니다. 그것은 교회가 할 일이지 정부가 할 일이 아니다' 여기에서 보수와 진보의 차이가 나는 겁니다. 그리고 그 불만을 강압적으로 여론을 통제해가면서 진압하는 것이 바로 아까 말씀드린 대로 미국에서의 경제위기가 왔을 때의 역사입니다.

작년도에 메르스 사태로, 경제도 가뜩이나 안 좋은데 메르스 사태가 나니까 자영업자들이 굉장히 어려워졌지요. 정부가 그래서 추경을 편성한다고 합니다. 그래서 며칠 전에 나오셨던 강기정 당시 정책위의장께서 '좋다, 그러면 추경을 하되 자영업자를, 직접적으로 전통시장을 돕기 위해서 온누리상품권 2000억 원을 발행하자' 이게 저희 당 안입니다. 박근혜정부와 새누리당이 거부했습니다. '그렇게 공짜로 나눠 주면 안 된다'고 거부했습니다.

이게 바로 차이인 겁니다. 아까 말씀드린 대로 '경제비상사태가 나서 온 국민이 먹고살기 어렵고 그런 것에 대해서 직접적으로 그 문제를 해결해야 된다' 이것이 진보 정부의 자세고요. '그게 아니다. 재벌을 도와서 재벌이 잘살면 그러면 당신들도 잘살게 되는데 뭔 잔말이 많으냐? 그리고서 자꾸 거기에 대해서 양극화니 뭐니 이런 얘기하면 안 된다' 해서 언론 통제하고 그런 것 하는 사람들을 불순분자로 몰아서 탄압하는 게 지금 박근혜정부가 하고 있는 일이라고 저희는 생각을 하는 겁니다.

바로 그 연장선상에서 우리가 이 문제를 봐야 되겠다. 국민들이 먹고살기 어려워서…… 온 국민이 알고 있는 것 아닙니까? 너무나 괴로운데 그 괴로운 것이 심지어는 '박근혜정부가 잘못해서 그런 게 아니라 야당이 발목 잡아서 그런다. 그리고서는 이런 테러방지법도 야당이 발목 잡아서 그런다' 이렇게 지금 얘기하는 겁니다.

(하태경 의원 의석에서 ― 그 프레임에서 벗어나기 쉽지 않을 거예요.)

박근혜정부가 얘기한 경제를 살리는 그 정책들 중에서 우리 국민 여러분이 보셨을 때 자기한테 도움이 되는 법이 있었나요? 전부 재벌을 위한 법입니다. 관광진흥법, 재벌을 위한 거지요. 무슨 외국인투자촉진

법, 그것도 재벌을 위한 거지요.

— 정의화 의장, 이석현 부의장과 사회교대

모든 게 다 재벌을 위한 법

모든 게 다 재벌을 위한 법입니다. 박근혜정부에서 경제활성화법이라고 얘기하는 것 다 얘기해 보세요. 다 재벌법입니다. 저희가 얘기하는 것처럼 '온누리상품권 지급하자' 이것 반대합니다.

성남시장과 그다음에 서울시장이 '청년수당을 내자. 청년수당을 주자. 청년 구직수당, 구직급여를 주자' 아니, 중앙정부가 안 해서 너무나 못 살게 됐는데, 중앙정부가 안 해서 그것을 지방정부가 한다는데 그건 또 반대해요. 이재명 시장께서 하시는 그 수당을 성남시 상품권, 지역화폐로 한다는 것은 대단히 뛰어난 아이디어입니다. 성남시민들 아마 대단히 좋아하실 거예요.

그게 바로 경제를 살리는 진보의 경제정책인 겁니다. 이게 바로 1920년대에 케인스가 얘기한 겁니다. 저희가 너무나 안타깝게 생각하는 게 1920년대에는 케인스 경제학이 없어서 그것을 이해하지 못했다고 그러지만 지금은 그것을 다 경험했음에도 불구하고, 그렇게 명확한 진리가 있음에도 불구하고 아직도 그것은 아예 무시해 버려요. 그리고 가난한 사람들을 돕는 것은 복지과잉이라고 하고 그렇게 줘서는 안 된다고 얘기합니다.

그리고는 아까 말씀드린 대로 재벌에게는 세금을 5조 원씩이나 깎아 줍니다. 그리고 재벌에게는 막대한 지원을 해 줍니다. 그리고 재벌을 위해서 지금 또 규제완화하자고 얘기합니다. 그러니까 불만이 나올 수밖에 없지요.

그런데 제가 오늘 얘기한 이런 것들을 여러분들이 언론에서 보셨습니까? 아마 보시기 힘드셨을 겁니다. 오늘 제가 얘기한 얘기는 언론에서 거의 거론되지 않는 얘기입니다. 이것이 바로 대한민국의 현실입니다.

(하태경 의원 의석에서 ─ 오마이·한겨레에도 안 나요, 그게? 오마이·한겨레는 왜 안 실어 줘?)

재벌의 힘이 그렇게 강하기 때문에 그렇습니다.

(하태경 의원 의석에서 ─ 거기도 재벌이 장악하고 있다고요?)

예, 재벌이 그런 정도로 지금 대한민국을 장악하고 있습니다.

(하태경 의원 의석에서 ─ 오마이·한겨레까지 넘어갔다고, 재벌한테?)

넘어갔다고까지 하기는 어렵고요. 그냥 뭐라 그럴까요……

(하태경 의원 의석에서 ─ 완전히 양심을 다 팔아먹었구만, 그 인간들이.)

("조용히 하세요" 하는 의원 있음)

(하태경 의원 의석에서 ─ 그건 폭로하세요. 오마이·한겨레가 재벌에 넘어가면 큰일이지.)

("순서 얻어 가지고 하면 되잖아" 하는 의원 있음)

(하태경 의원 의석에서 ─ 좌파언론 개혁해야 되겠네. 내가 얘기 들어 보니까 심각하네.)

언론개혁해야 됩니다.

(하태경 의원 의석에서 ─ 좌파언론 개혁에 앞장서세요.)

그렇게 언론이 바로 재벌과 결탁해서 대한민국을 망쳐 놓는 것에 대해서……

(하태경 의원 의석에서 ─ 홍종학 의원님이 오늘 진짜 좋은 말씀하셨는데 한겨레·오마이가 재벌과 결탁해서 민중들을 괴롭힌다 이거 아니야, 지금. 홍종학 의원님 오늘 대단한 이야기해 주셨는데 박수를 보냅니다.)

("조용히 좀 하세요" 하는 의원 있음)

부의장 이석현: 하태경 의원님 자리가 발언석에서 너무 가깝네요. 그냥 작게 말해도 마이크에 울려서 크게 들려 버려요. 그래서 하태경 의원님은 다른 의원님들 말 세 번 할 때 한 번만 하시면 되겠어요, 마이크가 가까워 가지고. 그래서……

(하태경 의원 의석에서 ─ 부의장님, 지금 쌍방 무제한 토론 중입니다. 훨씬 재미있습니다, 혼자 하시는 것보다. 오늘 12시간 기록 깹니다, 홍

종학 의원.)

홍종학 의원님 지금까지 계셔 주셔서 고맙습니다. 제가 그 좋은 얘기를 못 들을까 봐 부랴부랴 왔는데 마침 계시니까 아주 안심이 되네요. 발언 계속하시고 하태경 의원님 말도 다음에 잘 들어보겠습니다. 지금은 제가 못 들었습니다.

(하태경 의원 의석에서 — 부의장님, 이게 훨씬 덜 지루합니다. 쌍방 무제한 토론 새롭게 시작하겠습니다.)

("발언 좀 방해하지 마세요" 하는 의원 있음)

(하태경 의원 의석에서 — 한겨레·오마이 개혁에 같이 동참하겠습니다. 홍 의원님 적극 추진하십시오.)

홍종학 의원: 한겨레·오마이보다 하태경 의원님께서는 조·중·동 개혁부터 하셔야 되지 않을까요?

(하태경 의원 의석에서 — 그건 당연히 해야지요. 당연히 할 테니까 같이 하겠습니다. 내가 삼성 까니까 좌파언론이 기사 올렸다가 내리더라고요. 결탁이 있는 것 같더라고요.)

지금 훨씬 더 문제가 심각한…… 이른바 보수언론에 대해서 그런 얘기를 해 주시기 바랍니다.

(하태경 의원 의석에서 — 조선일보는 안 내렸어요. 내가 삼성 까니까 조선일보는 기사를 안 내렸는데 다른 좌파언론이 내리더라고. 내린 것

보고 진짜 놀랐어.)

제가 생각할 때는……

부의장 이석현: 잠깐만요. 발언 중에는 발언권을 얻어서…… 의원이 발언하실 때는 의석하고 서로 질문 답변을 하는 것은 안 됩니다. 그러면 의장이 필요한 경우에는 의사진행을 또 하겠습니다. 그러니까 홍종학 의원님은 좌석에서 나오는 얘기에 일일이 답변 마시고 하실 발언을 해 주십시오.

(하태경 의원 의석에서 ― 부의장님, 국민들이 보고 있잖아요. 쌍방의 토론이 훨씬 재미있어요.)

홍종학 의원: 저는 오늘 그런 말씀을 드리고 싶습니다.

아까 말씀드린 대로 지금 두 정당 간에 차이가 굉장히 크고요. 이 정당 간의 차이는 자본주의 역사가 시작되면서 이런 차이가 나온 거고요. 이것이 100년 역사를 거듭해 온 겁니다. 그리고 이것이 지금 반복되고 있습니다.

줄푸세의 원조는 미국 최악의 대통령

지금 박근혜정부에서 얘기하는 이른바 '줄푸세'라고 하는 정책이 있지요. 규제는 줄이고 세금은 줄이고 그다음에 규제는 풀고 그다음에 법치는 세우자, 이것의 원조가 바로 언제냐면 1920년대 미국에 있습니다. 그때 당시에 미국의 워런 하딩 대통령이, 미국 최악의 대통령이라고 하는데요. 이분이 한 것이 바로 줄푸세 정책입니다.

그러니까 재벌들의 세금을 깎아 줍니다. 그러니까 빈부격차가 굉장히 심각해지지요. 그리고 규제를 풉니다. 규제를 푸니까 재벌들이 지금 대한민국처럼 조그만 영세업자들을 다 잡아먹는 거지요. 그러니까 불만이 나니까 노동운동이 일어납니다. 그 노동운동에 대해서 강력하게 탄압하는 게, 바로 법치를 세우는 이 줄푸세 정책의 원조가 1920년 미국에 있습니다.

그 결과 대공황이 온 겁니다. 그리고 대공황이 와서 먹고살기가 어려워서 사람들이 '나 좀 먹고살게 해 달라. 정부가 우리를 도와줘야 되지 않겠느냐' 이것 했을 때 그때 정부가 그것에 응하지 않고 탄압한 것이 바로 신자유주의의 원조인 보수경제정책인 것입니다.

지금 대한민국이 그런 거란 거지요. 제가 아까 말씀드렸다시피 비상사태는 지금 테러 위협에 있는 것이 아니라 바로 여기 경제비상사태가 있는데 이 경제비상사태에 대해서 국민들의 눈과 귀를 가리느라고 이런 것을 하고 있다는 겁니다.

지금 설사, 생각을 해 보시지요. 만약에 IS 테러리스트가 들어왔다는 첩보가 있다고 할지라도 정부가 그것을 대놓고, '우리나라가 이렇게 취약하니까……' 이렇게 전 세계에 대놓고 떠들어야 되겠습니까? 진보정부라면 이렇게 하지 않을 겁니다. 제도를 딱 갖춰 놓고 '국민 여러분 안심하십시오. 전 세계가 테러의 위협을 당하더라도 우리는 만전을 기해서 안전하게 여러분을 모시겠습니다' 이렇게 할 겁니다. 그렇지요? 그래야지 되는 겁니다.

제가 전 세계를 돌아다녀 보더라도, 얘기를 들어 보더라도, 제가 여행은 많이 안 다녀 봤으니까 다녀 보면 가장 안전한 데가 대한민국입니다. 외국인이 밤거리를 술에 취해서 돌아다닐 수 있는 나라 전 세계에 없습니다.

그러면 얼마나 좋습니까? 이게 우리가 자랑할 것 아닙니까? 그러니까 얼마 전에 외국 기자가 쓴 게 바로 그 얘기를 쓴 거지요. '대한민국이 그동안 남북 대치 상황이었기 때문에 테러에 대해서 가장 대비가 잘되어 있는 나라인데 이 나라에서 테러방지법이라고 또 만든다니까 이게 웃기는 얘기다' 이렇게 외국 기자가 쓴 거지요.

즉 다시 얘기해서 아까 말씀드린 대로 진짜 테러가 목적이라면 해야 될 일들이 있는데 그 해야 될 일은 하지 아니하고 테러방지법이라고 떡 내놔서 이것을 하고 있는 것이 문제라는 거고요.

제가 필리버스터가 우리나라 민주주의에 큰 획을 그을 수 있는 사건이라고 말씀을 드렸는데요. 말씀드린 대로 지금 경제 상황이 어려워서…… 죄송합니다. 저는 경제학자이기 때문에 모든 것을 경제로 보는 습관이 있습니다. 그러니까 역사를…… 그런데 대부분의 역사가들은 대개 역사를 경제로 많이 봅니다. 경제사가 역사의 근간에 흐른다고 보는 시각이 많지요.

제가 또 하나 말씀드리고 싶은 게, 죄송한 얘기입니다만 오해는 없으시기 바랍니다. 저는 아까 말씀드렸다시피 박근혜 대통령이 저야말로 국가를 위해서 열심히 일하고 계신다고 생각을 하고요, 박근혜 대통령께서 정말로 충정에 의해서 이렇게 하신다고 생각을 합니다.

다만 말씀드린 대로 지금 보수의 정책으로는 한국 경제를 살릴 수 없다

보니 대통령께서 얼마나 답답하시겠습니까? 그러니까 저희 같은 사람하고 얘기해서 '대통령님 그게 아닙니다. 지금 서민들이 돈이 없어서 경제가 안 살아나는 거니 온누리상품권 같은 것을 2000억 정도 풀면 경제 살아납니다. 그리고 누리과정 국가가 예산 주면 엄마들이 그것 가지고 애 유치원 보내고 소비할 것 아닙니까? 그러면 경제가 살아납니다' 이런 얘기를 대통령께서 들으시면 경제가 살아날 수 있는데 이런 얘기는 안 들으시니까 저희는 경제는 살아날 수 없다고 생각합니다.

왜냐하면 재벌은 이미 710조나 있는데 거기 돈 모아 줘 봐야 그게 투자가 되겠습니까, 소비가 되겠습니까? 하지만 서민들은 돈이 없기 때문에 거기는 돈을 한 푼 주면 그냥 한 푼 소비가 되는 겁니다. 그러니까 돈이 도는 거지요. 경제의 기본은 순환이거든요. 그런데 이 순환이 안 된 한국경제 딱 막혀 있는 것을 풀 생각이 없으니……

없는 이유는 한국의 재벌이 단견이기 때문에 그렇지요. 미국 재벌들은 저렇게 바보같이 저런 주장 하지 않습니다. 미국의 재벌들이, 미국의 대기업들은 얘기하잖아요, '왜 증여세를 없애느냐, 왜 유산세를 없애느냐, 내가 내겠다.' 한국 재벌들은 안 그러잖아요. 그저 그냥…… 그런데 이게 경제를 망치는 건지 미국 사람들은 알기 때문에 그런 겁니다. 그런데 이렇게 된 거지요.

(하태경 의원 의석에서 ─ 테러방지법이 있는 나라는 왜 경제가, IT가 잘되고, 그 답변은 안 했잖아요. 그것 해 봐요.)

(홍영표 의원 의석에서 ─ 발언 신청해서 하라고요. 왜 남이 이야기하는 것을……)

(하태경 의원 의석에서 — 아니, 지금 이야기 잘하고 있잖아요. 홍 의원이 지금 싫어하지 않잖아요?)

(홍영표 의원 의석에서 — 아니, 왜 홍 의원을……)

미국의 루즈벨트와 독일의 히틀러

1933년도에 미국에서 루스벨트 대통령이 취임합니다. 닷새 뒤에 독일에서 히틀러가 취임합니다. 이게 굉장히 재밌는데요, 제가 고3 때 하도 공부를 안 하니까 역사 선생님이 '너 왜 이렇게 공부를 안 하냐. 너 가서 히틀러 발표를 한번 해라' 해서 제가 고3 때 입시공부는 안 하고 가서 히틀러를 한 일주일 공부해서 발표한 적이 있습니다. 그래서 그때서부터 히틀러에 대해서 관심을 갖고 보게 됐는데요.

히틀러가 굉장히 재미있는 게 이 사람이 다 합법적으로 정권을 갖습니다. 그리고 시기는 1933년에 집권을 합니다. 경제가 굉장히 어려울 때이지요. 당시에 히틀러는 독일 국민의 우상이었습니다.

미국의 루스벨트 대통령과 아까 말씀드린 대로 공화당의 후버 대통령, 공화당이 세 번을 연달아 이겨서 그다음에 대공황이 와서 경제가 엉망이 된 상황에서 미국에 루스벨트 대통령이 등장합니다.

루스벨트 대통령은 명확합니다. 지금 우리 민주당이 주장하는 것과 똑같습니다. '지금 경제가 어려운 것은 서민들의 돈이 없는 것이니 서민들에게 일자리를 주고 서민들에게 돈을 풀면 된다' 이게 저희의 정책입니다, 지금. 공화당은 그걸 안 한 거지요. 기업이 잘돼서 기업이 투자해야 된다, 기업만 기업만, 재벌만 재벌만 이것 하다가 3년이 지나도록 경제가 성장하지 못한 겁니다.

(하태경 의원 의석에서 — 홍종학 의원님은 이번에 재선 꼭 되셔야겠다.)

반면에 독일에서 히틀러가 경제가 어려운데 그걸 할 수가 없으니까 히틀러가 한 것은 뭡니까? 군비 확장을 한 겁니다. 무기를 만들기 시작했지요.

무기가 밥 벌어 줍니까? 무기를 처음 만들 때는 공장이 만들어지니까 사람들이 거기 가서 일하게 되고 따라서 실업자들이 거기 가서 일하니까 월급을 받으니까 빵이 생겼고, 그러니까 잠깐 동안은 경제가 돌아갔습니다. 그런데 탱크는 더 이상 밥을 만들어 주지 않습니다. 내부에서 불만이 일어나지요.

그때 괴벨스가 등장합니다. 그리고 선전 선동을 하지요, '여러분이 못사는 이유가 뭔지 아십니까? 여러분이 못사는 이유는 영국 때문에 그렇고 프랑스 때문에 그렇고 그리고 유태인 때문에 그렇습니다.' 즉 대중에게 분노를 일으키면서 바로 여론 조작에 들어갑니다. 히틀러는 합법적인 정부가 이렇게 하나의 범죄를 저지르고 나니까 그다음부터는 그 범죄를 또 막기 위해서 더 큰 범죄를 저지르고 더 큰 범죄를 저지르고 결국 그것이 히틀러를 괴물로 만들고 만 겁니다.

1933년 세계 대공황의 한복판에서 경제가 어려울 때 두 지도자가 들어섰는데 이 두 지도자가 정반대의 길을 가서 결국 독일은 전쟁을 일으키게 되는 겁니다.

저는 계속 말씀드립니다마는 한국경제 대단히 위험한 상황이고 따라서 이 문제에 대해서 얘기해야 되는데 이 문제를 얘기를 못 하니까, 이 문제를 해결을 못 하니까 자꾸 엉뚱한 일들을 하고 있다. 그러면 이게 잘못 가면 굉장히 위험한 데로 갈 수 있다……

저희가 생각하는 것은 뭐냐 하면 국정원이라고 하는 것이……

(권은희 의원(새누리당) 의석에서 — 부의장님, 지금 무제한 토론이 아니지 않습니까? 자기자랑 하는 자리가 아니지 않습니까. 의제에 맞게 하세요!)

("조용히 하세요" 하는 의원 있음)

("얘기 중에……" 하는 의원 있음)

제가 말씀드리는 것은 국정원이라고 하는 집단이 엄청난 범죄를 저질렀는데 그 범죄에 대해서 제대로 처벌하지 못했기 때문에 국정원의 입장에서는 자꾸 더 큰 범죄를 저지르려고 하는 유혹에 빠지게 된다는 겁니다. 저희는 너무나 안타깝게 생각합니다.

(하태경 의원 의석에서 — 아니, 홍 의원님, 경제 얘기만 하세요?)

저희가 명확하게 말씀드리겠습니다. 지금 대한민국의 선거법이 굉장히 잘 만들어졌습니다. 거의 무제한 선거운동 할 수 있습니다. 이 필리버스터를 보시는 분들 이제 아시게 됐다면 그냥 선거운동 하시면 됩니다. 그냥 자기 좋아하는 후보 지지하시면 됩니다. 그것이 새누리당 의원이면 새누리당 의원 지지하고, 더불어민주당 의원이면 더불어민주당 의원

지지하고 그냥 마음껏 하실 수 있습니다. 그런데 다만 돈을 받고 하면 불법입니다.

국정원 댓글부대를 처벌하지 못한 건 역사의 오점

국정원이 댓글부대를 했다는 것은 거의 사실로 드러난 겁니다. 국정원 스스로 댓글을 달았다는 것은 다 밝혀진 사실입니다. 불행하게도 그것을 처벌하지 못했습니다. 저는 그것이 대한민국 민주주의의 아주 커다란 오점이 되리라고 생각하고 바로 거기서 지금 이 문제가 된 겁니다.

(하태경 의원 의석에서 — 처벌받았잖아. 다 끝났는데……)

그 하나의 잘못, 이제 국정원 입장에서는 그것을 덮기 위해서 더 큰 잘못을 저지를 수밖에 없는 겁니다.

(홍지만 의원 의석에서 — 아니, 뭘 처벌 못 받았다는 거예요?)

국정원 입장에서는 새누리당이 계속 집권해야지 국정원은 온전하게 가는 겁니다.

(하태경 의원 의석에서 — 국정원장이 구속됐는데 뭐가 처벌이 안 됐다는 거예요, 지금?)

국정원장이 대선에 개입했다고 한다면 그 밑에 있는 사람들도 다 불법선거운동을 한 게 되고요. 그 사람들을 처벌해야 되는 겁니다.

(하태경 의원 의석에서 — 대선개입은 무죄 났잖아요.)

(홍지만 의원 의석에서 — 선거전의 일환이야. 한쪽으로 몰아서……)

그런데 기소조차 하지 않았습니다. 돈을 받고 댓글을 단 사람들은 전부 처벌 대상입니다. 하나도 처벌하지 못했습니다.

(하태경 의원 의석에서 — 모르는 이야기 하지 말고 경제 얘기만 해요, 그냥. 자꾸 틀린 이야기를 하잖아, 지금.)

아니, 선거법 공부 안 하시나요, 국회의원이? 돈 받고 선거운동 하는 게 합법입니까? 선거운동원을 제외하고 나서는 돈 받고 선거운동 하는 것은 다 불법입니다. 그것 신고하셔야 됩니다. 만약에 그런 사람이 있다면 신고하셔야 됩니다. 문제는 국정원이 직접 불법 선거운동을 했는데 국정원이 쓰고 있는 돈……

(하태경 의원 의석에서 — 그건 판사가 판단할 문제이고……)

그 돈을 어디로 쓰는지를 아무도 모른다는 겁니다.

(홍지만 의원 의원석에서 — 그 돈을 아무도 아는……)

(하태경 의원 의석에서 — 법원의 판단이 끝난 문제를 자꾸……)

("조용히 좀 해 주세요" 하는 의원 있음)

(홍영표 의원 의석에서 — 제재 좀 해 주세요. 명백히 방해하고 있습니다.)

부의장 이석현: 홍종학 의원님 잠깐만 멈춰 주시고요.

의원님들 제가 안내 말씀 좀 드리겠습니다.

국회법 99조에 모든 발언은 의장의 허락을 득하게 되어 있어요. 그래서 홍종학 의원님하고 여기 의석에 계신 의원님하고 이렇게 일문일답 해 버리면 안 됩니다. 홍종학 의원님이 답변하면 안 됩니다. 여기가 대학교 강당이 아니기 때문에……

(하태경 의원 의석에서 ― 발언 한 가지만 하겠습니다.)

대학교 강당이 아니기 때문에 이것을 홍종학 의원님한테 직접 물어 보고 답변하고 이런 관계가 되면 안 되게 되어 있어요. 그래서 발언 을……

(하태경 의원 의석에서 ― 부의장님! 발언 신청하겠습니다.)

지금 발언권 안 줍니다. 왜냐하면 발언 중이기 때문에 그렇습니다. 그래서 홍종학 의원님 지금 발언하십시오.

(하태경 의원 의석에서 ― 아니, 이게 더 살아있는 민주주의예요. 우리 국회가 진화하고 있습니다.)

홍종학 의원님, 개의치 말고 발언하세요. 발언권 안 줬어요.

(하태경 의원 의석에서 ― 부의장님, 우리 국회가 진화하고 있고 쌍방

향 무제한 토론이라는 최초의 실험을 하고 있는데 실험정신을 한번 인정해 주십시오. 재량껏 할 수 있는 거예요.)

그러니까 실험정신을 인정해 줘야 되니까 필리버스터가 성공을 해야 되는데 필리버스터가 이렇게 지금 무질서하게 진행되면 안 되기 때문에 다 듣고……

(하태경 의원 의석에서 — 혼자 이야기하면 지루하고 재미도 없고요, 한국형 필리버스터가 만들어지고 있어요. 부의장님, 한국형 필리버스터가 만들어지고 있으니까……)

하태경 의원님, 내가 하나 말씀드릴게요.

그렇게 하실 말씀이 많은데 왜 토론 신청을 안 합니까? 토론 신청을 하면 순서에 따라서 넣어 드릴게요, 제가.

(하태경 의원 의석에서 — 아니, 부의장님이 좀 창의적으로 생각해 보세요.)

나중에 하세요. 지금 이렇게 다른 사람이 발언권 얻어서 홍종학 의원이 말하는데 자꾸 코앞에서…… 또 멀리나 있으면 모르겠어요. 바로 그냥 코앞에서 자꾸 하니까 홍종학 의원님이 발언하는 데 신경이 쓰여 가지고……

그래서 하태경 의원님, 홍지만 의원님이 특히 앞에 계시니까, 인상도 좋으신 분들이 그러면 안 되니까 조금 의사진행에 협조해 주시고.

홍종학 의원님 발언권 얻은 분이 발언 끝날 때까지는……

(하태경 의원 의석에서 ─ 홍 의원, 싫지 않지요? 솔직히 해 봐. 내가 지금 건설적으로 이야기 잘해 주고 있잖아요, 지금?)

다 지금 국회법 99조를 알고 계시는데도 저럴 겁니다. 그러니까 알고 계신 대로……

여기가 대학교입니까? 막 좌석에서 수시로 질문합니까? 안 됩니다.

(하태경 의원 의석에서 ─ 아니, 부의장님 여쭤 보세요. 홍 의원님은 싫지 않다고, 지금.)

(홍영표 의원 의석에서 ─ 아니, 저건 완전히 고의적이고 악의적인 의사진행 방해행위입니다.)

저기, 이 소중한 시간에 심야에 국민들이 보고 있는데 도로 주무실까 겁나요. 그러니까 홍종학 의원님 얼른……

(홍영표 의원 의석에서 ─ 아니, 의도적으로 지금 하고 있어요. 그래서 조치를 좀 취해 주십시오.)

지금 여러 의원님들이 심야에 고생이 많으십니다. 그런데 방송 보고 계신 국민들은 더욱 관심이 많은데요.

더불어민주당 의원님들 고생이 많으시고요. 또 여기 하태경, 홍지만 의원님은 더욱 고생이 많으십니다. 왜냐하면 안 들으려고 하는 말이 귀에

쏙쏙 들어오면 그것도 큰 고통이거든요.

자, 홍종학 의원님 말씀해 주세요.

(하태경 의원 의석에서 — 지금 집중이 너무 잘되거든요. 부의장님, 간섭하지 마세요. 냅두세요. 지금 민주주의가 살아나고 있어요.)

제가 다른 뜻은 아니었습니다, 의원님들.
홍종학 의원님 말씀하세요.

(권은희 의원 의석에서 — 아니, 지금 사회가 이상한 얘기를 하는데요. 자리가 앞에 있어서 안 된다는 것…… 왜 그런 식으로 얘기를 합니까?)

(홍영표 의원 의석에서 — 맞잖아요?)

(권은희 의원 의석에서 — 뭐가 맞습니까?)

(홍영표 의원 의석에서 — 맞지 왜 안 맞아요?)

(권은희 의원 의석에서 — 그게 어떻게 맞습니까?)

홍 의원님 얼른 발언을 하시라니까요. 홍 의원님 얼른 발언하시라고요.

제가 심야가 됐더니 마이크 소리 아닌 말씀을 다 들어야 되는데 멀리서 하는 말은 안 들려요, 지금 졸려 가지고. 그러니까 마이크 있는 분만 빨리 말씀하세요.

새로운 기업의 싹을 자르는 정부

홍종학 의원: 그래서 다시 말씀을 드리면 저희가 생각할 때 지금 박근혜정부가 굉장히 할 일도 많고 경제는 비상상태이고 이렇게 시급한 상태에서 국민들은 굉장히 힘들게 살아가고 있고 그런 상황에서 테러방지법이라고 하는 것을 내놓은 것에 대해서 우리가 이게 문제가 있는 것 아니냐……

그리고 아까 다음카카오 괴롭힌 것을 사례를 들어 가면서 이 정부는 지금 여론 조작을 하기 위해서, 그리고 다음카카오톡 감청을 하기 위해서 이렇게 오랫동안 세무조사 하고, 심지어는 그 대표를 찍어 내서…… 이게 민주주의 국가에 있을 수가 있는 일입니까? 그래서 결국 대표가…… 그야말로 대한민국의 아주 유망한 기업 하나를 완전히 망가뜨려 놓은 정부다. 그런 정부가 지금 테러방지법을 하고 있기 때문에 이런 문제를 저희가 제기한다는 겁니다.

저는 경제학자로서 너무나 안타까운 게요 최근에 중국의 회사가 10조 원을 들여서 미국의 전기차 회사를 샀습니다, 패러데이라고. 그것을 만들었어요. 지금 미국에서 새롭게 전기차 회사 만들어 가지고 전 세계를 장악하고 있지요. 이 회사들이, 구글이나 아니면 이 기업들 다 마찬가지입니다. 지금 만들어진 지 얼마 안 됐어요. 지금 중국에서 세계적인 기업으로 나오는 기업들, 화웨이도 그렇고 유명한 기업들, 샤오미도 그렇고 다 얼마 안 됐습니다. 만들어진 지 20년밖에 안 됐어요. 그런데 대한민국에서 20년 내에 만들어진 기업 중에 저렇게 세계적인 기업으로 커 나가는 기업이 있느냐? 없습니다.

이게 대한민국이 지금 위기인 거예요. 그런데 그중에서 기업이라고 하나 나온 게 다음카카오인데 그 다음카카오 하나 못 잡아먹어 가지고, 자기 말 안 듣는다고…… 이래 가지고 경제가 살겠느냐.

그 다음카카오 그렇게 한 이유가 뭐냐……

(조원진 의원 의석에서 — 발언이 지나치다니까요, 누가 누굴 잡아먹어요?)

("조용히 좀 해 주세요" 하는 의원 있음)

다음카카오가 감청에, 정부의 요구에 응하지 않는다고 그렇게 찍어 낸 것 아니냐 그렇게 얘기한 것 아니에요?

(조원진 의원 의석에서 — 아니, 주관적인 발언을…… 그런 식으로 매도하는 것 아닙니다! 매도하지 마세요!)

(홍영표 의원 의석에서 — 조용히 해!)

(조원진 의원 의석에서 — 매도하지 마!)

(홍영표 의원 의석에서 — 조용히 좀 하시라고요.)

(조원진 의원 의석에서 — 매도하지 마시라고요.)

(홍지만 의원 의석에서 — 너무 일방적으로 그리 완전히 찍어 내고 이런 식으로 감정적으로 얘기하면 안 되지요.)

내가 증거를 다 드렸잖아요. 그것 못 들으셨잖아요, 조원진 수석님.

정상적인 멀쩡한 회사를 그렇게 해서 감청에 동의 안 한다고 찍어 냈잖아요. 그렇게 된 거잖아요. 그러니까 그것은 국민들이…… 필리버스터라는 게 그것 아닙니까? 국민들이 그 진실을 아시고 제가 지금 조원진……

(조원진 의원 의석에서 — 허위사실을 진실이라고 호도하지 마세요.)

그러니까 사실대로 얘기한 거예요. 난 사실을 얘기……

("조용히 좀 하세요" 하는 의원 있음)

조원진 의원님을 위해서 다시 말씀드릴까요?

(조원진 의원 의석에서 — 허위사실을 왜……)

("제대로 하고 있구먼" 하는 의원 있음)

그러면 진실을 다시 한 번 반복해 드릴까요?

부의장 이석현: 아니, 홍종학 의원님, 제가 거듭 말씀드리지만 국회법 99조에 발언권 얻은 의원이 발언하는데 발언권 얻지 않은 의석하고 일문일답 하면 안 되게 되어 있어요.

(홍영표 의원 의석에서 — 여당에서 계속 고의적으로 방해하고 있는데

주의를 좀 주세요.)

그냥 계속 하실 말씀만, 홍종학 의원님 하시고 싶은 말씀만 계속하세요. 개의치 마시고 하세요.

(홍영표 의원 의석에서 — 뒤에 자꾸 들리는데 어떻게 해요, 주의를 좀 주세요.)

그쪽도 조용히 좀 하십시오.
말씀 얼른 하세요. 발언 안 하니까 오히려 더 소동이 나요.

4. 독선과 공포의 정치

민주주의는 가꾸기 어려운 난

홍종학 의원: 민주주의라고 하는 것은 정말 가꾸기 어려운 난과 같다고 어떤 분은 얘기하시더라고요. 피를 먹고 산다고 얘기하기도 하고요, 그만큼 어려운 일입니다.

그 어려운 일이 자본주의하고 합쳐졌을 때 굉장히 어려운 겁니다. 정경유착이 되고요 그 정경유착이 됨으로 인해 가지고 거기에서 핍박받는 대중들은 제대로 얘기하지 못하고, 그러면 그 대중들을 압제하는 수단을 필요로 하게 되고 언론을 통제해야 되고 바로 그것이 민주주의를 막는 겁니다.

우리는 민주화운동의 거대한 흐름 위에서 민주주의를 달성했고 저희가 주장하는 것은 그렇게 민주주의를 달성한 것이 경제 성장을 가져왔다 이것이 저희가 주장하는 겁니다.

그런데 박근혜정부, 보수정부에서는 '그게 아니다. 그렇게 쓸데없는 얘기 하지 말고, 인권은 무슨, 나발이고 뭐고 그런 거 하지 말고 그저 성장만 하자. 그 성장을 하기 위해서는 오직 재벌을 도와주면 된다' 이렇게 얘기하는 것이 보수정부다. 이 차이가 있다는 얘기를 저는 드리는 겁니다. 그것이 저희의 생각입니다.

(하태경 의원 의석에서 — 노무현 정부도 삼성한테 다 넘어갔는데, 뭘. 김종인 대표가 재벌한테 다 넘어갔다고 그랬잖아요, DJ·노무현 정부. 그것도 인정하셔야지.)

언론이 그런 것에 대해서 국민들에게 제대로 얘기를 해 주지 않으니까 지금 이런 기회를 통해서 저희가 말씀을 드리는 것이고, 그 판단은 국민들이 하시는 거라고 저희는 생각을 합니다.

조원진 수석님께서 계속 얘기를 하시니까……
조원진 수석님과 제가 지난 5월 달에 저 밖에서 새벽 3시까지 같이 통음을 했습니다. 너무나 기분 좋게 통음을 했습니다. 대한민국 최초의 사회적 대타협을 이뤘다고 좋아해서, 그야말로 공무원연금 대개혁을 조원진 수석님이 잘 열심히 하셔 가지고, 강기정 의장님하고 같이 둘이 타협을 해서 결국 사인을 했습니다.

저는 명확합니다. 저희 진보적인 사람들이 생각하는 것은 명확합니다. 대한민국이 가기 위해서는 사회적 대타협을 해야 됩니다. 서구 유럽처럼 사회적 대타협을 해야 되고, 이른바 네덜란드의 바세나르 협약이라는 것이 있는데 바세나르에 살고 있던 경영자총연합회의 회장이, 이분은 부인을 위해서 맨날 요리하는 분이었다고 합니다. 그래서 노동자 대표를 '야, 내가 오늘 요리해야 되니까 우리 집에 와서 같이 내가 한 요리 먹어라' 해서 같이 식사를 하면서 대타협을 한 것이 바세나르 협약입니다.

'노동자들은 더 이상 임금 인상 요구를 하지 않고 대신에 노동시간을 줄인다', 사용자들은 거기에 대해서 반대했고 노동자들은 임금 인상 못하니까 반대했지만 서로 욕먹어 가면서 거기에 사인했고 그것이 무너져 가던 네덜란드를 다시 살린 기적의 바세나르 협약—사회적 대타협입니다.

저는 우리나라가 이제 그 단계로 가리라고 생각을 했습니다. 그리고 공무원연금이라고 하는, 공무원들을 처음에는 그냥 연금을 완전히 반쪽 내려고 한 것 아니겠습니까? 그것을 저희가 그것은 아니다…… 이게 바로 진보와 보수의 차이입니다.

보수정부는 연금을 시장에 맡기자고 얘기하는 것이고 저희는 국민연금이나 공무원연금이나 공적연금을 강화하자는 것이고, 이것이 진보와 보수의 차이입니다.
그 진보와 보수의 차이를 어떻게 합의할 것이냐……

그날 조원진 수석님과 저희는 합의를 했고 공무원단체들은 기꺼이 희생을 했고 그래서 거기서 사인했습니다.

그리고 새벽에 사인하고 나서 가면서 공무원단체들과 조원진 수석님과 저와 모여서 '이것이 대한민국의 새로운 역사가 되기를 바란다' 저는 될 것이라고 얘기했고, 벌써 이 사회적 대타협이라고 하는 것이 한 번 지나간 거라고 할지라도 대한민국 역사상에서는 이것이 바로 대한민국 최초의 사회적 대타협으로 반드시 기록될 것이다, 역사적인 순간이다, 그래서 그날 기쁘게 마셨습니다.

그것을 위해서 조원진 수석님이 엄청난 노력을 하셨습니다. 대구에 계신 지역구 의원들을 모시고…… 이것은 굉장히 중요한 얘기라서 제가 말씀드리는 겁니다. 대한민국 역사에 굉장히 중요한 거라서 제가 나중에 어디 기록을 하려고 그랬는데 오늘 조원진 수석님께서 여기 계시니까 제가 이 중요한 역사적 사건을 말씀드리는 겁니다.

조원진 수석님께서 대구의 주민들을 버스에 태워서 광주에 갔습니다. 그래서 광주 망월동에 가시는 중간에 '님을 위한 행진곡' 노래 연습을 해 가지고 그리고 거기 가서 광주 주민들과, 강기정 의원님 주민들과 지지자들과 조원진 의원님 주민들과 같이, 대구와 광주의 주민들이 함께 모여서 '님을 위한 행진곡'을 불렀습니다.•

그 당시 보훈처장이라는 분이 '님을 위한 행진곡'을 부르면 안 된다고 난리법석을 쳐서……

(하태경 의원 의석에서 — 그것은 보훈처장이 정말 잘못한 거예요.)

5·18 때 공식행사에서 하면 안 된다고 난리법석을 쳤는데 여당의 중요하신 분이 주민들 데리고 와서 이렇게 동서화합을 이뤘습니다.

(홍지만 의원 의석에서 — 당 대표도 불렀잖아요, 가서.)

바로 그런 노력을 통해서 결국에는 공무원연금 개혁안을 합의하게 됐

● 주: 홍종학 의원이 '님을 위한 행진곡'을 언급한 직후부터 조원진 의원이 조용해졌다.

던 것입니다.

일방정치, 독선의 정치, 공포의 정치

그러고서 그때 공무원단체가, 처음에 박근혜정부가 내세웠던 공무원연금 다 깎는 거기에는 조금 못 미쳤지만 그래도 상당히 많은 피해를 봤습니다. 연금이 많이 깎였습니다.

공무원들은 '우리가 이렇게 연금을 깎는데 명분을 달라'고 그랬습니다. 그 명분은 뭐냐 하면 '공적연금을 강화하겠다. 그래서 국민연금을 강화하자, 그리고 공무원연금을 삭감해서 생기는 돈의 20%를 국민연금에다 쓰자' 사회적 대타협을 이뤘습니다.

결과는 어떻게 됐습니까? 대통령께서 진노하셨지요. 그래서 그 사회적 대타협은 물거품이 되고 말았습니다.

우여곡절 끝에 공무원연금법은 통과됐고 그 조건으로 달았던, 공무원들이 그렇게 희생했던 그 조건은 나중에 기구가 만들어지고 논의는 했지만 새누리당이 하나도 동의하지 않아서 그냥 무산시켜 버리고 공무원들만 희생한 게 됐습니다. 너무나 안타깝게 생각을 합니다.

제가 왜 이 말씀을 드리느냐, 이것이 바로 사회적 대타협을 중시 여기는 정치와…… 박근혜 대통령께서 워낙 본인께서 생각하시던 것하고 달랐는지 여야가 합의한 사항을 그냥 폐기시켜 버린 겁니다. 대한민국 최초의 사회적 대타협은 그렇게 무너졌습니다.

제가 왜 이런 말씀을 드리느냐, 지금 이 테러방지법이 거기의 연장선상에서 오는 겁니다. 그러니까 그 이후로 사회적 대타협, 여야가 합의해서 논의하고 이런 것들의 여지가 없어져 버린 거지요. 그리고 얼마 후에 여당의 원내대표가 물러나게 된 거지요. 이게 지금 거대한 흐름입니다.

바로 이렇게 저희가 사회적 대타협을 추구하고 그다음에 서민과 국민들에게 직접적인 지원을 하고 이런 것들, 지금 경제가 굉장히 어려우니까 이렇게 해서 경제를 살리자고 하는 이 하나의 흐름과 그게 아니고 '내가 시키는 대로 해' 하는 이른바 일방정치, 독선의 정치, 공포의 정치. 이 2개의 거대한 흐름이 그때 저는 갈렸다고 생각을 합니다.

저는 너무나 안타깝습니다. 조원진 수석님이 그때 공무원연금을 타협할 때의 그 타협, 하여튼 저는 그때 조원진 수석님을 보고서 '아, 타협의 귀재구나, 역시 협상을 많이 해 보신 분은 저렇게 협상을 하시는 거구나' 생각을 했고, 협상의 귀재이신 조원진 수석님께서 마음만 먹는다면 이 테러방지법은 10분 후에 타결될 수 있는 겁니다. 그런데 그것을 안 하시고 계시는 거지요.

(하태경 의원 의석에서 — 정의화 의장님이 열 받은 것은 야당이 잘못한 거예요. 그 좋은 정의화 의장님까지도 이해를 못 시키니까.)

여기에 지금 대한민국에 문제가 있고 저는 그것을 말씀드리고자 하는 겁니다. 우리나라에서도 이렇고 지금 이런 추세가 죽 이어져 온 것 아니겠습니까?

그런데 불행하게도 제가 말씀드린 대로 이명박 정부, 박근혜정부 들어서 이런 인권 문제에 대해서는 거의 신경을 안 쓰다 보니까 심각하게 인권이 훼손되고 있다 하는 얘기들이 국제기구에서 많이 오고 있습니다.

그래서 그 얘기를 드리겠습니다.

저희는 지금 테러방지법이 인권을 침해할 상당한 정도의 합리적 의심이 있다고 생각을 하고 그렇게 되는 데는 지금 한국의 인권 상황이 굉장히 나빠지고 있고, 아까 말씀드린 대로 국정원의 잘못된 인권 침해 사례가 계속적으로 나타나고 있기 때문에 그렇습니다.

집회 및 결사의 자유가 뒷걸음치고 있다

유엔의 평화적 집회 및 결사의 자유 특별보고관이 방한해서 결과보고서를 낸 게 있는데요, 그걸 읽어 드리도록 하겠습니다. 2016년 1월 29일 날 프레스센터에서 발표한 겁니다.

"서울 공식방한을 초청해 주신 대한민국 정부에 감사드립니다. 이번 한국 방문이 특별보고관으로서 저의 첫 번째 공식 아시아 방문이기도 합니다.

또한 한국 정부가 현재 구금 상태인 한상균 민주노총 위원장과의 면담을 포함하여 이번 방한 조사를 위해 큰 협조를 해 주신 데 대해서도 감사드립니다.

저는 행정, 입법, 사법부 인사들을 만나 뵙고 정보를 얻을 수 있었습니다. 일일이 열거하기가 힘들 정도로 많은 공무원들을 만났습니다. 비록 제가 수차례 요청했던 정치 지도자들과의 면담은 실현되지 못했지만 만나 뵈었던 공무원들께서 많은 정보를 주시고 지원을 해 주신 데 대하여 깊이 감사드립니다.

또한 다양한 시각을 가진 활동가들도 만났고 다수의 시위현장을 방문했으며 세월호 침몰로 아이를 잃은 가족들도 만나고 안산, 경주, 포항을 방문했습니다.

이를 통해 한국의 시민사회와 민주주의의 역동성을 직접 체험할 수 있었습니다. 저는 서로 단결하여 거리 또는 권력의 중심지로 나아가 자신의 생각을 피력하고 변화를 이끌어 내고자 하는 적극적이고 활기 넘치는 한국민들의 전통에 깊은 인상을 받았습니다. 일각에서는 이러한 전통을 다소 난폭하다고 보는 시각도 있지만 대한민국 시민사회의 심장이 역동적으로 뛰고 있다는 것은 모든 민주사회가 열망하는 것입니다.

대한민국은 지난 30년 동안 인상적인 성과를 거두었고 권위주의 통치에서 성공적으로 민주화를 이루어 냈으며 가장 눈부신 경제적 성장을 이룬 국가 중 하나입니다.

대한민국은 또한 국제적으로도 인권의 증진과 보호에 선도적인 역할을 수행하고 있습니다. 현재 유엔인권이사회 의장국이고 중요한 인권위원회 결의안들을 공동 발의한 나라이며, 가장 중요한 점은 평화로운 시위와 시민사회라는 맥락에서 인권을 증진하고 보호하는 평화로운 집회 및 결사의 자유 특별보고관을 설치하는 데 기여했다는 것입니다.

비록 험난한 여정이었지만 한국은 민주국가로 거듭났습니다. 한국 정부와 국민들에게 한 가지 메시지를 강조하자면 바로 이것입니다. 한국에 민주주의를 구축하고 인권을 보장하는 일이 아직 끝난 것이 아니라는 점입니다. 그 어느 나라에서도 끝이 날 수가 없는 것이 바로 이것입니다. 우리가 갖고 있는 것은 체계일 뿐이요, 정부와 시민으로서의 엄숙한 사명은 그러한 체계를 더욱 공고히 하고 그 토대를 다져서 체질을 강화하는 것입니다.

시간이 흘러 어느 시점에서 이 체계에 균열이 발생하는 것은 피할 수 없는 부분입니다. 이는 민주주의의 특성입니다.

오늘 방한일정을 마무리하면서 우려되는 부분은 정부가 이러한 결함을 해결해 나가는 방식입니다. 저는 평화로운 집회 및 결사의 자유가 점진적으로 뒷걸음치고 있다는 느낌을 받았습니다."

유엔의 보고관이 '지금 한국에서 평화로운 집회 및 결사의 자유가 점진적으로 뒷걸음치고 있다' 이렇게 느낌을 받았다는 겁니다.

"이러한 권리가 극적으로 사라진다는 것이 아니라 천천히 조금씩 조금씩 후퇴하는 경향을 보인다는 것입니다. 법조문의 해석 시 항상 인권을 우선시해야 할 법원도 최근 들어 인권을 확대하기보다는 제약하는 판결을 내리고 있습니다.

공무원들은 시위를 제한하는 이유로 시민의 편의를 거듭 언급했습니다. 또한 북한을 염두에 둔 안보의 위협을 집회 및 결사의 자유를 제한하는 이유로 들고 있습니다. 저도 그러한 우려와 위협들을 잘 알고 있습니다만 그것이 이 권리를 부당하게 제한하는 구실이 되어서는 안 된다고 생각합니다.

최근에 한국에서 있었던 시위들은 시민의 편의를 저해하지 않았습니다. 평화적 집회 및 결사의 자유는 실제 그러한 권리를 행사하지 않는 사람들에게 그리 인기가 높은 권리는 아닐 수도 있습니다. 그러나 국제사회가 이 권리를 기본적인 인권으로 규정한 데는 그만한 이유가 있습니다. 바로 사회적 충돌을 해결하는 가장 좋은 도구 중 하나이기 때문입니다.

이러한 권리는 소수 그룹이 자신의 목소리를 낼 수 있도록 하고, 소외된 사람들이 사회에 참여하여 자신의 몫을 요구할 수 있는 채널을 제공하며, 무엇보다 평화로운 혹은 때로는 다소 혼란스러운 방식이라 할지라도 우리의 이견을 표출할 수 있도록 합니다.

그리고 그 대안을 생각해 봅시다. 북한이 우리가 피해야 할 대표적인 사례입니다. 그리고 전 세계적으로 정부가 평화로운 이견 제기를 억눌러 결과적으로 폭력적인 저항을 유발한 사례가 수없이 많습니다.

한국의 역사는 그와는 다릅니다. 시위는 한국이 위대한 국가로 변모하는 데 기여했고 솔직함이 오랜 전통인 국가입니다. 저는 한국 정부와 국민들께 이러한 위대한 유산을 소중히 지켜 낼 것을 촉구하고 싶습니다.

이러한 예비 관찰 결과를 바탕으로 우려사항 몇 가지를 구체적으로 말씀드리고자 합니다. 오늘 말씀드리는 사항을 비롯한 이슈들은 6월에 인권이사회에 제출될 보고서에서 더욱 자세하게 다루어질 예정입니다.

평화적 집회의 자유

한국이 다양한 시위의 역사를 가진 나라이기는 하지만 평화로운 집회의 권리를 행사할 수 있는 공간이 지난 몇 년 동안 축소되어 온 것을 발견했습니다. 또한 정부와 국민 간의 다른 대화 및 소통 채널들도 제대로 작동하지 않아서 시위가 우선시되는 옵션이 되었다는 것을 분명히 알 수 있었습니다.

저의 임무는 시위를 조직하는 단체의 의도에 기반해 평화로운 집회를 보호하고 증진하는 것입니다. 저는 모든 한국민에게 평화로운 목적으로 집회에 참여할 것을 촉구합니다. 그것이 메시지를 더욱 잘 전달하고 긴장을 줄이는 것이기 때문입니다.

그러나 평화로운 집회의 자유는 개인의 권리이기 때문에 국제법상으로 집회 참가자 중 일부가 폭력을 행사한다고 하여 시위 자체를 폭력적이라고 규정하지는 않습니다."

이건 유엔이 우리나라 우리 정부의 해석과는 완전히 다르다는 것을 여기서 얘기하는 거지요.

"일부 시위자가 폭력을 행사할 경우 경찰은 시위 방해를 최소화하면서 폭력 시위자를 체포하여 책임을 물을 책임이 있습니다. 따라서 시위대를 해산하는 일은 거의 없어야 합니다.

더욱이 폭력적 시위자는 평화로운 집회의 자유로부터는 보호를 받지 못하겠지만 신체의 자유, 고문이나 과도한 무력의 대상이 되지 않을 권리 등을 포함한 다른 인권들은 변함이 없습니다.

한국에서는 집회와 관련한 모든 단계(집회 전, 도중, 집회 후)에 부당한 제약이 가해지고 있습니다. 이러한 제약들은 공식적인 법적 제약에서부터 보다 더 실제적인 장애물에 이르기까지 광범위하여 평화로운 집회의 자유를 점진적으로 약화시켜 일종의 특권으로 전락시키고 있습니다.

근본적인 문제는 집회가 이를 준비하는 쪽에서 관계당국에 사전에 알리지 않았을 경우 불법적이라고 간주된다는 것과 사전에 통보한 집회 중 상당수가 불허된다는 사실입니다. 대한민국헌법, 집회 및 시위에 관한 법률, 그리고 국제기준에 따르면 관계 당국은 집회에 대한 사전 통보를 요구할 수가 있습니다.

그러나 동시에 사전에 알리지 않았다고 하여 불법 시위가 되는 것도 아닙니다. 또한 사전 통보제도는 아주 제한적인 경우를 제외하고 시위를 사전에 차단할 목적으로 이용되어서도 안 됩니다. 사전 통보를 하였더니 당국에서 교통방해를 방지한다는 이유로 불허하거나 특정 장소나 시간에는 시위를 전면 금지하는 경우가 많다고 들었습니다. 이러한 이유는 국제인권법상 정당한 시위불허 사유로 인정되지 않습니다.

경찰이 시위대에 물대포를 쏘거나 버스로 바리케이드를 치는 등의 행위도 우려되는 부분입니다. 1999년에 정부가 시위대를 향한 최루탄 사용을 금지한 것을 알고 있습니다. 그 이후 집회 중 폭력의 사용도 줄었습니다. 저는 관계 당국에 물대포 사용 및 차벽 설치에 대해서도 이와 비슷한 단계적인 완화 조치를 취할 것을 촉구합니다.

백남기 씨의 사례가 보여 주듯이 물대포는 심각한 신체 부상을 야기할 수 있습니다. 평화적으로 시위에 참여했던 다른 많은 사람들이 경찰이 분명한 이유없이 시위대에 물대포를 발사했으며 많은 사람들이 다쳤다고 말했습니다.

차벽 설치는 목표로 하는 대상으로부터 시위대의 모습과 목소리를 차단하여 효과적으로 메시지를 전달할 수 없게 만듭니다. 또한 물대포와 차벽을 사용하는 것은, 특히 과도한 무력과 함께 사용하게 될 경우는 경찰과 시위대 간 긴장을 고조시킬 수밖에 없습니다. 왜냐하면 시위대는 이를 이유 없는 공격이라 받아들일 것이기 때문입니다. 이는 폭력을 사용하는 것이 정당하다는 의미가 아니라, 인간의 본성을 말하는 것입니다. 공격은 공격을 불러올 수밖에 없습니다.

적절한 집회 관리에 있어 시위자들의 인권보호와 질서 유지를 위해서는 단계적인 완화와 소통이 더 실용적인 방법입니다. 제 경험에 비추어 볼 때, 국가가 열린 자세로 자유로운 집회권 행사를 허용할 때 시위대의 폭력성이 줄어듭니다.

또한 시위대 진압 시, 훈련과 경험이 상대적으로 부족한 전경들을 전면으로 배치하는 행위는 잘못된 정책입니다. 대규모의 과열된 시위대로 이루어진 집회를 관리하는 것은 신참이 해야 할 역할이 아닙니다. 많은 경험과 훈련, 전문성을 요하는 일입니다.

한편 집회 후 경찰은 종종 '일반교통방해'나 다른 혐의로 주최 측 및 참가자들에게 소환 통보를 하는 것으로 알고 있습니다. 2015년 11월 '민중총궐기' 이후에 1500명의 참가자들이 경찰 조사를 받았습니다. 이들 중 일부는 집회에 참가하지 않은 행인들이나 폭력행위에 가담하지 않은 집회 주최 측이었습니다.

이러한 행위는 적극적 또는 앞으로의 집회 주최 측과 참석자들을 위축시킵니다. 저는 당국이 평화적 집회의 권리를 약화시킬 수 있는 경찰 조사에 의지하지 않으면서도 범죄행위에 관련된 자들을 적발하고 분리할 수 있는 역량을 보유하고 있다고 믿습니다. 한상균 민주노총 위원장과 박래군 용산참사 진상규명위원회 집행위원장의 사례처럼, 그 어떤 경우에도 다른 참가자의 범죄행위로 인한 책임을 평화로운 집회의 주최 측에 물어서는 안 된다는 점을 강조하고 싶습니다.

마지막으로 집회 중 경찰의 과도한 공권력에 의한 피해자들은, 경찰이 일반적으로는 명찰을 패용하나 이들의 진압장비나 외투에는 비슷한 식별표가 없기 때문에 책임을 물어야 하는 경찰을 파악하는 것이 불가능하다는 말씀을 해 주셨습니다. 관계 당국에서 이러한 비정상적 관행을 조속히 시정하겠다는 약속을 해 주셨고, 이를 환영하는 바입니다.

또한 장애인들의 경우, 경찰이 집회 관리 시 자신들의 특수한 상황을 고려하지 않았다는 주장에 대해 이를 조사해 보겠다고 한 경찰 측에 감사의 말씀 드립니다. 관계 당국은 장애를 가진 시위대에 대응할 시 이들의 생명과 직결된 보조기구를 다루는 데 최대한 신중을 기해 줄 것을 촉구합니다.

세월호 참사

세월호 참사는 최근 한국에서 발생한 비극적인 참사 중 하나입니다. 저는 안산에 마련된 합동분향소를 방문하였고, 특히 어린 희생자분들에 대한 추모에 깊은 감명을 받았습니다. 희생자 유가족들은 여전히 큰 고통을 감내하고 계시지만, 또다시 이러한 비극이 일어나지 않도록 하겠다는 이분들의 의지에 감명 받았습니다.

세월호 참사에 대한 집회는 당국이 유가족의 우려에 대해 적절히 대응하지 못했다는 느낌에 대한 당연한 반응입니다. 정부가 사고를 조사하고 관련자에 책임을 묻고 유가족에 보상을 하는 등의 노력을 기울이고 있지만 참사의 직접적인 피해자들은 이러한 노력이 충분하지 않다고 생각하거나 일부 조치의 독립성에 대해 의구심을 품고 있습니다.

저는 어느 편이 옳다고 판단하지 않습니다. 그러나 집회의 자유권은 사람들로 하여금 평화로운 방식으로 자신들이 갖고 있는 반대의견을 표출할 공간을 제공함으로써 이를 통해 분쟁이 해소된다는 점을 강조하고 싶습니다. 이러한 권리의 일부로, 정부는 세월호 유가족 및 그들의 대표자들과 열린 대화의 채널을 유지할 의무를 지고 있습니다. 이러한 비극이 정쟁에 이용되지 않고, 관련된 평화적 집회의 대응에 영향을 미치지 않게 하는 것은 한국 정부나 유가족, 그리고 국민 모두에게 도움이 되는 것입니다.

결사의 자유
1) 노동
지의 방한 기간 중 정부는 많은 노동자들이 동의하지 않는 노동개혁을 시행하기 위한 다양한 노력을 펼치고 있었습니다. 노조는 작년부터 집회를 조직하거나 이에 참석하였으며, 평화적 집회할 자유에 대한 권리에 대해 제가 제기한 우려는 노조가 주최하는 집회에도 동일하게 적용됩니다.

대한민국헌법과 법률은 근로자들이 노조를 설립하고 가담할 권리와 단체교섭권, 단체행동권을 보장합니다. 전반적인 노동자의 권리를 인정하는 법률에도 불구하고, 일부 노동자들의 이러한 권리 행사는 여

전혀 좌절되고 있습니다. 하청 노동자와 같은 비정규직, 화물트럭 기사와 같은 '특수한' 고용관계, 해직자를 포함한 교사와 공무원들은 단체를 조직하고 이에 가입하거나 자신들의 근로조건을 개선하기 위해 효과적으로 단체행동을 함에 있어 큰 제약을 받고 있습니다.

저는 9명의 해직교사를 포함하고 있다는 이유로 전교조에 내려진 법외노조 판결에 대해 우려하고 있습니다. 국제인권법은 노조의 해산은 최후의 수단으로 극단적으로 심각한 경우에 한해서만 이루어짐을 분명히 정하고 있습니다. 전교조 해산의 경우 이러한 엄격한 기준을 충족했다고 보지 않습니다.

또한 노조는 노조원들의 권리를 보호함에 있어 여러 가지 장벽에 부딪히고 있습니다. 저는 사용자의 이익에 부합하는 단체에 가입하라는 압력을 받은 노동자들의 이야기를 들었습니다. 발레오 사례는 충격적이었습니다. 사법 당국에서는 향후 노사관계에 미칠 영향을 고려하여 국제기준에 부합하여 이 문제를 판결하기를 희망합니다.

기본적으로 사용자를 포함한 어느 누구든 단체를 결성할 수 있습니다. 그러나 이러한 단체가 독립적인 노조를 대체하기 위한 목적으로 설립된다면, 특히 한국의 경우와 같이 다수 노조를 통한 단체교섭의 교섭창구 단일화는 결사의 자유권에 대한 침해입니다.

파업권 또한 제한되고 있습니다. 노조는 근로계약으로 인해 발생하는 직접적 분쟁 이외의 문제에 대해서는 파업을 할 수 없습니다. 노동자들은 연대파업에도 참가할 수 없으며, 정부에 의해 '불법 파업'으로 간주되는 파업에 참가한 노동자들은 업무방해로 고소를 당하거나 민사소송에 휘말리게 됩니다.

정부와의 면담에서 저는 노동자들의 결사 능력에 대한 정부의 무관심한 태도를 느꼈습니다.

("천천히 하세요. 잘 못 알아듣겠어요" 하는 의원 있음)

고용노동부는 노조에 대해 '중립적이다'라는 입장을 밝혔습니다. 그러나 국제법상 중립성만으로는 충분하지 않습니다. 시민적, 정치적 권리에 관한 국제규약은 국가가 기본권의 향유를 보호하고 증진하기 위해 긍정적인 조치를 취해야 한다는 점을 명확히 하고 있습니다.

대한민국 정부가 이 문제를 우선적으로 다루어 줄 것을 촉구합니다. 특히 국제인권 메커니즘을 통해 반복적으로 권고된 바대로, 국제노동기구ILO의 87호, 98호 협약을 조속히 비준하고, ICCPR 22조에 대한 유보를 철회해야 합니다.

2) 단체

대한민국의 여러 단체는 다양한 형식으로 상대적으로 쉽게 설립, 운영되고 있으며 이는 바람직한 현상입니다. 회원가입과 기부를 통해 시민들이 시민사회 조직의 활동을 적극적으로 지원하는 것에도 깊은 인상을 받았습니다. 그러나 시민단체가 자유롭게 활동할 수 있는 공간을 향상시키기 위해 개선할 부분이 여전히 존재합니다.

법인 인가제도는 정부에 광범위한 재량권을 줌으로써 불확실성을 야기합니다. 일부 단체는 당국이 설립허가 신청을 반려하여 법인 설립에 어려움을 겪고 있습니다.

성소수자 단체인 비온뒤무지개재단은 법무부로부터 성적 소수자만을 위한 단체라는 이유로 '불허' 통보를 받았으며, 법무부는 이에 대해 '일반적인 인권활동'을 하는 단체만 등록할 수 있다는 입장을 보였습니다. 그렇다면 이 단체는 어디에 등록신청을 해야 하는 것일까요? 법무부는 이 질문에 대해 명확한 답변을 내놓지 못했습니다. 정부는 모든 시민들의 결사의 자유를 촉진할 수 있는 적극적 조치를 취해야 합니다.

세월호 4·16가족협의회 또한 사단법인 설립에 있어 해양수산부와 비슷한 문제에 처해 있습니다.

국제 인권 메커니즘을 통해 누차 우려가 표명된 바와 같이, 광범위하고 모호한 언어로 집회결사의 자유를 부당하게 제한하는 데 사용될 수 있는 국가보안법 7조는 폐지되어야 합니다.

마지막으로 방한 기간 동안 저를 만나 주신 모든 분들의 적극적인 협조에 대해 다시 한 번 감사의 말씀 드립니다. 건설적인 대화의 정신으로 이와 같은 조사 및 권고사항을 말씀드렸습니다. 한국 정부와 지속적인 대화를 기대하며, 한국에서 평화적 집회 및 결사의 자유에 대한 권리를 강화함에 있어 적절한 선에서 기술적 지원도 제공해 드릴 준비가 되어 있습니다."

국정원이 판사채용에도 개입한다

좀 길게 말씀드렸는데요. 저는 한국의 인권 상황에 대해서 지금, 2016년 1월 29일 자입니다. 그러니까 바로 얼마 전 상황이고요.

자랑스러운 우리 대한민국의 민주주의가, 인권이 유엔에 의해서 이렇게 지금 퇴보하고 있다는 판정을 받고 있고, 그리고 그 판정의 이유들이 지금 우리 정부가 주장하는 바가 사실이 아니라는 것을 낱낱이 밝히고 있다는 것을 저는 말씀드리고 싶습니다.

자, 이제 국정원 얘기를 본격적으로 해 보도록 하겠습니다. 저는 국정원 문제에 대해서, 제가 정보위원회 위원이 아니기 때문에 그 내부적인 상황은 잘 알 수가 없습니다마는 지금 피해 상황에 대해서 말씀을 드리고자 합니다.

그리고 이것은 지금 진행사항이라는 겁니다. 중요한 것은 바로 이렇게 무차별적으로 누구든지 타깃이 되면 그 타깃에서 벗어나기 굉장히 어려운 이런 상황, 이것이 지금 대한민국의 문제다 하는 겁니다.

최근에는 지금 국정원이 판사 신상조사를 2013년 경력판사 채용 때부터 본격화하고 있다 하는 사찰 논란이 작년도에 불거졌습니다. 그래서 판사를 채용할 때 국정원이 지원자들의 정치적 성향이나 가치관들을 파악해 온 것이고요.

이게 이제 지난 대선에 국정원이 정치에 개입한 것이 아직 가시지 않았는데, 그 충격이 가시지 않았는데 이제는 판사의 그 성향까지 분석을 해서 채용 과정에 개입한다 이런 국정원의 민낯이 드러나는 문제가 드러난 겁니다.

이게 작년도에 SBS에서 이제 이것을 보도를 했지요. 그래서 경력판사 채용과정에서 신원조사 명목으로 지원자들을 국정원이 직접 면접을 한 겁니다.

이게 납득하실 수 있나요? 이런 것들이 이제 한 언론에서 보도되고 그리고 그냥 유야무야 이러고 넘어가는 겁니다.

그러니까 지금 국정원이 대선 개입 이후에 이렇게 경력판사를 채용하는 데까지 영향을 미친다고 한다면 우리 판사님들께서 과연 국정원에 대한 판결을 내릴 때 올바른 판결을 내릴 수 있겠는가 하는 의심을 우리가 지우기 어려운 거지요.

국정원에서는 '사상검증은 아니었다' 뭐 이렇게 얘기는 하고 있지만 실제로는 세월호나 노사관계 이런 것들에 대해서 질문한다는 얘기까지 나오고 있는 실정입니다.

국가관을 평가한다는 것이 과연 국정원이 해야 될 일이냐, 판사를 채용하는 데 국정원이 이렇게 개입을 해야 되느냐 이런 것들이 이제 우리가 생각할 때 국정원이 지금 무소불위의 권한을 행사하고 있다.

그렇기 때문에 제가 아까 다음카카오의 얘기를 했을 때, 바로 국정원이 감청을 요구했는데 그것을 듣지 않으니까 온 데 사방에 영향력을 행사해서 다음카카오가 굴복하도록 그렇게 만드는 게 아닌가 하는 그런 의심을 하게 되는 거지요.

국정원 감청희생자 김형근씨

김형근 씨라고 있습니다. 앞에서도 이제 많은 분들이 얘기했는데, 이게 이른바 국정원의 패킷감청에 의해서 무차별적으로 불법으로 수집하고 그 증거를 통해서 국가보안법 위반자로 속수무책 몰리고 그로 인해서 김형근 씨는 그냥 힘겨운 싸움을 하게 됩니다.

그래서 국정원의 핍박을 거의 그냥, 이분은 몇십 년 동안 국정원과 소송하다가 인생을 거의 다 보내셨고 결국 작년도에 암이 걸려서 돌아가셨습니다. 그때 이분의 증거를 한 게 패킷감청이라는 겁니다.

그러고 나서 2007년도 4월 달에 전북지방경찰청 보안수사대가 휴대전화, 컴퓨터 디스크 이런 것 몽땅 가져가서 2008년도에 국가보안법 위반 혐의로 구속됐고, 그게 이제 조선일보가 '전교조 교사가 친북·반미 구호 했다' 이렇게 보도하고 나니까 그는 이제 이렇게 된 거지요.

그런데 이제 사실상 밝혀진 바에 의하면 2005년도 5월 28일 날 순창군 회문산의 청소년수련원에서 남녘통일 애국열사 추모제가 열렸고 당시 임실군 관촌중 교사였던 김형근은 그냥 180여 명과 전야제에 참석했고 그냥 6·15 공동선언을 외우거나 노래를 부른 게 전부였는데, 뭐 친북이나 반미 구호는 듣지도 외치지도 않았으나 국가보안법으로 이제 처벌을 받게 됐고, 1심과 2심에서는 무죄가 선고됐는데 예외적으로 이 사람은 대법원에서 원심을 파기하고 전주지법으로 돌려보내서 징역 2년에 집행유예 3년, 자격정지 2년을 선고를 받지요.

그런데 판결이 나기 전에 또 구속이 됩니다. 그러니까 문제가 되는 사람은 완전히 이렇게 찍혀서 공안 당국이 감시를 하고 있고, 문제가 되는 것은 그때 구속하기 위해서, 혐의를 입증하기 위해서 사용한 감청 방식이 이른바 2010년 12월 28일에서 11년 2월 27일까지 중앙지법에서 통신제한조치 허가서(감청영장)을 받고…… 그러니까 수사와 재판을 받던 시기인데 그때 SK브로드밴드 인터넷 전용회선과 인터넷 전화 등에 대한 감청, 인터넷 주소 로그기록 추적, 국내외 통화내역 이런 것들을 그냥 완전히 패킷감청을 해서 현재 재판받고 있는 사람을 끝나기 전에 다시 이제 구속을 하게 되는 것이지요. 이렇게 돼서 이른바 한 사람을 거의 첩보영화 수준으로 24시간 감시를 하게 된 거고요.

작년에도 해킹팀이 RCS 이것을 구입한다고 그러는데 바로 이런 것들이 패킷감청의 연장선으로 이렇게 되는 것이다.

제가 말씀드리고 싶은 게 이런 겁니다. 박근혜정부 들어서 인권에 대해서 존중했는가?

지금 인권위원회도 계속 쇠락해 가고 있고, 인권위원회도 인권에 대해서 예전과 다르다. 그리고 지금 이와 같은 사례들, 그래서 유엔에서도 지금 '한국의 인권이 후퇴하고 있다' 그리고 이렇게 국정원은 패킷감청이라든가 이런 것들을 계속하고 있다.

그러니까 이런 거지요. 우리가 어떤 단체에 권한을 주기 위해서는 그 단체를 믿을 수 있어야 되는 것 아니겠습니까? 그런데 믿을 수 있게 하기 위해서는 그 잘못된 것에서 처벌을 해야 되는데 처벌하지 아니하고 그리고 처벌한 것을 감추기 위해서 자꾸 새로운 그와 같은, 뭐라 그럴까요 수단을 지금 찾고 있는 것 아니냐 이런 합리적 의심을 우리가 할 수 있는 것 아닌가 이런 생각을 하는 겁니다.

지금 이와 같은 국정원의 평가는 저희만 그렇게 평가를 하는 것이 아니라 이미 전 세계적으로, 외국 언론에서 그렇게 평가를 하고 있고, 한국이 국정원 때문에 계속 문제가 되고 있다 이런 것들을 지금 보도를 하고 있는 거지요.

최근에 이제 한국 국정원에 대해서 2014년도 이코노미스트지에 나온 기사가 이렇게 있습니다.

그러니까 제가 지금 외국 기사를 이렇게 계속 말씀드리는 것은 뭐냐 하면 이런 것들이 이제…… 한국 국정원은 우리가 믿을 만한 기관인가에 대해서 우리가 지금 얘기를 하고 있는 거고요.

(하태경 의원 의석에서 ― 홍 의원님, 아까 RCS는 한 사람도 신고한 사람이 없어요, 국정원에서 해킹당했다고. 사실관계를 명확히 아셔야 돼요.)

어떻게, 이 이코노미스트지 이것도 읽어 드릴까요?

(하태경 의원 의석에서 ― 아니, RCS는 심지어 민간인이나 정치인도 해킹당했다고 신고한 사람이 한 사람도 없어요.)

정말 창피해요. 국정원, 정보기관이 이렇게 국제기구로부터 계속적으로 이런 평가를 받고 국정원의 불법성이 이렇게 되니 이게 얼마나 창피한 겁니까?

그러니까 이제 이런 것들이 새누리당과 저희하고 좀 다른 거지요.

(하태경 의원 의석에서 ― 패킷감청은 불법적인 게 아니고 판사가 합법적으로 감청영장을 내준 거예요.)

그러니까 저희는 '필리버스터 이런 것은 대한민국의 민주주의를 전 세계만방에, 세계만방에 과시하는 굉장히 좋은 거다' 이렇게 생각하는 반면에……

(하태경 의원 의석에서 ― 그러니까 팩트를 정확히 확인해야지. 결론을 정해 놓고……)

지금 새누리당 입장에서는 '이게 지금 국회가 마비된 거고, 이게 굉장히 세계에 창피한 거다' 이렇게 생각하는 거지요.

반면에 지금 국정원 문제에 대해서는 저희는 '굉장히 세계적으로 내놓기 창피하다' 이렇게 생각하는데 새누리당은 '지금 국정원은 굉장히 자랑스러워서 그 국정원에게 자꾸 권한을 더 줘야 된다', 지금 보수와 진보 간에 이런 큰 차이가 있습니다.

한국의 인권이 굉장히 위험하다

아까 말씀드린 것대로 지금 유엔 국제기구에서 '한국의 인권이 굉장히 위험하다' 이런 얘기를 하고 있는데 박근혜정부에서는 이것에 대해서 전혀 귀담아 듣고 있지 않는 거지요. 그러니까 국제적인 기준에서 우리나라는 자꾸자꾸 멀어져 가고 있는 겁니다. 그럼에도 불구하고 지금 인권침해 소지가 있는 테러방지법을 또 내놓고 있는 것이지요.

(하태경 의원 의석에서 ― 그러니까 국정원이 인권 침해했다는 근거를 들어야 되는데 방금 든 근거는 다 틀린 근거예요.)

그러니까 만약에 박근혜정부가 그동안 인권에 대해서 굉장히 신중한 정부였다고 한다면, 국정원이 인권에 대해서 제대로 잘해 왔다고 한다면……

(하태경 의원 의석에서 ─ 내가 동의해 주고 싶은데……)

국정원에 대해서 권한을 달라고 하는, 국정원에 권한을 주자고 하는 새누리당의 의견이 상당한 합리성을 갖겠지요. 그런데 대선에 개입하고 이렇게 불법을 계속하는 이 집단에 대해서 새누리당이 권한을 더 주자고 하는 저의가 도대체 무엇일까?
여기가 저희가 지금 이 필리버스터의……

(하태경 의원 의석에서 ─ 국정원이 인권 침해했다는 근거를 대면 내가 동의해 줄게요. 그걸 하셔야 돼요. 지금 근거는 다 틀린 근거라니까.)

("하 의원님, 조용히 좀 하세요" 하는 의원 있음)

(하태경 의원 의석에서 ─ 지금 토론이 생산적으로 되고 있잖아요.)

부의장 이석현: 의원님, 협조를 구하겠습니다.

아까 말씀드린 바와 같이 국회법에 본회의장에서 모든 발언은 의장한테 허락을 받아서 하게 돼 있는데……

(하태경 의원 의석에서 ─ 내가 예의가 없다는 말에 대꾸 안 할 테니까…… 내가 근거 없는 이야기를 하는 게 아니잖아, 지금. 생산적인 이야기를 하고 있잖아, 지금.)

우리 하태경 의원님께서 바로 앞에서 또 질문하고 홍 의원님한테 답변을 시키고 이러면 마치 허가받은 마켓이, 허가받은 시장이 있는데 뒤에서 암시장 하는 것하고 똑같아요. 그래서 허가받아서 하기 바랍니다. 이게 다 세금 내고 해야 됩니다.

(하태경 의원 의석에서 — 부의장님, 이게 창의적인 민주주의 실험입니다. 지금 새로운 실험을 하고 있다고 생각하세요.)

홍 의원님, 얼른 진행하세요.

홍종학 의원: 예.

그래서 이제 우리 이코노미스트지의 평가를 한번 보자고요.

이코노미스트지의 한국인권상황 평가

최근 몇 년 동안 30여 년 전 억울하게 북한의 첩자라는 혐의로 기소됐던 많은 한국 사람들에 대한 판결이 뒤집혀 왔다. 이러한 무죄선고 사례들은 현재는 민주국가인 한국이 이전 군사독재가 정치 정적을 고문하고 증거를 조작해서 이들에게 누명을 씌웠던 당시로부터 얼마나 멀리 왔는가를 고무적으로 일깨워 준다. 지난달 1981년도 악명 높은 '부림' 사건, 즉 대학생들이 북한 정권을 지지하기 위해 불온서적 클럽을 만든 것으로 유죄를 선고받았던 사건의 다섯 명 피고인이 모든 혐의를 벗었다. 이번 달 법정은 1982년 북한 첩자로 형을 받은 한국계 일본인에게 무죄를 선고했다.

그때 이래로 한국 국정원은 1999년 두 번째로 이름을 바꿨고, 그 폭력적 성격을 내려놓았다. 하지만 친북 선동자들을 잡아내는 것에 대한 이들의 열정은 낮아지지 않은 듯하다. 한국 국민이 북한과 접촉하는 것이나 북한의 폭력정권을 찬양하는 것을 금하는 한국의 국가보안법으로 기소된 새로운 사건들이 보수파 전 대통령 이명박이 집권할 당시인 2008년에서 2011년 사이 두 배로, 46건에서 90건으로 늘어났다. 진보계의 고 노무현 대통령 정권하에서는 14명이었던 것과 비교해서 이명박 집권 당시 31명의 북한 간첩이 구속됐다. 한국 로비단체인 인권연대 오창익 사무국장에 의하면, 현 대통령인 박근혜가 집권한 이후 8명의 사람들이 간첩활동 혐의로 조사받았다고 한다. 법무부는 이 발표가 '주요 국가 이익'에 해를 끼칠 것이라는 이유로 이코노미스트지에 공식적인 수치를 주지 않으려 했다. 오 사무국장은 이 여덟 사람 모두가 탈북자로서 한국에 들어왔다고 말한다. 어떤 이들은 체포가 급증한 것은 남북관계가 좋지 않아짐에 따라 북한으로부터의 간첩활동이 증가했음을 보여 준다고 말한다. 2010년 북한에서 도착한 사람들의 일상적인 구류와 신문의 길이는 90일에서 최대 6개월까지 두 배로 증가했다.

하지만 한국의 이러한 노력은 정보기관이 저지른 일련의 사고들 때문에 복잡해졌다. 지난 3월 사임한 원세훈 씨는 박근혜 대통령이 승리한 지난 2012년 대선 전에 온라인상에서 주요 야당 후보들을 종북좌파라고 비난하고 박근혜 후보에 유리하도록 여론을 조작한 혐의로 그자신이 재판을 받고 있다. 국정원은 자신들의 온라인 포스팅들은 일상적인 대북 심리전이었다고 말한다. 이제 대통령의 새로운 정보원장인 남재준은 간첩사건에서 국정원이 증거를 조작한 혐의로 수사를 받고 있는 가운데 야당과 집권당 의원들 모두로부터 사퇴하라는 가중되는 압력을 받고 있다. 지난주 검찰은 이례적으로 국정원 본부를 압수수색했으며, 이로써 국정원은 겨우 1년여 만에 두 번째로 압수수색을 당했다. 3월 15일 검찰은 증거위조와 관련해 국정원 직원 한 명을 체포했다.

탈북자 출신 전 공무원 유우성 씨는 지난해 8월 북한을 위한 첩보행위와 한국에 살고 있는 탈북자들의 신상정보를 북한에 제공한 혐의에 대해 무죄를 선고받았다. 그의 여동생은, 이건 뭐 잘 알고 있는 얘기인데 이코노미스트지에서도 이렇게 또 얘기하는 거예요. 여동생은 한국에 도착한 직후 국정원에서 절차에 따른 신문을 받았고, 그곳에서 오빠가 간첩이라고 말했지만 정작 법정에서는 그 증언이 강요된 것이라고 밝혔다. 유 씨는 무죄를 선고받았다. 검사들은 항소하면서 유 씨가 중국을 통해 두 차례 북한을 방문했음을 입증하는 세 장의 공문서를 제출했다. 하지만 지난달 서울주재 중국 대사관은 이 세 장의 문서가 모두 위조라고 밝혔다. 국정원을 도와 일했던 한 브로커는 이 달 초 자살을 시도했다. 그의 유언장에는 자신이 이 문서 입수를 위해 국정원에 고용됐다는 사실과, 어쨌든 유 씨는 확실히 간첩이라는 자신의 생각이 적혀 있다. 이번주 유 씨의 변호인들은 검찰과 국정원이 증거를 위조했을 뿐 아니라, 유 씨의 여동생을 고문했다고 밝혔다. 검찰은 현재 국정원이 문서 위조를 인지하고 있었는지에 대한 조사를 진행 중이다. 서울에 기반, 이게 작년도 거니까 이런데요 지금 유우성 씨 다 무죄로 나왔지요.

서울에 기반을 둔 활동가 그룹 '민주사회를 위한 변호사 모임' 소속 변호사 박주민 씨는 이번에는 한국의 국회의원이 연루된, 세간의 이목을 끄는 다른 간첩사건에서의 증거 역시 빈약하다고 말한다. 2013년 8월 국정원은 북한과의 전쟁 발발시 한국의 사회 기반 시설을 파괴하기 위해 내란을 음모한 혐의로 좌파 국회의원 이석기를 조사하고 있다고 발표했다. 이 의원은 이 조사를 '중세 마녀 사냥'이라 불렀다. 여론 기관 갤럽에 의하면, 설문에 응한 약 3분의 2 정도의 한국인들이 그의 구속을 지지했다. 그러나 그에 주어진 처벌의 가혹함은—지난달 그는 징역 12년을 선고받았다—많은 한국인을 불안하게 만들었다. 특히 이 의원의 혐의에 대한 결정적 증거인 국정원에 의해 제출된 녹취록은 녹음파일 원본의 몇몇 부분이 누락되어 법정에서 의문을 제기했다. 박 변호사는 법원이 정보원들이 만든 녹취록의 270곳 이상을 수정하도록 했다며, 최초 보고서가 무엇보다도 대중의 분노 조성을 목표로 했음을 시사했다. 비평가들은 이 의원에 대한 증거의 상당 부분은 이 의원이 북한 혁명가를 애호한다는 사실에 기초하고 있다고 주장한다.

이 의원의 극단적인 관점에 대해 동정심을 가지고 있는 사람은 많지 않지만, 그의 갑작스런 체포는 국정원이 선거와 자신들의 불법 행위 혐의에 대해 조사를 받고 있는 사실로부터 관심을 돌리려는 시도라는 의심을 촉발시켰다. 전 경찰대 교수 표창원 씨는 보수적인 한국 정치인들은 여전히 한국전의 트라우마를 이용하고 있으며, 북한의 위협에 대한 한국인들의 불안을 정치적 범법행위를 무마시키기 위한 '비밀 무기'로 사용하고 있다고 말한다. 정부는 지난 12월 국정원 개혁을 위한 여야 특위를 설치했지만, 지난달 해산하기 전까지 거의 성과가 없었다. 그리고 국정원의 역할 강화를 정당화하기 위하여 추가 구속이 계속되고 있다. 오 사무국장은 정부가 안보위기인 양 가장하려고 노력하는데 북한은 남한에 '옛날식의 간첩'을 보낼 능력이 거의 안 된다고 말한다. 많은 사람들이 국정원에 정보 수집기능과 간첩사건 조사 두 기능을 모두 허락해서는 안 된다고 말한다. 다른 나라들에선 이 두 기능이 각기 다른 기관들에 의해 처리된다. 그러나 남한과 세계가 점점 더 예측 불가능해지는 북한에 대처하기 때문에, 국정원에 더 많은 권한을 부여하자는 주장이 보다 설득력이 있을 듯하다.

5. 노동개악과 테러방지법

박근혜의 노동개악은 재벌을 위한 것

지금 이런 것 때문에 이제 정부에서는 한다 이거지요. 그렇지만 지금 세계적으로 이렇게 국정원에 문제가 됐다고 하는 것들이 지금, 이런 여론에서 부정적 이미지가 전 세계적으로 지금 이렇게 확산되고 있는 겁니다. 정보기관이 이런 정도로 신뢰를 잃고 있다는 것에 대해서 우리는 우려를 하지 않을 수 없는 거지요.

제가 말씀드리고 싶은 것은 아까 말씀드린 것처럼 이런 것들을 말씀드리고 싶은 겁니다. 국정원에 이런 문제들이 계속 있는데 이런 문제들에 대해서 과연…… 해결을 하면 되는 거지요. 그래서 저희가, 우리 더불어민주당에서 국정원개혁법 내놓고, 그리고 그것에 대해서 우리가 그 야말로 지식정보사회에서 산업도 발전시키고 그리고 정보역량도 강화하는 데 있어서 국정원이 새롭게 탈바꿈해야 된다. 그런데 국정원은 계속 옛날 방식의 그런 강압적인 수사에 의한 방식 그리고 이런 도청이나 감청에 의한 방식, 이런 것들에 의존하고 있는 것이 오늘의 이 사태를 불러왔다고 저는 생각하게 되는 것입니다.

최근에 고려대학교 대학원에서 박사학위 논문이 하나 나왔는데요. 이 논문이 워낙 길어서 제가 읽어 드릴 수는 없고요. 그리고 이 논문이 학위논문이기 때문에 굉장히 어렵습니다. 이 테러방지 입법의 합헌적 기준이라고 하는, 지금 말씀하시는 테러의 위협으로부터의 자유와 그다음에 안전을 어떻게 조화시킬 거냐, 이런 얘기에 대해서 논문이 나온 겁니다.

여기에서 제가 주목하고 싶은 것은 이런 겁니다. 여기에서 이…… 학생이니까, 박사학위 논문을 막 쓴 학생이고요. 이 학생에 의해서 이 논문이 만들어졌고, 그러니까 법학을 전공하는 사람의 입장에서 지금 우리가 얘기하는 문제, 이런 테러로부터의 안전의 문제 그리고 그다음에 인권의 문제, 이런 것들을 어떻게 조화롭게 조화시킬 것이냐, 이런 것들이 이제 문제가 되는데요.

결론 부분만 간단하게 말씀을 드리겠습니다.

테러 대응수단을 테러 발생 임박시점을 중심으로 해서 시계열적 분리를 시도함으로써 실제적인 무력충돌이나 공격이 없는 평상시에 사전예방을 하기 위한 예방적 대응수단과 실제적인 공격이 임박했거나 진행되고 있는 경우 다수의 생명과 신체의 안전을 보호하기 위하여 긴급하게 사용해야 할 수단을 구분하는 것을 제안한다. 양자의 상황은 매우 다르기 때문에 주어지는 권한이나 기본권 제한의 강도가 달라야 한다. 예방 목적을 위한 대응수단의 경우 테러의 유형을 나누어 대응할 것을 제안하였는데, 개인과 국내 테러단체에 의한 테러리즘과 국제 테러단체와 국가지원에 의한 테러리즘을 구분하여 각각 정보수집과 감시를 위한 기본권 제한의 정도를 달리하고 위험을 감지하고 추적할 기관을 구분하여 권한의 집중을 막는 방안을 제안하였다.

그러니까 지금 새누리당, 박근혜정부에서 주장하는 대로 테러가 지금 우려가 된다고 한다면, 그러면 지금 저희가 우려하는 것은 국내 개인에 대한 인권이 우려가 되는 것 아니겠습니까? 그러니까 이분은 2개를 구분하자, 이런 논문이 이미 2015년 6월에 고려대학교에 제출된 겁니다.

그래서 개인과 국내 테러단체에 의한 테러공격은 경찰이 정보수집 및 감시에 관한 주도적 권한과 의무를 가지며, 국제 테러단체와 국가지원에 의한 테러공격은 국가정보원이 정보수집 및 감시에 관한 주도적 권한과 의무를 맡는 것을 생각해 볼 수 있다. 다만 정보수집이 완전히 분리해서 이루어질 수는 없는 것이므로 수집한 정보의 교환을 통해 협조할 수 있도록 제안한다. 이에 의하면 북한이나 IS, 알 카에다의 테러공격에 대한 정보수집과 감시업무는 국가정보원이, 국내에서 내국인에 의한 테러공격에 대한 정보수집과 감시업무는 경찰이 각각 주도적 권한과 의무를 갖게 될 것이다.

("정보는 보안이 생명인데 2개 기관이 이렇게 하면 그게, 정보세계를 이해 못 하는 거예요" 하는 의원 있음)

바로 이렇게 이 학위논문, 아무런 편견이 없이 지금 테러로부터의 자유와 안전을 어떻게 조화할 것이냐, 그것의 합헌적 기준은 도대체 무엇인가 했을 때 자연스럽게 이런 얘기가 나오고, 저는 뭐 이게 합리적이라고 봐요. 지금 이런 인권침해의 우려가 제기되고 있기 때문에 지금 얘기하는 대로, 새누리당에서 주장하는 대로 이 법이 외국인을 위한 것이다, 그러면 이분이 얘기하는 대로 외국인에 대한 것은 국가정보원이

하고……

("경찰이 국정원보다 인권침해가 훨씬 더 많아요, 홍 의원님" 하는 의원 있음)

("조용히 좀 해요" 하는 의원 있음)

그리고 국내에 문제가 되는 것은 현재 경찰이 사찰하고 있으니 경찰한테 그 권한을 해서 그것을 적극적으로 정보수집을 하도록 하자, 이런 타당한 얘기들에 대해서 새누리당에서는 답을 제대로 못 하고 있다, 제가 생각하더라도 그게 타당한 것 아니냐, 이렇게 지금 생각을 하는 겁니다.

("그런 주장은 할 수 있는데 설득력이 없다는 게 문제지" 하는 의원 있음)

사실 토론을 이렇게 하다 보니까 대단히 죄송한데요. 너무 강의식으로 가서 많은 분들이 조금 어렵지 않을까 이렇게 생각은 합니다. 그런데 제가 생각할 때는 지금 이런 것들에 대해서 우리가 충분히 논의를 해야 되겠다, 그리고 저는 지금 현상적으로 드러나는 것, 그것 내면에 우리가 합리적 의심이라고 할 수 있는 일들에 대해서 죽 설명을 해 온 것이지요.

그러니까 제가 아까 이렇게 죽 얘기하면 합리적 의심을 할 수 있는 근거들이 충분히 있다, 박근혜정부에서 그동안 인권에 대해서 중시 여기지 않았고 그리고 박근혜정부에서는 지속적으로 이런 감청을 하려고 노력해 왔으며 그리고 박근혜정부에서는 지금도 그런 문제에 대해서, 비판에 대해서 대안을 얘기하지 않으면서 이렇게 해 왔고.

("무슨 감청을 하려고 노력을 해. 자꾸 허위사실 유포하지 마세요" 하는 의원 있음)

또 하나 얘기는 뭐냐면 박근혜정부가 사회적 대타협을 넘어간 순간부터, 그때서부터 여야 합의 이런 것에 의해서 국정을 이끌어가기보다는······ 뭐 사실상 여당의 원내대표를 찍어 냈다는 것 자체가 이미 합법적인 민주주의 국정운영을 상당히 벗어난 거지요. 그 이후를 이렇게 죽 보게 되면 계속적으로 야당을 겁박하고 그리고 야당 때문에 모든 것이 이렇게 문제가 된다, 뭐 이렇게 얘기하고 이런 거지요.

지금 일련의 과정, 그렇게 해서 연금개혁을 공무원연금개혁만 하고 그 다음에 국민연금을 강화시키자는 저희의 노력은 무산시켰지요. 그러니까 연금을 강화하자는 그것을 무산시키는 것이 바로 박근혜정부의 굉장히 중요한 일이었다는 것이지요.

그런데 박근혜정부가 그 얘기를 한 것은 '재정을 어떻게 감당하려고 그러느냐' 이 얘기였는데, 아까 처음에 제가 보여 드린 것처럼 재정은 이미 167조나 재정적자를 내고 있고 그 167조의 재정적자를 막을 수 있는 충분한, 즉 부자감세 재벌감세에 의해서 세금이 떨어진 것에 대해서 그것을 부자감세 재벌감세를 원상복귀시키고 재벌 세금 깎아 주는 것, 그것 안 깎아 주면 충분히 재정적자 막을 수 있다고 얘기하는데 그러면 돈은 충분한데 그것은 안 하시면서 재정적자 때문에 국민연금 강화하는 것은 못 하겠다, 여야가 합의해서 사회적 대타협해서 하는 것은 못하겠다고 완전히 놓은 상황이지요.

그러고서 지금 주장하는 것이, 그 일련의 과정에서 일방적으로 이렇게 가면서 주장하는 것이 뭐냐면 노동개혁을 지금 주장하십니다. 그러니까 지금 일련의 이 과정을 보면 노동개혁이나 그다음에 공적연금 강화에 대해서 반대하는 것, 이것을 좋아할 대한민국의 집단은 어디일까요? 그건 재벌이지요. 공적연금이 강화되면 재벌연금이 피해를 입는 거고요. 그다음에 지금 가뜩이나 노동시장이 굉장히 어려운데, 국민들은 불안에 떨고 있는데 그 불안에 떨고 있는 노동시장에 대해서 재벌들에게 더 유리하게 만들어 주겠다 하는 것이 지금 박근혜정부의 노동개혁인 것이지요. 그러니까 이 중요한 시기에, 아까 말씀드린 대로 경제가 굉장히 어려운 이 시기에 박근혜정부에서는 바로 이렇게 재벌이 좋은 것만 한다, 이 의심을 저희가 떨쳐 버릴 수가 없는 거고요.

국정원이 노사관계에도 깊숙이 개입

그러면 이 노동개혁하고 도대체 테러방지법하고 무슨 관계가 있느냐? 그것은 왜 안 물어보시는지 모르겠는데, 그렇게 물어보실 것 같아서 제가 거기에 대해서 답을 드리도록 하겠습니다.

(자료를 들어 보이며)

이게 국정원의 진실위 보고서입니다. 이게 2007년도 10월 달 보고서고요. 국정원의 '과거와 대화, 미래의 성찰' 국정원 진실위 보고서, 여기에는 뭐 총론이라고 되어 있는데 제가 지금 인용하고 싶은 것은 뭐냐면요. 국정원이 노동시장에 아주 깊숙이 개입을 합니다. 이건 옛날 분들은 잘 아시지요. 옛날 분들은 잘 아시는데 요즘 젊은 분들은 '국정원이 그런 것도 해?' 이렇게 생각을 하실 건데요. 지금 그 문제에 대해서 제가 말씀을 드리겠습니다.

그러면 우리가 상식적으로 생각을 해 보자고요.

노동과 자본이 이해관계가 다릅니다. 그러면 국가는 노동 편을 들어야 될까요, 자본 편을 들어야 될까요? 재벌이 지금 노동시장 개혁을, 노동을 쉽게 해고하는 이런 정책을 요구하고 있고, 당연히 노동계에서는 '기업은 그렇지만 그것을 우리는 원하지 않는다', 그러면 국가는 어느 편을 들어야 될까요? 지금 박근혜정부는 재벌 편을 든 거지요, 명백하게. 노동계의 편을 들지 않은 건데요. 바로 이 문제가 한국의 재벌이 유럽에서 사업을 못 하는 이유입니다.

그러니까 한국기업, 한국의 재벌들이 유럽에서…… 독일 얘기를, 그런 얘기를 하더라고요. 처음에 삼성전자가 독일에 진출을 했었는데 독일에 가 보니까 회의를 하는데 노동자 대표들이 와서 앉아 있는 거지요, 거기는 공동결정제니까. 그러니까 삼성전자에서 '우리는 노동조합도 인정하지 않는데 무슨 노동자 대표가 와서 이런 걸 하느냐', 독일 사람들이 다들 외계인 쳐다보듯이 쳐다봤다는 일화가 있습니다.

이게 바로 생각이 다른 거지요. 그러니까 사회적 대타협을 이룬 서구 유럽국가에서는 국가가 노동 편을 드느냐, 자본 편을 드느냐, 국가가 그걸 편을 들면 안 되는 거지요. 그러니까 사회적 대타협을 이루는 거지요. 2개의 첨예한 이해관계의 대립이 있는데 국가는 그것에 대해서 과연 그러면 어떻게 하는 것이 결국적으로, 단기적으로는 뭐 이익이 되고 손해가 될지는 모르지만 장기적으로는 과연 누구에게 도움이 되겠느냐, 이것에 대해서 국가가 판단을 해야 되는 거고요.

제가 말씀드리는 게 바로 그겁니다. 지금 당장은, 한국 재벌들이 저는 정말 잘못됐다고 생각하는 것이 그렇게 당장은 유연성 얘기해서 비정규직 쓰는 게 돈을 적게 들이는 거겠지요. 하지만 그렇게 비정규직이 되다 보니까 노동자들의 숙련도가 떨어지게 되고, 따라서 한국 노동자들은 중국 노동자들과 비교해서 자꾸 숙련도가 떨어지는 거예요. 그러니까 한국기업의 경쟁력이 떨어지는 것이고. 그러니까 결국은 제 살 깎아먹기 해서 한국기업의 경쟁력이 떨어지게 되고 지금 10여 년, 20년 동안 그런 과정을 거쳐 오면서 한국기업들이 지금 경쟁력이 떨어졌다, 이렇게 되는 거지요.

그런데 한국 정부는 특히 새누리당 박근혜정부에서는 이명박 정부도 마찬가지, 그러니까 보수정부에서는 일방적으로 재벌 편을 든다는 거지요. 그리고는 국정원을 바로 노동을 탄압하는 데 기제로 사용했다는 겁니다.

그게 잘 안 알려져 있었지요. 왜냐하면 국정원이 사람들 데리고 고문하고 이런 것에 대해서는 잘 알려져 있는데 이것은 내부적인 것이기 때문에 거의 알려지지 않았습니다. 그것이 2007년도에 참여정부 때 '국정원 스스로 고백을 해 봐라' 해서 진실위가 만들어지고 국정원 내부에 들어가서 얘기해서 노동탄압에 개입한 것들이 다 나오는 겁니다. 여기에 지금.

여기에 지금 심각한 문제가 있는 겁니다. 아까 말씀드렸다시피 민주노총의 거기 노조 조직원들은 지금 다 수사기관에서 자료를 요청해서 통신회사들에서 다 자료를 줬다, 모르겠습니다. 국정원이 재벌총수들이나 아니면 재벌의 이런 사람들의 자료도 요청한 적이 있는지 저는 잘 모르겠습니다. 그런데 하여튼 이런 식으로 국정원이 지금 노사관계에 아주 깊숙하게 개입을 하고 있다.

("지금은 안 하잖아요. 10년 전 이야기 가지고 그래요" 하는 의원 있음)

("지금 근거를 들어야지. '지금도 하고 있다' 이래야 설득력이 있지요" 하는 의원 있음)

그런 얘기를 그러면 볼게요.
이게 좀 긴데요. 이게 굉장히 중요한 얘기입니다.

("그러지 말고 80년대 사례 엄청 많아. 그걸 그냥 들어요. 10년 전 얘기 하지 말고" 하는 의원 있음)

그러니까 지금 그 질문 잘하셨어요.
우리가 이렇게 생각을 해 줘야 되는 거지요.

보수정부는 기본적으로 재벌의 편

박정희 정부 그다음에 전두환 정부, 군사정부, 노태우 정부까지 여기 지금 나오는 거지요. 그래서 노태우 정부 이후 김영삼 정부까지, 그러면 왜 국정원은 노동탄압을 했을까? 왜 노동계에 그렇게 국정원이 적극적으로 들어가서 노사관계에 개입했을까? 이게 바로 보수정부의 정체라는 겁니다.

보수정부는 기본적으로 재벌의 편이고 따라서 노동에 대해서 억압을 하는 것이고 노동에 대해서 법치를 세운다는 것이고, 이게 줄푸세의 법치를 세운다는 겁니다. 그러면 노동에 대해서 법치를 세우는 데 권력기관을 다 동원하고 그 권력기관의 정점에 국정원이 있다는 것이지요.

("DJ·노무현 정부도 재벌에 장악되어 있다고 그랬는데 그러면 똑같이 제 얼굴에 침 뱉기지. 그걸 뭐 그렇게 얘기해요" 하는 의원 있음)

이게 좀 긴데요. 저는 중요하다고 생각을 해서 조금 읽어 드리겠습니다. 뭐 시간도 충분하기 때문에……

("그 이야기를 길게 하시면 지금은 없다는 것을 반증하는 게 되는 거예요" 하는 의원 있음)

("그만하세요" 하는 의원 있음)

굉장히 지금 중요한 얘기입니다.

그러니까 지금 일련의 얘기, 왜 박근혜정부가 국정원을 강화하고 그다음에 노동을 탄압하고 이러는가, 이런 것들은 이미 옛날 개발연대 시대에, 군사독재 시대에 하던 것들이고 그런 것들을 민주정부 시기에 와서 거의 다 뭐라고 그럴까요, 발전을 했는데 그것을 퇴행을 시켰다라는 얘기를 지금 드리고 싶은 겁니다.

("박근혜정부가 국정원을 이용해서 노동탄압을 한다, 이 사례를 이야기해요, 이 사례를" 하는 의원 있음)

'그러니까 1961년 이후 30년이 넘는 기간에 진행된 중정과 안기부 등 정보기관의 노동문제 개입은 매우 세밀하면서도 강력한 것이었다. 그동안 이 문제에 관심을 가진 많은 사람들은 표면화된 단편 사례들을 기초로 그 개입의 정도와 내용을 추측할 수 있을 뿐이었다. 또 직접 수사를 받거나 통제의 대상이 되었던 사람들의 경험으로부터 유추하는 방식으로 대강을 짐작하는 수준이었다. 그것은 마치 장님이 코끼리를 만지는 것처럼 불완전한 것이었다. 앞서 자세하게 고찰한 바에서 알 수 있는 것은 이와 같은 세간의 추론과 추측이 대체로 사실과 크게 다르지 않았다는 점이다.'

이게 앞에서 죽 얘기하고 나서 지금 결론 부분을 제가 말씀드리는 겁니다.

'중정과 안기부는 중요한 노동쟁의나 사건에 관여하였고 권위주의 국가권력이 선호하는 특정한 방식으로 이를 통제하고자 하였다. 또 중요한 노동조합이나 조합의 간부들은 항상적인 감시와 사찰의 대상이었다.'

노동조합 간부들을 국정원이 왜 사찰하고 왜 감시합니까?
그리고 아까 말씀드린 대로 우리 현재 노동조합 간부들이,

'지금 계속적으로 통신회사들이 그 노동조합 간부들의 정보를 수사기관에 지금 제공하고 있다.'

이게 지금 진행되고 있다는 겁니다.

'특히 1970년대 이후 발생하기 시작했던 민주노조들을 협조주의 노조 또는 국가가 통제 가능한 노조로 만들기 위해서 모든 노력을 아끼지 않았다. 이를 위해서는 구속과 수배조치, 사건조작이나 공작, 노조 와해공작, 공권력 투입 등 억압적 조치뿐만 아니라 노동자들의 근로조건 개선 요구를 수용하여 직접 처리하는 일을 마다하지 않았다.'

그러니까 해결사까지 한 거지요.

'1970년대 중후반 반도상사와 동일방직 노조쟁의에 대한 개입은 그 대표적인 사례라고 할 수 있다. 또 권위주의 시기에 중정과 안기부가 국가 노동통제 전반을 주도하고 기획한 최상위 권력기구일 것이라는 추측도 대체로 사실과 부합하였다. 정보기관이자 최고 권력자가 가장 신임하는 국가기구로서 중정과 안기부는 정보를 생산하거나 수집·종합하여 분석하였고 이에 기초해서 전략적 판단을 내리는 기능을 수행하였다. 노동부나 내무부, 법무부 등 관련 정부부처의 정보는 정보기관에 의해 종합되었다. 이는 중앙 수준에서건 지역 수준에서건 동일하였다. 심지어 필요할 경우 중정과 안기부는 기업이나 기업단체 그리고 언론기관 등의 협조를 받아서 기업 내부의 사정을 자세히 파악했던 것으로 보인다.'

지금 박근혜정부의 주요 인사들이 바로 이때 국정원에 근무하시던 분들이라고 하는 것을, 제가 이름을 얘기하지 않겠습니다마는 이미 다 잘 알려져 있는 것이지요.

제가 지금 우려하는 것은 바로 이런 겁니다. 노동을 이렇게 국정원의 사찰 대상, 개입의 대상으로 보았던 그 국정운영방식이 박근혜정부에서도 계속되고 있는 것 아닌가 하는 바로 그 연관성을 지금 말씀드리고자 하는 겁니다.

("논리적 비약이고 본인의 추측일 뿐이지……" 하는 의원 있음)

국정원을 이용한 노동탄압

아니, 정권이 똑같은 일을 하고 있잖아요. 그러니까 정권이 노동 탄압하고 국정원을 노동 탄압에 그렇게 사용하고 불법적인 수단을 하고 있고요. 현재도 지금 노동에 대해서 탄압하려고 하고, 그리고 국정원을 지금 불법적인 수단에 사용하는데, 저는 이 문제, 그러니까 민주노총이라든가 이런 노조원들에 대해서 계속적으로 탄압적인 정책을 박근혜정부가 지금 취하고 있다는 것은 지금 똑같은 것 아니냐? 바로 그 군사독재시대의 국정운영방식을 지금 계속하고 있다, 군사독재시대에 드러난 증거들에 의해서 명확하게 드러났던 이러한 불법적인 것들이 지금은 형태를 달리해서 박근혜정부에서 다시 구현되는 것 아닌가 하는 것이 저희들이 얘기하는 겁니다.

'1980년대 초반 노동대책회의라는 공식·비공식 국가기구를 구성하고 제도화한 것은 이런 위상이 객관화된 것으로 볼 수 있다. 노동대책회의는 1988년 하반기에 공식적으로 폐지되었으나 그 기능은 관계기관대책회의라는 비공식적 기구로 이후에도 계속 유지되었다.

또 법적으로 제도화되기 이전인 1970년대에도 실질적인 수준에서 이 기구는 제도화되어 있었다고 할 수 있었다. 그러므로 노동대책회의나 공안합동수사본부라는 노동 관련 협의기구의 성격과 내용은 권위주의 시기의 노동통제를 이해하는 가장 중요한 요소라고 해도 과언이 아닐 것이다.

중정과 안기부는 형식적으로 노동대책회의를 주관하는 기관이 아니었다. 대외적으로 회의를 대표하고 주관한 기관은 노동부나 검찰이었고 실행기관은 경찰이나 노동부 및 관련 정부부처들로 되어 있었다. 정보기관의 역할은 대체로 정보 제공과 분석에 국한되어 있었다. 그러나 실제 두 기관의 역할은 공식적인 수준을 훨씬 상회하였다.

이들 기관은 회의를 소집하고 주도하였으며 자신의 의도대로 주요 결정을 내린 것으로 보인다. 그리고 회의 결과를 실행하는 과정에서는 관련 정부기관들에 각기 역할을 분배하여 지시하며 그 결과를 보고받는 위치에 있었다. 최상위 노동통제기구로 여타 정부부서를 통괄할 수 있었던 것은 청와대 등 최고권력기관의 신임이 있었기 때문이다. 즉 권위주의국가 체제에서 최고권력자의 의지를 제반 국가부처에 전달하고 실행하는 핵심적 위치에 있었기 때문에 가능한 일이었다.

이와 같이 권위주의 시기 전반에 걸쳐 중정, 안기부는 가장 중요한 노동통제기구였으나 그 내용은 시기별로 변화하는 모습을 보였다. 이것은 노동운동의 발전과 성격 변화 그리고 국가권력 및 국가 정치의 성격 변화에 따라 불가피한 일이었다. 이 변화는 크게 4개의 시기로 나누어 볼 수 있다.

중정에서 시작한 노동탄압의 역사

1961년에서 70년까지 첫 시기에 중정의 노동 문제 개입은 상대적으로 많지 않았다. 1961년부터 63년까지 노동관련법 개정과 한국노총 조직체계 구축은 가장 중요한 활동이었다. 이후 1960년대 후반까지는 주로 한국노총이나 산하 산별노조의 선거과정에 개입하여 영향을 미치고 특정한 노조 간부나 노동운동가를 감시하는 것에 한정되었다. 1960년대 후반 한국노총 내 일부 노조 간부들이 정치세력화를 시도하였을 때 개입이 있었을 것으로 추측되지만 중정의 역할이 무엇인지는 확인되지 않았다.

두 번째 시기는 전태일 사건이 발생한 이후 다수의 민주노조가 생겨나면서부터 시작되었다. 이 시기는 유신 전후 학생과 재야 그리고 종교단체 중심의 반독재 민주화운동이 본격화되어 그 영향이 노동운동에 강하게 미쳤던 시기였다. 민주화운동이나 반정부투쟁으로부터 권위주의 정권을 방어하는 핵심적 기구였던 중정은 노동운동을 반정부운동과 분리하는 데 통제의 목표를 두었다. 이것은 노동운동이 권위주의정권에 도전할 수 있는 가장 강력하고 조직화된 잠재적 집단이었기 때문이었다.

한 치의 정치적 반대도 허용하지 않는 일사불란한 유신체제의 딜레마는 생존권 요구조차 정치적 저항으로 해석하게 된다는 점에 있었다. 그리고 반공과 경제 성장을 정치적 정당성의 기반으로 삼는 정권으로서는 노동운동을 그 두 가지 정당성의 결절점에 위치한 핵심적인 통제 대상으로 인식할 수밖에 없었기 때문이었다.

그 결과 민주노조에 대한 내사나 수사는 흔히 도시산업선교회나 학생운동단체 등 외부세력과의 연계를 밝혀내는 것에 집중되었다. 국가당국의 이와 같은 노동 문제 인식으로 말미암아 자연발생적이고 소박한 생존권 요구는 흔히 체제에 도전하는 반정부운동이나 외부세력의 사주를 받은 불순분자들의 소행으로 인지되거나 조작되는 현상이 발생하였던 것이다.

동일방직과 반도상사 등의 사례에서 나타나듯이 중정의 민주노조에 대한 감시사찰 그리고 각종 대책들은 매우 조밀하고 강력하게 진행되었다. 그 결과 몇몇 예외를 제외하면 대다수의 민주노조들은 쉽게 그 성격이 바뀌거나 활동이 무력화되었다. 그 결과 국가권력은 1980년대 후반과 같이 대규모로 공권력을 투입하거나 범정부적 노동대책을 마련할 필요가 없었다. 그리고 구속 수배자도 상대적으로 많지 않았다.

그러나 중정이 시도한 민주노조운동에 대한 완벽한 통제는 원초적으로 불가능하였다. 그것은 노동자들의 투쟁이 직접적으로는 경제적 생존권에서 기인한 것이었고 저임금 장시간 노동체제에서의 불만은 보편적인 것이었기 때문이다.

국가의 노동통제는 문제가 발생한 사업장이나 노조에 대한 통제에 국한되었고 문제의 근원을 제거할 수는 없었던 것이다. 그것은 여기저기서 솟아오르는 두더지 잡기 놀이에 비유할 것이었고 장기적으로 보면 국가권력이 패배할 수밖에 없는 게임이었다. 외부세력들은 게임을 더 복잡하고 어렵게 만든 요소였지만 중정이 주장했던 바와 같은 주연배우들은 아니었던 것이다.

결국 국가 정치의 위기와 석유파동으로 인한 경제적 위기가 중첩된 국면에서 발생한 생존권 투쟁, 곧 YH무역의 쟁의는 한번에 국가권력 전체를 무너뜨리는 촉발요인이 되고 말았다.

세 번째 시기는 억압적 배제의 체제에서 국가의 노동억압이 극대화된 시기였다. 국가는 노동법을 개악하거나 새로운 통제장치들을 속속 도입하여 민주노조의 성립이나 쟁의 자체를 봉쇄하려는 전략을 취하였다. 1970년대 민주노조들을 각개격파하여 더 이상의 자주적인 노조운동을 허용하지 않았다. 중정에서 이름을 바꾼 안기부는 1980년대 전반기 동안 강화된 통제체제하에서 민주노조의 활동이나 쟁의를 완벽히 통제하는 것처럼 보였다. 표면적으로 쟁의는 다시 줄어들었고 1970년대와 같은 민주노조의 활동은 원천적으로 봉쇄되었기 때문이었다. 그러나 1984년 대구 택시 노동자들의 시위를 전환점으로 해서 1985년에는 대우자동차 파업과 구로동맹파업과 같은 보다 조직적이고 폭발적인 쟁의가 발생하였다.

같은 시기에 발생한 이 두 투쟁은 중요한 의미를 갖고 있었다. 그것은 학생 출신 활동가들이 대거 참여한 보다 조직화되고 급진적인 쟁의였으며 중화학공업 대공장에서 발생한 투쟁이라는 새로운 양상을 띠었기 때문이다.

이 시기에 안기부가 학생운동 출신 노동운동가들이나 급진적 노동운동단체의 통제에 주력했던 이유도 바로 여기에 있었다. 이 시기에 안기부는 구로동맹파업 등 주요 쟁의에 대해 더욱 신속하고 강력하게 대응하는 통제력을 보여주었다. 전국에 걸쳐 대규모로 산재했던 위장취업자들을 색출하고 사업장에서 축출하는 데 집중하였다. 또 그 수가 적지 않았던 1970년대 민주노조세력의 영향도 블랙리스트를 통해서 철저하게 차단하였다. 민주노조와 쟁의를 엄격하게 통제하고 1000명이 넘는 위장취업자를 파악해 내는 등의 성과를 냈다.

그러나 그럼에도 불구하고 그것은 억압적 노동통제의 딜레마 자체를 완전히 해소할 수는 없었다. 억압적 국가권력에 의해 강제로 봉인되었던 노동자들의 생존권 요구, 기본권 요구는 정치적 민주화 국면에서 폭발하였다. 3저호황의 경제적 조건이 정치적 민주화와 중첩된 상황 조건은 1979년의 상황과 크게 대비되었다. 그렇지만 국가권력의 억압이 노동자들의 경제적 요구를 봉쇄할 수 없었다는 본질적 조건은 마찬가지였다.

1980년대 후반의 한국의 민주노조 운동

노동자대투쟁에서 시작하는 네 번째 시기부터 안기부의 노동통제는 전혀 새로운 국면을 맞이하게 된다. 안기부는 노동자대투쟁에 충분히 대응할 수 없었는데, 그 중요한 이유는 그것이 한두 사업장에 국한된 것이 아니라 3300건이 넘는 엄청난 규모의 전국적 쟁의였기 때문이다.

안기부를 중심으로 한 5공 국가권력의 대응방식은 이전과 대동소이한 것이었다. 안기부는 대규모 쟁의의 주요한 원인을 여전히 외부세력의 개입에서 찾았으며, 합동수사본부는 그 증거를 수집하고 사례를 확보하는 데 전력을 기울였다.

이런 대응은 과거의 억압전략에 연원하는 관성적인 것이었으며, 사태의 본질을 잘못 판단한 결과였다.

8월 중순 이후 대규모 공권력 투입과 수사로 사태는 급속하게 진압되었으나 결과는 이전과 달랐다. 많은 수의 민주노조들이 대외투쟁의 결과로 생겨났고 특히 대사업장이 조직화되는 중요한 변화가 나타났던 것이다.

그 결과 1987년부터 1990년대 중반까지 이전 어떤 시기보다 더 활발히 노동문제에 개입하지 않을 수 없었다. 이제 통제의 대상은 동시에 수백 개의 노조로 확대되었고 개별노조뿐만 아니라 상급단체나 상급노조도 포함되었다.

쟁의의 숫자도 급격하게 늘어났지만 더 중요한 것은 국가기간산업의 대규모 사업장에서 강력한 쟁의가 빈발한 점이었다. 또 1980년대 전반에 노동운동에 뛰어든 수천 명의 학생 출신 활동가들이 공개적인 단체를 구성하였던바 이들도 주요한 통제의 대상이 되었다.

새로운 국면을 맞이해서 1980년대 중반까지 막강한 통제효력을 발휘했던 안기부의 개입은 일정한 한계에 부딪치지 않을 수 없었다. 특히 정치적 민주화가 시작되었던 국면에서 통제의 정당성은 크게 약화되지 않을 수 없었다.

그럼에도 불구하고 전체적으로 볼 때 안기부의 노동통제 전략의 기본 틀은 상당 기간 동안 그대로 유지된 것으로 파악된다. 노태우 정권 말기까지 국가기구 내부에서 안기부는 노동통제의 기본전략을 기획하고 실행하는 핵심 역할을 수행했으며 제반 사안들에서 강력한 영향력을 행사하였다.

또 관계기관 대책회의를 매개로 반공 이데올로기와 억압적 통제장치들을 동원하는 통제방식은 확대된 규모로 재생산되었다. 또 전노협 와해대책에서 나타나듯이 민주노조 자체를 전면적으로 부인하는 전략적 목표도 바뀌지 않았다.

그 결과 1989년의 공안정국과 공안합동수사본부 운영, 1990년 전노협 와해대책 수립과 실행, 1991년 대기업 연대회의 해체 등 커다란 사안들에서 전통적인 통제전략은 되풀이되었고 일정 정도의 성과를 달성하기도 하였다.

다만 통제의 규모가 훨씬 커져 대규모 공권력 동원이 필요했으며, 통제의 결과나 효과가 완전하지 않았다는 점에서 차이가 있었다. 또 낡은 반공 이데올로기와 함께 새로이 경제위기 이데올로기나 법과 질서 이데올로기 등이 개발되기도 하였다.

이는 헤게모니적 배제전략의 요소들이 이 시기에 새로이 도입된 것을 의미한다.

이 헤게모니적 배제전략이라고 하는 것은 노동운동을 탄압하는 데 있어서 간접적인 방식을 사용한다는 것이지요.

전체적으로 평가해 보면 1987년 이후 안기부의 노동문제 개입은 대체로 실패로 귀결되었다. 우선 민주노조를 해체하거나 와해한다는 목표는 거의 이루어지지 못하였다.

예컨대 현대중공업 노조처럼 노조 지도부를 거의 구속하거나 사업장에서 격리하여 쟁의를 진압했으나 다시 새로운 민주노조가 성립하는 문제가 계속되었던 것이다.

이는 전노협 와해대책에서도 마찬가지였다. 1989년 하반기부터 1991년까지 집중된 억압적 통제로 전노협 조직 자체는 크게 약화되었다. 그러나 이는 1991년 이후 대기업 연대회의 등 대사업장 노조와 업종별 사무직 노조, 전노협 중심의 제조업 민주노조가 연대하는 중요한 계기로 작용하였다. 최소한의 자주적이고 민주적인 노조 운영마저 봉쇄하고 노사협력주의를 강요하는 억압적 통제는 전노협만의 문제는 아니기 때문이었다.

결국 안기부의 개입은 1995년 말 민주노총 결성으로 이어지는 민주노조의 흐름을 막을 수 없었다.

("좀 천천히 하세요, 천천히" 하는 의원 있음)

("못 알아듣겠어. 천천히 하세요, 시간 많으니까" 하는 의원 있음)

더 나아가서 안기부의 억압적 노동통제는 장기적으로 국가 노동통제의 정당성을 약화시키는 중요한 한계를 갖고 있었다. 이 점은 민주화 이전 시기의 억압적 통제와 결정적으로 구별되었다.

1987년 이전의 억압은 권위주의 국가 정치의 조건에서 정상적인 것이었다. 그러나 정치적 민주화가 시작된 이후 그것은 5공 정부의 정치적 정당성을 구조적으로 잠식하는 효과를 발생시켰던 것이다.

자유화되기 시작했던 시민사회는 낡은 방식으로 억압을 지속하던 정부의 통제를 비난하고 민주노조와 연대하였다. 또 ILO, OECD 등 국제기구들의 정치적 압력도 계속되었던 것이다.

결국 끊임없이 국가권력에 패배했던 민주노조 운동이 승리할 수 있었던 배경에는 이와 같은 국가 억압의 구조적 문제점이 작용하였다. 그것은 1987년 노동체제라는 독특한 모순구조를 야기한 핵심적 요인이 되었다.

마지막으로 중정·안기부의 노동 억압은 한국사회에서 이른바 민주노조라는 독특한 성격의 독립 노조운동을 발생하게 한 중요한 요인이기도 하였다.

1980년대 후반에 이르러 한국의 민주노조 운동은 서구의 노동연구자와 노동운동가들이 주목하였던 대표적인 제3세계 노동운동 중 하나가 되었다. 1970년대 후반 이래 전 세계적으로 노동운동은 크게 약화되는 흐름 속에 있었다. 이런 상황에서 한국 민주노조 운동의 급속한 발전은 매우 예외적인 현상이었기 때문이다.

서구와 국내의 연구자들이 주목하는 민주노조 운동의 특성은 민주성, 자주성, 연대성 등이었다. 노조를 조합원 의사대로 운영하며, 사용자나 국가 등 외부의 지배개입을 강하게 반대하는 특성이었다. 또 일본 기업노조와 같이 기업단위 개별노조의 자족적 활동에 머무르지 않고 끊임없이 연대를 확대하는 성질을 주목한 것이었다. 이와 같은 민주노조의 속성들은 중정과 안기부의 노동통제 방식과 긴밀히 연관된 것이며 그 결과로 나타난 것이라 해도 무방하다.

특히 그것은 권위주의 국가 통제의 핵심적 요소였던 기업별 노조체제의 강제와 관련된다. 앞서 보았듯이 중정과 안기부는 노조가 외부와 연계되거나 연대하는 것을 집중적으로 통제하였다. 그 외부는 노동운동 지원단체이든 다른 노조나 상급노조이든 마찬가지였다.

결국 민주노조들은 국가의 강력한 지원을 받는 사용자 단체와 교섭할 때 현격한 역량 격차를 경험하게 된다. 기업단위 노조 조합원의 지지와 협력 외에는 기대할 수 있는 권력자원이 전혀 없게 된 것이다.

이런 구조적 조건으로 말미암아 노조는 사업장 내 조합원의 의사를 민주적으로 수렴하고 대표하는 데 전력을 기울이게 되었고 그것은 민주성으로 표현되었다. 그리고 자주성도 마찬가지로 국가의 억압적 통제의 산물이었다.

앞서 본 바와 같이 수출주도 경제성장이라는 경제적 목표에 순응하도록 하기 위해 국가는 기업노조의 모든 활동을 감시하고 개입하였다. 그리고 국가가 사용자의 전횡과 저임금·장시간 체제를 묵인하는 노사협조주의 이념을 강요하였던바 그 결과 어용노조만이 살아남을 수 있었다.

결국 사용자와 협조주의 노조 그리고 국가권력이 결탁해서 유지했던 이 어용노총 체제에 대한 반발이 민주노조를 발생시키고 유지한 주요한 동력으로 작용하였던 것이다.

중정과 안기부는 일상적으로 노동현장에 개입했다

연대성 또한 국가 억압의 직접적 산물이었다. 1970년대까지 느슨하게 나타났던 민주노조 간 연대는 1980년대 이후 기업별 노조가 강제조항으로 도입되고 국가 억압이 극도로 강화되는 조건에서 자연스럽게 나타났다.

그것의 가장 중요한 사례는 1985년의 구로동맹파업이었다. 여기서 나타난 모델은 1987년 대투쟁에서 자연스럽게 전국적인 현상으로 일반화되었고, 그 후 1989년 이후 국가 억압을 통해서 제도적으로 안착했던 것이다.

그것은 결국 개별노조로서 압도적으로 강력한 국가 억압을 막을 수 없다는 대중적 인식에 기초한 것이었다. 중정과 안기부의 억압적 통제는 역설적으로 민주노조들 간의 강한 연대정신을 확산시킨 주요한 요인이 되었다.'

저는 이게 굉장히 중요하다고 생각을 합니다. 이게 경제사회에서 굉장히 중요한 겁니다. 한국 경제 발전에 있어서 지금 굉장히 중요한 사안인 겁니다, 알고 계시는 분은 알고 계시고 지금 처음 듣는 분은 처음 들으시겠지만.

따라서 우리 개발연대 시대에 국가가 중앙정보부라고 하는 정보기관을 이용해서 노조를 결성하는 것을 방해해 왔고 노동 탄압을 해 왔다, 그것을 수십 년간 아주 조직적으로 해 왔고 그때그때마다 상태가 다르게 해 왔고, 지금 이 진실위 보고서가 얘기하는 것은 바로 그와 같은 안기부의 개입에 의해서 우리 노동단체들은 연대를 굉장히 중시하고 자주성을 중시하는 그런, 지금 민주노총이 그래서 탄생이 된 거예요.

민주노총이라고 하는 지금의 저 노조—한국노총도 마찬가지입니다마는—민주노총이 생기면서 한국노총이 다시 연대하게 됐고, 바로 민주노총·한국노총이라고 하는 한국의 노동구조 자체가 바로 중정과 안기부의 산물이다라는 것을 이 진실위 보고서가 얘기를 하고 있는 겁니다.

이 진실위 보고서의 노동 분야의 결론 부분을 몇 페이지 안 되니까 그러면 이번에는 천천히 읽도록 하겠습니다.

'본 진실위의 노동 분야 조사활동 목표는 권위주의 정권 시절 노동조합운동을 불순세력으로 규정하고 노동통제를 정당화하는 과정에서 어떻게 일반 노동자의 기본권을 침해하였는지 그 실태를 확인하는 것이었다.

과거 중정과 안기부는 법적권한 여하를 막론하고 정보수집 및 조정활동의 과정에서 일상적인 노동통제와 개입을 한 측면이 있다. 중정·안기부뿐만 아니라 권위주의 정권은 청와대, 노동부, 검찰, 경찰, 보안사 등 범정부 차원에서 노동 대책회의나 관계기관 대책회의 등을 통하여 노동문제를 다루어 왔다.

당시의 대책 방안에 의하면 중정·안기부가 노동운동을 국가안보 또는 정권안보를 위협하는 요소로 인식하면서 노동문제에 대응해 왔음을 자료를 통해 확인할 수 있었다.

본 보고서는 중정·안기부의 노동운동에 대한 구체적 정보수집과 조정활동 실태와 양상을 살펴봄으로써 비민주적이고 탈법적인 방법으로 행해졌던 통제의 실상에 최대한 접근하고자 하였다.

본 진실위에 주어진 제한된 활동시간과 자료 그리고 정보기관의 특수성으로 인해 불가피했던 보안 문제 등 조사활동에 어려움은 있었으나 그동안 제기되었던 중정·안기부의 노동운동에 대한 개입·통제 의혹을 국정원 보존자료를 통해 확인할 수 있는 성과를 얻었다는 점에서 큰 의미가 있다.

결론적으로 말하면 그동안 의혹만으로 제기되어 왔던 중정·안기부의 노동운동에 대한 정보수집과 조정활동 실태를 국정원이 보유한 문서를 통해 확인하였다는 점과 그러한 사례 중 노동운동에 대한 정보기관의 평가와 분석 등은 그 자체가 훌륭한 역사적 자료로서의 가치가 충분하다고 생각한다.

이번 조사활동 과정에서 나타난 한계는 보고서에서 다루어진 노동운동에 대한 정보수집과 조정활동에 대한 사례가 실제로 존재하는 많은 사건들의 단면일 뿐만 아니라 알려진 사안 중심으로 자료를 검색하여 조사를 진행하여 국정원 내부문서 중에서도 극소수에 불과하다는 점이다. 또한 제한된 시간과 접근의 한계성 등으로 인하여 몇 가지 사례를 중심으로 조사를 진행할 수밖에 없었던 한계점이 있다.

이러한 한계에도 불구하고 진실위가 조사활동을 통해 확인한 결과는 다음과 같다.

첫째, 중정·안기부의 노동운동에 대한 정보수집·조정활동을 통하여 노동문제와 관련하여 비록 체계적이라고는 할 수 없지만 지속적으로 자료를 축적하여 온 사실을 국정원에 보존된 문건을 통해 공식적으로 확인하였다는 것이다. 이는 조사활동을 통해 객관적인 자료로 확인되었다는 의미를 가진다.

둘째, 노동운동에 대한 정보수집과 조정활동을 통한 노동통제가 전방위적으로 이루어졌다는 사실을 확인하였다.

5·16 쿠데타 이후 군사정부에 의한 노동계 재편 과정에서 구체적이고 중요한 역할을 수행하였다. 특히 한국노총 상층부에 대하여 영향력을 행사하기 위해 지속적으로 노총 선거에 개입하기도 하였다.

한편 정부의 노동정책에 반하는 민주노조의 활동과 이를 지원하는 도시산업선교회 등 종교계 활동을 적극 차단하기 위해 내사 수사계획을 마련하여 실행하였다. 이 과정에서 안보·반공 이데올로기를 자극하고 확대하여 문제 해결에 활용하기도 하였다.

셋째, 크리스천 아카데미 사건과 같이 반공법이나 국가보안법이 적용된 소위 조작사건을 통해 노동운동 등 정부정책에 비판적인 세력을 통제하기도 하였다.

크리스천 아카데미 사건은 수사과정에서 형사소송법상 적법절차가 지켜지지 않는 등 인권침해 행위가 일부 있었고, 기소과정에서 무리한 법 적용과 확대해석으로 인해 사건의 실체가 과대 포장되었던 것으로 확인되었다. 중정은 크리스천 아카데미 사건을 확대·홍보함으로써 아카데미의 노동운동에 대한 영향력을 차단하기도 하였다.

넷째, 중정·안기부는 일부 개별 사업장 내 활동가에 대해서 물리력을 포함한 다양한 순화·견제·포섭 활동을 실시하거나 노조 등 노동운동 조직에 대한 와해활동을 추진하였다.

특히 산업평화 저해, 불순 노동운동에 의한 외부세력 차단 명분하에 기업, 노동부, 경찰 등의 상호 정보교류 속에서 블랙리스트를 활용, 해당 근로자에 대한 동향감시 및 재취업 제한조치 등으로 지속적으로 관리했을 뿐만 아니라 취업알선 등 회유전략을 통해 민주노조 사업장과 주요 활동가에 대한 감시·사찰 등 조직 와해활동을 한 것으로 판단된다.

다섯째, 1989년 청와대에서 있었던 전교조 대책문건과 국정원 보유 문서를 보면 전교조 문제를 공안대책 차원에서 다룬 사실을 알 수 있다. 당시 안기부는 전교조 가입 교사에 대한 탈퇴공작을 추진하고, 복직교사나 신규 임용교사들에 대해 대학 재학 중 시위 주도 전력이나 불순단체 관련자들을 색출하여 대상에서 제외시키는 대책을 제안하고, 전교조에 대한 색깔공세와 홍보방안 등 주요 대책을 제시하면서 조직확대 방지, 조직 탈퇴 등을 목표로 정부정책 실현에 앞장서 왔다.

여섯째, 안기부는 전노협, 대기업 연대회의 등 법외 노동단체에 대하

여 수집한 정보를 기초로 여러 가지 대응방안과 지침을 마련하여 유
관부서에 지속적으로 통보하면서 추진작업을 점검하고 관여하였다.

또한 국정원 보유문서에 의하면 전노협 탈퇴 홍보를 위해 한국노총을
통해서 각종 신문에 확대보도를 요청하고, 방송에 대해서는 방송사
에 기자회견 촬영분을 지정날짜에 방송하도록 하는 등 언론홍보를 통
한 조직 탈퇴 및 와해 활동을 추진하였다.

일곱째, 안기부는 관계기관 대책회의 등을 통해 위장취업자 임투대책
등 노동정책을 조율하였고, 주도적으로 공안합동수사본부를 구성하
여 노동문제에 깊숙이 개입하였으며, 노동문제를 국가안보 차원에서
시급히 해결해야 할 과제로 인식하여 노사화합이라는 명분을 내세워
민주노동운동 위축을 위한 다양한 활동을 전개하였던 사실도 확인되
었다.

마지막으로 지난 권위주의적 정부하에서 중정 및 안기부 등 국가정보
기관이 정부활동의 중추적인 역할을 수행하는 과정에서 노동자들의
생존권 요구를 정권의 위기상황 및 체제의 도전으로 인식, 노동운동
을 불순세력의 지원에 의한 체제전복 활동으로 규정하고, 이에 대하
여 개입·통제를 하는 과정에서 공권력 남용으로 인권을 침해한 경우
가 적지 않았던 것으로 판단된다.

과거 중정·안기부 시절 국가수반이 정권 유지를 위하여 각종 정보를
수집·사용하여 온 과정에서 악용된 측면이 없지 않다. 또한 국가정보
기관 내부의 조직팽창 욕구와 오랜 활동 관성에 따른 경직적 사고가
노동 개입을 관행화해 온 측면도 있다.

이에 국정원은 지난날의 과오를 되풀이하지 않도록 철저한 자기반성과 함께 재발 방지를 위한 제도적 장치를 마련하는 등 필요한 조치를 취해 나가야 한다. 이를 통해 향후 모범적인 정보기관으로서 국민의 신뢰를 받아 국민에게 충실히 봉사할 수 있는 기틀을 세워야 할 것이다.'

여기 지금 중요한 구문이 있습니다. '당시 노동문제를 국가안보 차원에서 시급히 해결해야 할 과제로 인식하여 노동운동에 개입했다' 이런 얘기지요.

테러방지법을 노동활동에 악용할 소지가 없는가

저는 지금 새누리당에 묻고 싶은 겁니다. 박근혜정부와 새누리당은 지금도 노동운동이 국가안보 차원의 중요한 문제라고 생각하시느냐, 지금 국정원이 바로 이 노동운동을 안보 차원의 문제로 생각하느냐 이것이 굉장히 중요한 문제가 되는 겁니다.

지금 여기서 얘기한 대로 한국의 노동운동에 있어서 이렇게 수십 년간, 거의 5·16 쿠데타 이후에 지금 90년대 문민정부 이후까지도 노동운동에 대해서 안기부가 이렇게까지 개입을 했는데 이 사고방식이 바뀌었느냐? 박근혜정부는 이 사고방식이 바뀌었고, 새누리당은 이 사고방식을 바꿨느냐······

그러면 질문은 뭐냐면 지금 노동활동이 이 테러방지법에 의해서 악용될 소지는 없느냐, 이 질문을 저는 하고 싶은 겁니다. 이렇게 수십 년간 국정원이 뿌리 깊게 노동운동에 개입해 왔는데 지금 이 테러방지법을 악용해서 할 그런 여지가 없겠느냐, 거기에 대해서 대답이 필요하다, 저희는 이렇게 생각을 하는 겁니다.

이건 저 개인적인 생각입니다. 이명박 정부, 박근혜정부에 대해서 대단히 안타깝게 생각하는 건 이겁니다. 지금 계속 얘기가 나옵니다만 국정원이 이렇게 불법적인 일들을 엄청나게 했다는 것을, 참여정부가 들어서서 이 문제를 어떻게 해결할 것이냐, 그러면 그 모든 과거에 대해서 다 처단할 것이냐, 그렇게 하지 않았다는 겁니다. 진실위원회를 만들어서 과거에 대해서 국정원 스스로 성찰하고 다시는 이런 일을 하지 않아야 되는 기구로 재탄생하도록 했다는 겁니다. 그걸 지금 거꾸로 가고 있다는 겁니다.

("진실위에 협조를 했잖아요" 하는 의원 있음)

그러니까 그때 진실위가 이렇게 했으면 국정원은 그야말로 국가정보기관으로서 거듭났어야 되는 건데 국정원은 그 이후에 다시 예전으로 돌아가서 온갖 불법을 자행하고 있다는 겁니다. 역사를 지금 퇴행시킨 겁니다. 그러니까 제가 지금 던지는 질문이 이거지요. 그러니까 우리 보수정부의 이분들이 옛날 생각을 그대로 유지하고 있는 것 아닌가……

("아니, 홍 의원님 비약을 해도 너무 심하게 하잖아, 그건. 80년대처럼 지금 국정원이 온갖 만행을 저지르고 있어요? 국정원이 요즘 고문한다는 증거 하나 대 봐요" 하는 의원 있음)

그러니까 이분들은 지금도 국정원이 노동운동에 개입하는 것에 대해서 괜찮다고 생각하시는 것 아닌가, 아까 제가 말씀드린 대로 지금 이분들은 아직도 노동운동을 국가안보의 중요한 위협수단으로 생각하는 것이 아닌가, 따라서 바로 이분들은 노동운동은 정부의 탄압 대상으로 생각하는 것이고, 따라서 이분들은 아까 유엔의 조사관이 얘기했다시피……

("홍 의원님, 국정원 가서 고문 받아 본 적 있어요?" 하는 의원 있음)

("의장님도 제재해 주세요!" 하는 의원 있음)

계속 노동운동에 대해서 탄압을 하고 있는 거고, 바로 그러한 일련의
과정……

("아니, 나는 국정원 가서 고문이나 구타 받아 본 사람이에요. 요즘은
고문도 그렇게 안 해요" 하는 의원 있음)

("발언 신청해서 하세요" 하는 의원 있음)

제가 오늘 말씀드리고 싶은 것은 바로 이겁니다.

박근혜정부와 새누리당은 바로 예전에, 70년대 군사독재 시절 그때의
정부와 무엇이 다른가, 그때처럼 오직 재벌만을 위해서, 오직 재벌이 투
자하면 경제가 잘산다, 그리고 안보위협에 대해서 계속 협박을 하면서
그러면서 양극화를 부추기는 이런 정책을 취했던 그때와 지금 무엇이
다른가, 저희는 그렇게 해서는 경제가 성장하지 못한다고 생각해서 민
주화의 거대한 흐름을 우리 국민들과 함께 만들어 왔고, 그 거대한 흐
름을 저희는 지금 믿고 있습니다. 민주화가 진전되면 진전될수록 경제
가 발전하리라고 믿고 있습니다.

그런데 지금 새누리당과 박근혜정부는 그렇지 않은 것 같다는 것을 제
가 말씀드리는 겁니다. 이것이 지금 제가 말씀드린 일련의 과정, 그러니

까 작년에서부터 지금 죽 내려오는 사회적 대타협이라고 하는 어마어마한 성과를 여야가 합의해서 이루었는데 갑자기 대통령 한마디에 그것은 없던 일로 돼 버리고, 그래서 재벌연금이 좋아지고 공적연금은 무력화되고, 그러면서 계속적으로 공적연금을 무력화시키는 그런 작업을 지금 하고 있고 바로 공적연금을 무력화시켰던 그 장관을 지금 국민연금 이사장으로 만들고 바로 이와 같은 과정, 그리고 노동운동에 대해서 계속적으로 탄압하고 노동을 계속적으로 유연화하겠다고, 지금도 해고가 많이 돼서 온 국민이 불안에 떨고 있는데 더 많이 해고시키겠다고 하는 그 사고방식은, 이건 전적으로 해석될 수 있는 건 딱 하나다. 70년대처럼 오직 재벌만을 위한 경제를 하기 위해서 그런 것이다.

그리고 지금 말씀드린 대로 역사를 보게 되면 그렇게 해서 정경유착이 된 정부가 언론 통제를 하게 되고 그렇게 해서 정경유착을 하게 된 정부는 언론이 자유롭게 얘기한, 국민들의 자유로운 의사표현이 되게 되면 바로 그 문제가 드러나니까 국민의 인권을 억제하는 방향으로 갈 수밖에 없는 것이고, 그것이 극단적인 방향으로 가면 히틀러처럼 나타나게 되는 것이고, 그것이 미국의 보수정부 대공황을 야기했던 그런 정부의 모습으로 나타난다는 것을 제가 말씀드리고 싶습니다. 그래서 저는 박근혜정부의 이런 모습을 역사적으로 판단해 볼 때 지금 대단히 우려가 된다는 말씀을 드리는 겁니다.

농민이 물대포를 맞고 사경을 헤매는데 한마디도 사과하지 않는 정부

자, 노동에 대해서, 노동자는 기본적으로 경제적 약자 아닙니까? 특히 한국에서는 더더군다나 그렇습니다. 한국에서는 재벌이라고 하는 거대한 권력이 있기 때문에 그 거대한 권력에 맞서서 싸울 수 있는 노동자들은 거의 없는 겁니다. 그런 상황에서……

(김상민 의원 의석에서 — 의원님, 테러방지법하고 그게 무슨 상관 있나요?)

존경하는 김상민 의원님, 지금 국정원 얘기를 했지 않습니까? 국정원이 과거에 이렇게 오래 잘못된 일을 했는데, 그리고 지금……

(김상민 의원 의석에서 — 테러방지법에 대한, 그 반대에 대한 문제를……)

김상민 의원님 나중에 오셨잖아요. 아까 그런 얘기를 죽 했단 말이에요. 지금 국정원 진실위 보고서 얘기하면서 이렇게 됐는데 박근혜정부가 그걸 거꾸로 가고 있고, 국정원이 지금 온갖 불법을 자행하고 있고 그걸 처벌하지 못하는 상황에서 국정원에다가 더 강력한 권한을 주자고 하는 것이, 저는 그렇게 얘기하는 거예요. 국민들이 볼 때 이것이 과연 테러를 방지하기 위한 것이냐……

(김상민 의원 의석에서 — 그러니까 그게 지나친 비약적인 말씀을 하시면……)

그래서 제가 말씀드렸어요. 새누리당은 답해라, 만약에 진짜로 새누리당이 주장하는 것처럼 외국인 테러리스트만 대상으로 하는 거라면 지금 그것에 의해서 법 만들 수 있다. 그런데 그게 아니지 않냐, 그러면 노동운동을 대상으로 하지는 않는다는 답을 달라는 거지요. 그걸 못 주면서 다른 얘기를 계속하시면서 테러방지법하고 관계가 없다고 얘기를 하시면, 저는 답을 달라는 겁니다.

지금 유엔의 인권보고서에도 나와 있다시피 지금 농민들이, 박근혜 대통령이 쌀값 올려준다고 공약했는데 그 공약 지키지 않는다고 나와서 데모한 것이 그게 물대포를 맞아서 저렇게 사경을 헤매는 그럴 일이냐 이거지요. 그런데 박근혜정부는 그걸 하고서 지금 백남기 농민이 저렇게 오랫동안 사경을 헤매고 있는데 단 한마디 사과를 하지 않는다는 거지요.

이것이 바로 박근혜정부가 그동안 가져 왔던, 제가 얘기하는 것은 바로 70년대와 무엇이 다르냐, 재벌의 이익을 대변해서 모든 것을 다 그렇게 강압적으로 하는 그것과 무엇이 다른가 하는 얘기를 저는 끊임없이 드렸고, 존경하는 김상민 의원님은 아까 못 들으셨겠지만 이것이 역사적으로 바로 그렇게 독재국가들이 경제적 불만에 의해서, 경제불황 시기에 국민들의 불만을 해소하는 방법이었다고 하는 얘기를 제가 드린 겁니다.

박근혜정부가 바로 그와 같은 길로 가는 이런 모습들이 자꾸 보여서 저는 대단히 안타깝게 생각한다는 말씀을 드리는 겁니다. 제가 생각하는 정보기관의 역할을 다시 한 번 말씀드리겠습니다.

지금 이게 아까 IT산업하고도 관계가 되는데요. 정보기관은 즉각적으로 정치 개입에서 손을 떼야 됩니다. 그리고 정치 개입한 것에 대해서 철저하게 단죄가 이루어져야 합니다.

정보기관이 이렇게 정치에 개입하는 것은 정말 후진국 중의 후진국에서만 있을 수 있는 일이거든요. 그런데 지금에 와서 보니까 이 정보기관, 그러니까 우리 진실위에서 이렇게 정보기관을 개혁하겠다고 보고서를 만들어 놨는데 결국 또 옛날로 돌아갔다고 하는 것은 '이 정보기관에 대한 근본적인 개혁이 필요하구나' 하는 것들을 우리 국민들이 깨닫게 되는 거고요.

그러니까 저희가 얘기하는 것은 지금은 그 정보기관에 대해서 권한을 줄 때가 아니라 그 정보기관이 정말로 국가의 그런 위협적인 것을 제대로 정보수집을 하고 과학적으로 대처할 수 있는 기관으로 거듭나도록 우리가, 정부가, 박근혜정부에서 이런 이상한 것들은 중단을 해야 되지 않나 하는 것이 저희의 생각입니다.

지금 테러방지법에 대해서 테러를 방지하겠다는데 누가 반대하겠습니까? 저희도 반대를 하지요. 아, 저희도 테러방지법을 만드는 것에 대해서 찬성을 하는 거지요.

그런데 그것 만들면서, 지금 문제가 되는 국정원의 그런 문제들을 해소할 수 있는 모든 수단을 쉽게, 아주 쉽게 만들 수 있고요. 저희가 그 수준도 안 되면서도 지금 미미하지만 타협안을 받겠다고 얘기를 했음에도 불구하고 여당에서는 지금 도저히 타협하지 못하겠다 하고서 지금 공포의 정치, 겁박의 정치를 하고 있는 것 아니겠습니까? 이게 지금 다수당의 힘을 믿고 그렇게 하는 거지요.

그러니까 저희가 계속 말씀드렸다시피 이번 테러방지법이라고 하는 것 자체가 바로 선거를 앞둔 정치 공세였다는 얘기를 계속 드리는 겁니다.

저는 아까 말씀드린 대로 우리가 문제를 해결한다, 테러에서 지금 가장 문제가 되는 것이 무엇인가 하는 것들에 대해서 우리가 열심히 지금부터 찾아보고 대처를 하게 되면 그런 건데요. 제가 계속 말씀드렸다시피 우리 국가기관 전부가 이런 노력들이 굉장히 부족합니다.

할 일은 안 하고 도·감청 권한만 더 달라는 국정원

그래서 예를 들면 아까 공항의 경우에, 공항 한번 가서 누구라도, 보안전문가가 가서 점검을 해 보면 거기 얼마나 많은 문제가 있는지 쉽게 알 수 있습니다. 그리고 지금 보안전문가들의 입장에서 봤을 때 보안전문가들이 지금 테러의 위협요인들, 그 사람들이 어디서 들어오고 그리고 어디에서 지금 활동하고 이런 것들에 대해서 정보를 지금부터 수집해 들어가야 되는 겁니다.

그런 것들에 대해서는 전혀 하지 않으면서 도·감청 권한만 더 달라 이렇게 얘기하는 것이, 그리고 실제로 지금 국정원에서 계속 얘기하면서 IS 대원들이 몇 명이 국내에 들어왔다 나갔다, 들어왔다 나갔다 이런 얘기합니다. 그러면 IS 대원이 들어와서 그렇게 됐다는 그런 수많은 정보를 어떻게 왜 한국의 국정원은 꼭 나가고 나서야 아는지 저는 납득하기 좀 어렵다는 거지요. 그러면 IS 대원이 들어와서 그것에 대해서 합당하게 조치를 취한 적이 있느냐, 그런 데 대해서 저는 의문을 갖게 된다는 겁니다.

이제 아까 말씀드린 대로 지금 한국경제를 조금 더 저는 얘기를 해야 되겠는데요. 국가경제가 지금 파탄 상황이다. 그러니까 박근혜정부에서 이걸 해야 되는데 이걸 지금 제대로 안 하고 있다. 그러면 얼마나 파탄이냐? 제 개인적인 말씀을 좀 드리자면 한국경제가 무너지는 것은 지금 시간문제다. 왜 그런가 하면 지금 이해가 안 가는 것 아닙니까? 현대자동차가 지금 전 세계적으로 전기차 시장의 경쟁이 그렇게 굉장히 치열한데, 그런데 현대자동차가 난데없이 10조 원을 들여서 강남의 땅을 딱 사요. 그러니까 전 세계에 있는 자동차 분석가들이 놀라는 것 아닙니까? '한국은 지금 어디로 가려고 그러나'. 그러니까 제가 생각할 때 한국의 자동차 산업이 앞으로 몇 년 후에 무너질 것 같다는 생각이 들지 않을 수 없는 거지요.

이미 상당수 기업들이, 아까 수출에서도 보여 드렸습니다마는 사실상 상당수 산업이 이미 중국한테 우리가 먹혔습니다. 조선산업이 그렇고요, 그다음에 중화학공업도 그렇고요.

그러니까 이런 것들에 대해서 지금 중국이 우리의 경쟁력을 다 갉아먹고 있는 상황인데 지금 한국의 재벌들이라고 하는 것은 바로 그렇게 전 세계적으로 나가서 경쟁을 하려고 하는 것이 아니라 바로 정부에게 자기네가 요구하는 것들, 지금 그런 재벌의 요구에 맞지 않는 노동이라든가 소비자운동이라든가 이런 사회적인 불만, 대중의 불만 이런 것들에 대해서 대처하는 것만 급급해 하고 있는 것이 아닌가 이런 생각이 드는 겁니다.

바로 그 결과는 정경유착에 의해서 재벌은 나가서 열심히 일할 필요가 없는 거지요. 그렇게 열심히 일해 봐야 그것보다, 그것 힘들게 해 갖고 성공할지 실패할지 알 수 없는 상황이지요. 그런데 정부하고 잘만 해서 자기네들한테 유리하게 규제를 딱 만들어 놓거나 혹은 이렇게 해서 특혜를 받게 되면 그러면 수없이 많은 돈을 아주 손쉽게 벌 수가 있습니다.

그러니까 지금 정부를 설득을 해서 노동개혁을 딱 하게 되면, 그러면 노동개혁을 해서 해고를 쉽게 한다, 그러면 임금 인상이 어려워지니까 재벌들의 입장에서는 또 엄청난 돈을 남기게 되겠지요.

이것이 바로 한국경제를 좀먹는 거라는 거지요. 그러니까 재벌들이 경쟁력을 높이는 것이 아니라 이렇게 손쉽게 돈을 벌려고 하고 그러는 사이에 하나씩 둘씩 한국 재벌들은 무너져 간다.

그러면서 바로 그렇게 재벌들이 쥐어짜기를 하다 보니 중소기업이나 노동자들이나 이런 데서는 기술 축적이 안 되는 거지요. 기술 축적이 이렇게 안 되는 상황에서 자꾸 기술력이 떨어지고, 그런데 중국하고 개방은 자꾸 되니까 그렇게 떨어져서 우리 기업들은 다 무너지고, 그러니까 점차적으로 또 소비자에 대한 구매력이 떨어지니까 모든 사람들이 경제가 어려워지고, 이게 지금 악순환이 반복된다는 것이지요.

이것은 역사의 교훈입니다. 즉 보수 정부가 들어서면 이렇게 노동을 탄압하고 재벌을 지원하고 바로 이렇게 공안통치를 하게 됩니다. 바로 이와 같은 결과는 양극화가 심화되고, 그리고 그 결과는 항상 경제침체, 경제공황으로 왔다는 것이 바로 역사의 교훈이라고 하는 것이고 저는 그 말씀을 지금 드리는 겁니다.

박근혜정부의 이런 일련의 정책들이 지금 테러가 정말로 시급해서, 테러방지법을 이렇게 지금 굉장히 쉽게 타협할 수 있음에도 불구하고 타협하지 않고 있다는 것이지요, 다른 목적이 있기 때문에. 그리고 그와 같은 사례는 박근혜정부뿐만 아니라 앞선 보수 정부들이 그런 모습들을 보였다는 겁니다.

6. 규제개혁이 안 되는 진짜 이유

박근혜 정부의 경제민주화 포기

저는 지금 경제민주화를 위해서 국회에 들어왔고요. 그리고 4년이 지났습니다. 저는 거기에 대해서 굉장히 안타깝게 생각을 하는데요. 제가 와서 국회의원을 하면서 경제민주화 하러 왔으니까 뭔가 좀 성과를 냈어야 되는데 불행하게도 성과를 내지 못했습니다. 성과를 내지 못한 이유는 지금 말씀드린 대로 소수정당으로서의 한계가 있었고, 지금 새누리당과 박근혜정부의 그런 비타협 정치, 독단적인 정치에 의해서 지금 이렇게 되었다는 말씀을 드리겠습니다.

처음에 박근혜정부가 출범 초기만 하더라도 타협의 정신을 살려서 양당이 잘 타협하려고 했습니다. 그런데 제가 지금 기획재정위 조세소위에 있는데 지금 2년째 조세소위는 양당이 타협하지 못한 상황에서 국민의 세법이 결정이 됐습니다.

그 이유는 뭡니까? 세법이 그렇게 양당이 타협하지 않으면서 결정된 것은 심지어는 예전에도, 이명박 정부 때나 그 이전에도 없었다고 합니다. 그래도 세법은 중요한 거니까 최소한 양당이 타협해서 그렇게 해서 의결을 했다고 합니다.

그런데 2년 전부터 박근혜정부가 일방적으로 가게 되면서 지금 양당이 거의 타협하지 못하는 이런 국정운영을 하고 있습니다.

양당이 타협하지 못하는 이유는 간단합니다. 저희는 재벌들의 세금을 높이자고 하는 것이고요, 재벌들에게 세금 깎아 주는 것 깎아 주지 말자고 하는 것이고 대신에 지금 구매력이 필요한 서민들·중산층 여기에 대해서는 세금도 더 깎아 주고 그다음에 지원도 더 해 주고 이렇게 국정운영을 하자, 이 두 가지 커다란 흐름이 지금 부딪혀 있는데 그것도 그 상황에서도 양당에서 어느 정도 타협을 할 수가 있습니다.

그러니까 첫 연도 같은 경우에는 우리가 '재벌들 세율을 높이자'고 하니까 '그것은 새누리당의 근본적인 철학에 관계된 것이다. 그게 박근혜정부의 근본적인 운영기조에 관계된 것이니까 그것은 안 된다. 대신에 실질적인 효과를 내도록 하자' 해서 이른바 최저한세율, 당시에 한국의 재벌들은 세율도 낮지만 그 낮은 세율도 제대로 내지 않는, 그러니까 이런저런 비과세 공제 때문에 엄청나게 세율을 낮게 내서 그것 때문에 심지어는 삼성전자 같은 그런 대기업은 중소기업보다도 더 낮은 세율을 내고 있다, 이런 비판들이 많았기 때문에 그런 것들을 올리는 것으로 양당이 타협을 했습니다.

그러니까 처음에, 2013년도까지만 하더라도 그런 식으로 타협이 됐는데 그다음부터는 박근혜정부가 경제민주화를 포기하고 그리고 일방적으로 재벌 위주의 정책을 취하면서 이제 저희 입장에서 소수당이지만 그것을 막을 수가 없었고 그러다 보니까 지금 계속 타협하지 못하고 있는 그리고 일방적으로 지금 운영하고 있는 이러한 상황이라고 하는 말씀을 드리고 싶습니다.

어떤 정도가 됐느냐 하면요, 저는 그것이 박근혜정부에게 굉장히 아쉽게 생각하는 겁니다.

아까 말씀드렸다시피 박근혜 대통령이 열심히 국가를 위해서 일한다고 하는 충정을 제가 의심하지 않습니다. 그런데 문제가 되는 것은 지금 그런 합리적인 논의에 대해서 박근혜정부에서는 귀를 열어 놓지 않았기 때문에 박근혜정부의 국정운영에 심각한 문제가 있다는 겁니다.

그러고서 지금 새누리당 의원들은 상임위에서 거의 자기 의견을 얘기하지 않습니다. 그러니까 사실상은, 뭐 잘 돌아가는 위원회도 있겠지요. 뭐 있겠습니다마는 하여튼 기재위 같은 경우에는 새누리당 위원님들은 거의 자기 의견을 얘기하지 않고 이런 중요한 의견에 대해서 거의 기재부 국장쯤 될까요? 그런 국장이, 뭐 장관과 차관도 하겠습니다마는 그런 서너 명이 지금 대한민국 경제를 움직여 나가는 그런 셈이다, 여야 국회의원들이 이렇게 많고 그렇게 좋은 의견을 많이 내지만 그냥 기재부에서 합리적인 의견, 자기네들이 동의하지 않는다 그러면 그냥 잘라 버리는 이런 상황입니다.
예를 하나 들어 보겠습니다.

'한국 맥주가 대동강 맥주보다 맛이 없다'
이것은 테러방지법하고 관계가 없는데요. 그런데 지금 박근혜정부의 국정운영에 대해서 말씀을 드리는 겁니다.

제가 맥주법을 발의를 했습니다. 그것은 제가 발의하고 싶어서 발의한 게 아니라 어떤 분이 그러시더라고요. 이코노미스트 기자가 '한국 맥주가 대동강 맥주보다 맛이 없다' 그래서 저희 비서관이 '이게 문제가 있으니까 이것 법을 하나 내자'고 그래서 제가 '내지 말라'고 그랬습니다. 제가 '경제민주화로 국회에 온 사람인데 내가 지금 술이나 다루고 있으면 되겠느냐, 그러니까 그것 하지 말자', 그런데 우리 비서관이 '그게 아닙니다. 이것 중요한 겁니다. 이것도 경제민주화하고 관련된 겁니다' 해서 그 사태를 파악을 해 보니까 정말 어처구니가 없었습니다.

그 어처구니가 없는 것은 뭐냐 하면, 중소기업이나 이른바 하우스 맥주라고 하는—요즈음 '수제 맥주'라고도 부르고요—여기에 매기는 주세가 72%인데 이 주세가 대기업의 맥주에 비해서 2배, 3배를 붙이고 있었습니다.

그러니까 원가가 비싼 중소기업이나 하우스 맥주는 똑같은 맥주를 만들더라도 대기업에 비해서 2배, 3배 맥주세를 내고 있는데 이것은 잘못된 것 아니냐, 우리가 통상적으로 중소기업을 지원하기 때문에 중소기업의 세금을 싸아 주는 것은 있어도 어떻게 세금을 더 받느냐, 제가 국정감사 때 맥주들 죽 갖다 놓고 대기업 맥주에 대해서 한 캔당 삼백 얼마인데 중소기업 맥주는 700원에 달하는 그런 세금을 내는 걸 보이면서 이게 말이 되느냐, 그 합리성에 대해서는 아무도 의심하지 않았습니다.

그러면 이것 해결하자, 안 합니다. 그러더니 그냥 거지 떡 하나 주듯이 '홍 위원이 그렇게 얘기하니까 그러면 하우스 맥주에 대해서 그냥 5%, 10% 이 정도만 줄이도록 합시다. 그것도 세율을 낮출 수가 없으니 과세표준을 조금 줄여 줄 테니 그것으로 갑시다'……

하우스 맥주는 외부에 유통도 안 돼서 이게 말이 되느냐, 하우스 맥주라는 것이 외부에 유통되는 게 지금 미국에 하우스 맥주가 완전히 블루오션 시장이 되어서 미국에 지금 3000개의 하우스 맥주 회사가 생겨 있습니다. 거의 1년에 100개씩 회사가 생겨납니다.

그런데 우리나라는 맥주가 외부에 유통이 되지 않으니까, 그게 안 되니 그걸 유통시켜 달라, 제가 2년, 3년 빌고 빌어서 했더니 그것 간신히 하나 유통이 된 겁니다. 그런데 저는 유통 다 된 줄 알았더니 그것도 또 다른 카페로만 유통하게 되어 있고 슈퍼마켓에는 유통하지 못하게끔 이렇게 해 놨어요.

중소기업에서 맥주 만들고 그 앞에 있는 슈퍼에다가 갖다가 파는 게, 중소기업이 아니라 하우스 맥주, 그게 왜 뭐가 문제가 됩니까? 미국에서는 그렇게 하우스 맥주 가서 맥주 마시고 거기서 그냥 병에 담아서 집에 가서 먹는 겁니다.

그런데 그걸 못하게 지금 막고 앉아 있으니 이런 게 불합리한 규제지요. 이 불합리한 규제 풀자, 그러니까 박근혜정부에서 지금 규제를 풀자고 엄청나게 얘기를 하는데 그 규제 풀자고 하는 것은 전부 재벌을 위한 규제이지, 바로 이렇게 중소기업을 옥죄는 이런 규제를 풀자는 데는 박근혜정부가 끝까지 반대했습니다. 지금도 그래서 중소기업이나 하우스 맥주의 세금은 많이 낮추었습니다마는 거지 떡 하나 주듯이 그렇게 던져 주면서 지금 이런 상황이 되고 있는 겁니다.

저는 이런 게 너무나 답답합니다. 지금 맥주시장이라고 하는 것이 OB

하고 하이트 맥주 2개 회사가 거의 80% 이상을 장악하고 있는데요, OB 맥주는 지금 한국 회사도 아닙니다.

말로만 규제를 풀자는 박근혜 정부

제가 계속 말씀드립니다마는 우리가 외국 회사에 대해서 차별을 할 이유는 없지요. 하지만 외국 회사를 위해서, 지금 이 대기업 맥주 둘을 위해서 우리 중소기업 맥주 그다음에 하우스 맥주에 대해서 이렇게 규제를 계속하고 있다는 게 말이 안 되는데, 새누리당 위원님들도 '맞아, 맞아. 그렇게 하는 거지' 하는데 기재부 세제실장의 '안 됩니다' 한 마디에 그냥 다 이러고 있는 겁니다.

불행하게도 이게 지금 대한민국의 현실이고 이게 지금 새누리당의 현실이라고 저는 생각을 합니다. 바로 이와 같은 문제, 즉 일방적으로 재벌을 편들고 그 권한이 기재부에 들어가 있다 보니까 지금 합리성은 따지지도 않고 지금 이렇게 되어 있다. 이것을 제가 위험하게 생각하는 이유는 바로 이것이 1996년 상황하고 너무나 비슷하게 가고 있다는 겁니다.

모든 권한이 기재부에 몰려 있고 새누리당은 거수기로 전락하고 있고 대통령이 일방적으로 국정을 운영하려고 하고 이런 상황에서 재벌들만 자기의 이해를 넓혀가는 이것이 지금 한국 경제의 오늘의 현실이고 불행하게도 저는 이 얘기를 국회에 들어와서 4년 내내 했습니다마는 이런 얘기들을 언론에서 아무도 받아 주지 않고 있어서 오늘 이 필리버스터를 통해서 이런 얘기를 하게 되어서 저는 너무나 감사하게 생각을 합니다.

참 많은 분들이 국회의원이 좋은 직업이라고 얘기를 합니다. 제가 봐도

누리려고 하면 참 좋은 직업이겠지요. 국회의원 돼 가지고 여기 특권이 많다고 그러지만 저희가 그 얘기 들을 때마다 갑갑한 게 뭐냐 하면, 그런 특권을 누려 보지 못하고 있는 국회의원이 더 많기 때문에 저희는 굉장히 답답하게 생각합니다.

저는 국회에 들어오면서 그런 얘기를 했습니다. 국민의 얘기를 듣는 데 있어서 목소리 큰 사람 얘기를 듣는 것보다는, 보이지 않는다고 해서 그 사람이 없는 게 아니고 들리지 않는다고 해서 그 사람이 소리치고 있지 않은 게 아닌데 그거를 들어야 되지 않겠느냐……

목소리 큰 재벌이 있습니다. 재벌은 끊임없이 국회에 담당관을 두고 여기서 국회 대관업무를 한다고 이야기합니다. 그러면 그 재벌의 대관업무 담당자들이 끊임없이 국회의원들 만나면서 재벌들의 소원을 얘기합니다. 필요사항을 국회의원들한테 얘기합니다. 심지어는 자기들이 원하는 법이 있으면 그것을 로펌에다가 요청을 해서 법을 다 만들어서 국회의원한테 갖다 줍니다. 그러면 그 국회의원은 얼마나 좋습니까? 아주 멋있게 만들어진 법을 자기가 대표발의하게 되면, 그것이 통과되면…… 글쎄, 국회의원이 그 성적에 얼마나 연연하는지는 모르겠습니다마는 자기 발의 성적에도 들어가는 거지요. 이게 대한민국의 현실인 겁니다, 지금.

저는 보이지 않는 곳을 보려 했고 들리지 않는 곳을 들으려고 지난 4년간 뛰어다녔습니다. 너무나 힘들었습니다. 그렇게 힘들게 뛰어다니면서 사람들 만나고 그 작은 목소리를 듣고 보이지 않는 곳에 계시는 분들 만나서 얘기를 듣고, 그리고 제가 경제학을 했으니 그것을 통계로 잡아서 대한민국의 실상을 보고자 굉장히 노력을 했습니다만 실제로 제대로 되지 못해서 항상 아쉽게 생각을 합니다. 그게 제대로 되지 않는 이유는 뭐냐 하면 한국의 언론이 지금 제 기능을 하지 못하기 때문이지요. 저는 이게 굉장히 중요한 거라고 생각하고요.

이렇게 늦게까지 보시는 분들을 위해서 말씀을 드리자면, 제가 이 아이디어를 얻은 것은 만화영화 '호튼'이라는 게 있었습니다. 코끼리 나오는 만화영화였는데 이 코끼리가 어느 날 발견한 티끌이 하나 있었고 그 티끌 속에 아주 조그만 사람들이 살고 있었다는, 그래서 보이지 않는다고 거기에 살아 있는 생물이 없는 게 아니고 들리지 않는다고 해서 거기에 사람이 혹은 생물이 없는 게 아닌데 그것을 무시해 버리려고 하는 사람들이 있다 이런 얘기인데요. 바로 그게 제가 드리는 인권의 중요성과도 관계가 있다고 생각을 합니다.

인권침해, 필리버스터 하는 동안 우리 의원님들이 수없이 많이 얘기했고 저도 지금 여기 갖고 있는데 다 읽기가 너무 벅차서 지금 안 읽고 있습니다마는 그 인권침해를 당하는 사람들, 그 목소리 들리지 않습니다. 그 인권침해를 당하는 사람들 보이지 않습니다. 여러분들이 보지 않고 살면 그냥 안 보고 사는 겁니다. 평생. 하지만 인권침해를 당하는 그 한 사람은 그것으로 인해서 인생이 다 무너지고 거기서 헤어 나오지 못 하고 국가의 잘못된 권력에 의해서 완전히 피폐화된 그런 삶을 살게 되는 겁니다. 그렇게 살아 온 사람들이, 그렇게 피해를 입은 사람들이 우리 사회에 엄청나게 많고 그리고 왔던 것입니다. 그것 찾아 보지 않으면 보이지 않습니다.

슬퍼할 권리조차 주지 않는 이 나라

세월호의 그 말도 안 되는 일이 벌어져서 우리 꽃 같은 아이들이 그렇게 많이 죽었는데 그걸 슬퍼할 권리조차 주지 않는 이 나라 아닙니까? 그것 보지 않고 살면 안 보이지요. 그들의 목소리를 듣지 않으면 안 들립니다. 그 보이지 않는 것을 전파해 주는 게 언론의 역할인데 한국 언론은 그 역할을 하고 있지 않습니다. 그렇다고 해서 그 사람들이 없는 게 아닙니다. 그리고 어느 날 내가 그 사람이 될 수 있는 겁니다. 그래서 우리가 이것을 중시여기는 거지요.

한 달에 160만 원도 못 받는 사람이 대한민국 국민의 절반이다. 그것이 임금근로자의 절반이다 그 얘기를 보면서 우리는 깜짝 놀라는 거지요. 지금 그 사람들은 밥 먹을 게 없어서 편의점에 가서 김밥 하나, 삼각김밥을 가지고 끼니를 때우고 이러고 있는 것 아닙니까?

지금 이렇게 국정원의 잘못된 것에 피해를 입으신 분들 얼마나 많습니까? 안 보고 살면 안 보이는 겁니다. 하지만 그런 분들이 대단히 많고⋯⋯

제가 아까 이것이 굉장히 중요한 전기가 될 수 있다고 말씀드린 것처럼 바로 히틀러가 그렇게 인권유린을 하나씩 하나씩 하나씩 하다가, 처음에는 공산주의자들을 잡아 가뒀고 유태인도 잡아 가뒀고 이 사람은 노동운동 한다고 잡아 가뒀고 이렇게 해서 자기 반대세력을 다 잡아 가뒀던 그런 전례가 있습니다. 그리고 결국은 끔찍한 전쟁까지 일으켰습니다. 이것은 권력의 속성입니다. 권력이 자기가 잘못한 것을 하나씩 덮기 시작하면 점점점점 더 큰 잘못을 범하게 되는 것이고 그것이 결국에, 종국에는 어마어마한 비극으로 이어질 수 있다는 겁니다. 그런 면에서 우리는 굉장히 중요하게 생각을 해야 된다는 것이지요.

저는 경제민주화를 하러 국회에 왔지만, 경제민주화를 하면서 제가 내세운 정책은 경제민주화 햇볕정책입니다. 어떤 분들은 '이것 햇볕정책 아니야?'…… 그런데 우리 당의 김대중 정부에서 했던 그 정책은 햇볕정책, 그래서 북한의 외투를 벗기는 정책이고요. 제가 얘기하는 경제민주화 정책, 아까 말씀드린 대로 재벌의 그런 특혜, 특권 이런 것들을 낱낱이 밝힘으로 인해서, 국민들이 그것을 봄으로 인해 가지고 개혁을 하는 것을 제가 정책 우선순위로 삼아서 저는 거의 4년 동안 통계와 씨름하고, 그다음에 매일 국세청이나 각 기관으로부터 '통계 내놔라' 이것해서 통계를 내 놨는데 그렇게 만들어진 통계들이 국민에게 거의 전달이 안 됐습니다.

경제민주화 햇볕정책을 처음 얘기한 사람, 제가 햇볕정책이라고 말을 했는데요. 이 원조는 루이스 브랜다이스라고 하는 미국의 대법관이 얘기를 한 겁니다. 그래서 루이스 브랜다이스라고 하는 그 사람이 얘기한 것이 뭐냐 하면, 햇볕은 가장 좋은 살충제이며 전등은 최고의 경찰관이다. 그래서 도둑을 잡는 것이, 불을 밝게 켜 놓게 되면 도둑이 잘 다니지 못하게 되는 거지요. 우리가 좀 더 투명한 사회가 되면 될수록 테러리스트가 우리 사회에 발붙일 자리는 없습니다.

따라서 그런 정책을 여기서도 취해야 되는데 저는 그런 정책을 보지를 못합니다. 지금 현재 이와 같은 것이 제대로만 알려진다고 한다면 한국 경제의 문제점들이 낱낱이 보도가 될 것인데 지금 그렇지 못한 것을 다시 한 번 안타깝게 생각합니다.

그래서 제가 보는 바는, 지금 계속 강조해서 말씀드립니다마는 자본과 결탁한 정당, 정치집단이 역사적으로 항상 있었고, 그리고 거기에 대항하는 시민사회 집단 그리고 노동집단을 대변하는 정치집단이 있었고, 그것이 선진국에서 대체적으로 지난 100여 년 동안 그런 긴장관계가 유지돼 온 거고요. 한국에도 지금 그런 두 정당이 있다는 겁니다. 엄청난 차이가 두 정당 사이에 있고요. 저희가 생각하는 것은 유럽처럼 이 두 정당이 그 차이를 확인해 가고 서로 맞춰 가야 되는 것인데 지금 이런 후진적인 정치제도 때문에 제대로 된 정보가 우리 국민들에게 전달되지 않고 있다는 것이 제 생각입니다.

당연히 유권자들의 입장에서는 유권자를 위하는 정당을 지지해야 되는데 그 정보가 제대로 전달되지 않으니까 지금 강력한 스피커를 가지고 있는, 큰소리를 칠 수 있는, 재벌을 지지하는 그 정당의 목소리가 국민들에게 더 많이 전달이 된다는 겁니다. 따라서 이 문제를 해결하는 것은 각 시대에서 굉장히 어려운 과제였고요. 그래서 이런 의미에서 표현의 자유가 굉장히 중요하다, 그러면 자본과 대항하는 국민들의 목소리 그걸 어떻게 담을 것이냐 이것이 민주주의가 앞으로 발전해 나가는 데 있어서 굉장히 중요한 사항들이 아니겠는가 이렇게 생각을 합니다.

바로 그것을 억누르기 위해서, 바로 그렇게 자본에 대항하는 정치세력들을 억누르는 데 굉장히 중요한 기제가 정보통제, 그리고 이와 같은 공포정치, 그리고 이렇게 계속적으로 억압하는 정보정치라고 하는 것입니다.

그러면 어떻게 해야 되겠습니까? 자본에 대항하기 위해서 사람들이 나서야 되는 거지요. 그것이 한국정치에 있어서의 한 단계의 전환점이 마련될 하나의 전기라고 저는 생각을 합니다. 그러니까 지금 이런 거지요. 그래서 자본에 대항하는…… 대항한다기보다도 그냥 자기 권익을 지키려고 하는 사람들, 우리 유권자 한 사람 한 사람들 이 목소리들을 더 많이 담으려고 하는 정치집단 간의 싸움이 돼야 되는데 그게 아니라 자본의 목소리가 그 목소리를 다 눌러 버려서 자본을 지지하는 정당의 목소리만 국민들한테 제시하는 것이 오늘의 현실이다, 그러면 이 문제를 해결하기 위해서는 우리 국민들이 자본에 대항하기 위해서 좀 더 많은 목소리를 내야 된다는 것이 제 생각입니다.

정치혐오를 부추기는 언론

그리고 제가 국회의원이 돼 가지고 굉장히 답답했던 게 뭐냐 하면 정치를 혐오하게 만드는, 그러니까 언론에서 끊임없이 국회의원은 다 그놈이 그놈이고 다 나쁘고, 뭐 이런 표현들을 써서 정치를 혐오하게 만듭니다. 그러면 실질적으로 어떻게 되느냐 하면, 국회의원들이라고 하는 것은 지역 주민들의 목소리를 대변하는 것이고 그런 목소리가 여기 모여져서 국정에 반영되는 것인데 국회의원들의 목소리가 낮아지게 되면, 그러면 자본의 목소리만 커지게 되는 것이고, 그러면 자본이 통제하는 그런 사회가 되는 것이고, 바로 그렇게 지금 자본과 박근혜정부가 결탁한, 사실상 어떻게 보면 심지어는 박근혜정부가 자본의 지배를 받는 이런 형식의 모습이 지금 보이고 있다. 그래서 일각에서는 한국의 민주정치가 발전하기 위해서는 상당한 시간이 더 필요하다 이런 말씀을 하는 분들이 굉장히 많고요. 저도 그런 면에서 그렇게, 뭐라 그럴까요, 한쪽에서는 희망을 가지면서도 한쪽에서는 저도 굉장히 불안하게 생각을 해 있습니다.

저는 반면에 굉장히 낙관적인 생각을 갖고 있는데요. 그건 뭐냐 하면 우리 한국정치가 이렇게 지리멸렬하고 여러분이 보시는 것처럼 굉장히 재미가 없는데, 뭐 웃긴다고 그럴까요, 하여튼 거의 생산성도 없고 이런 것 같은데 제가 보니까 서구 국가들도 이런 과정들을 거쳤다는 거지요.

그리고 서구에서도 보면, 미국 민주당도 우리 더불어민주당처럼 굉장히, 뭐라 그럴까요, 취약한 시기를 굉장히 오랫동안 보냅니다. 아까 말씀드렸다시피 대공황이 오기 전에 세 번의 선거를 연거푸 지게 되는데 바로 이와 같은, 그러니까 자본의 조직력을 당해 내지 못하다 보니까, 그리고 자본의 도움을 받지 못하는 정당의 입장에서는 항상 분열하게 되고, 기반이 튼튼하지 못하니까요. 이런 것들이 과거 역사에서 보였고 그런 것들을 겪고 나서 미국은, 지금도 문제가 많습니다마는, 그렇게 한 단계 높은 단계의 정치로 갔다는 것을 저는 봤기 때문에, 그래서 현실정치에 대해서 굉장히 많은 분들이 굉장히 실망하지만 저는 실망하지 않고 다음 단계로 가기를 희망을 가지고 열심히 지켜보고 있습니다.

그런데 문제가 되는 것은 그다음 단계라고 하는 것이 일본처럼 갈 것이냐, 아니면 독일처럼 갈 것이냐, 아니면 우리가 미국처럼 갈 것이냐 이런 우리의 선택의 문제가 남게 되고요.

제가 굉장히 좋아하는 대통령이 미국의 루스벨트 대통령입니다. 그래서 제가 루스벨트 대통령, 1920년대에 대해서 연구를 많이 하게 되었는데요. 그 연구하게 된 이유는 뭐냐 하면 재벌이라고 하는 저 막강한 정치권력을 합법적으로 해체한 국가가 있는가 이것을 제가 굉장히 오랫동안 찾아다녔습니다. 왜냐하면 한국에서 재벌의 권력이 워낙 세기 때문에. 그리고 그걸 찾았는데 그 유일한 사례가 바로 미국의 루스벨트 대통령의 뉴딜입니다. 그러니까 루스벨트 대통령조차도 처음에 재벌과 아주 힘겨운 싸움을 해서 첫 4년 동안은 거의 정권이 흔들릴 정도가 됐고요. 다행히 재선이 되면서부터 자리를 잡아서 미국의 민주정치가 자리를 잡게 된 것이지요. 그러니까 루스벨트 대통령이 미국에서 4선 대통령이 됩니다. 아주 전무후무한, 대통령이 네 번 되신 분인데요. 그렇게 되면서 이제 미국이 보수와 진보, 공화와 민주가 균형이 잡혀 가는 거지요.

한국의 경우에는 아직 그 단계가 오지 않았고요. 그러면서 자본을 지지하는 정당이 지금 계속적으로 8년간 이렇게 집권을 해 왔기 때문에 양극화가 굉장히 심화되었고 그 심화된 양극화에 의해서 국민들의 고통은 굉장히 깊어져 가는 거지요. 이런 상황에서 경제위기가 왔을 때 국민들께서 아마 자각을 하실 거라고 생각을 합니다.

그전에 저는 우리 국민들이 자각을 해서 바로 이와 같이, 우리 국민들 하나하나가 갑자기 보이지 않는 사람이 됐고 들리지 않는 그런 목소리가 된 것을 다시 목소리를 찾고 모습을 찾아서 한국정치에 모습을 드러내야 된다고 생각을 합니다.

경제학은 평범한 남녀가 얘기하는 것

제가 좋아하는 루스벨트 대통령의 얘기들을, 연설문 중에서 몇 군데만 그냥 조금 읽어 보도록 하겠습니다. 지금 제가 말씀드리는 것처럼 최근에 루스벨트 대통령이 대공황 한복판에서 국민들에게 이렇게 얘기합니다.

'최근의 역사와 간단한 경제학을 살펴봅시다. 여러분과 저, 평범한 남자와 평범한 여자들이 얘기하는 것이 경제학입니다.'

우리가 지금 아는 것 아닙니까? 지금 대한민국의 온 국민이 먹고살기 어려운데 박근혜정부와 새누리당은 이상한 얘기를 하고 있지요. 여러분이 어려운 것은 지금 재벌들이 투자를 안 해서 그런 것이고, 따라서 우리가 재벌을 지원해서 재벌이 투자를 하게 되면 여러분이 잘살게 된다. 그런데 그게 말이 되느냐 여기에 대해서 루스벨트는 이렇게 답을 합니다.

'1929년 이전에 이 나라는 건축과 인플레이션의 거대한 사이클을 지났습니다. 10년 동안 우리는 전쟁의 잔해 복구라는 명목으로 이 부분의 사업을 확장하였지만 사실 그 수준을 넘어서서 우리의 자연스러운 평소 성장을 벗어나는 수준까지 확장되었습니다.

그런데 이제 기억해야 할 것이 있습니다. 그동안에 생산비가 상당히 떨어졌는데도 소비자가 지불해야 할 가격은 전혀 떨어지지 않았다는 점입니다. 이 기간에 기업은 막대한 이윤을 얻었습니다. 그러나 그 이윤은 가격 하락에 아무런 기여도 하지 않았습니다. 소비자는 망각되었습니다. 이윤의 아주 적은 부분만이 임금상승에 포함되었습니다. 근로자는 망각되었습니다. 적절한 배당금이 주어지지 않았습니다. 주주는 망각되었습니다.'

이게 지금 우리 얘기하고 거의 똑같게 되는 것 아닙니까?

'거대기업의 잉여금은 쌓여 갔습니다', 지금 우리나라는 재벌들이 710조의 내부유보자금을 쌓아 놓고 있습니다.

'역사상 가장 엄청나게 쌓여 갔습니다', 지금 역사상 가장 엄청나게 710조라고 하는 내부유보잉여금이 쌓였습니다.

'그런데 그 잉여 부분은 어디로 갔습니까? 우리가 이해할 수 있는 경제학으로 얘기해 봅시다. 그것은 주로 두 방향으로 흘러갔습니다. 우선 이제 황량하게 할 일 없이 서 있는 새로 지은 불필요한 공장들로 흘러 갔습니다' 우리 식으로 얘기하면 그 돈은 저기 강남에 새로운 100층짜리 빌딩을 짓는 데로 흘러 들어가는 거지요.

'나머지는 기업이 직접 또는 은행을 통해 간접적으로 월스트리트의 콜머니 시장으로 들어갔습니다. 이것은 사실입니다. 왜 사실을 바라보지 않습니까?' 기업이 지금 엄청난 710조의 돈을 갖고 있는데 기업이 제대로 투자합니까? 하지 않습니다.

'그 후에 경제 붕괴가 찾아왔습니다. 여러분도 그 내용을 다 아십니다. 불필요한 공장에 들어간 잉여금은 아무 의미가 없어졌습니다.' 경제가 무너지고 나면 롯데가 지은 저 거대한 건물은 그냥 시체더미가 되고 말 겁니다.

'사람들은 일자리를 잃었습니다. 지금도 잃고 있습니다', 우리나라도 그런 거지요. '그러니까 외국에서 사람들이 일자리를 잃었습니다. 경제위기가, 대공황이 왔으니까요. 구매력은 고갈되었습니다. 은행은 겁에 질려 대출금을 회수하기 시작했습니다. 돈을 가진 자들은 나누기를 두려워했습니다. 신용이 경색되었습니다. 산업이 멈췄습니다. 상업이 쇠퇴하고 실업이 늘어났습니다. 그리고 그곳에 오늘의 우리가 있습니다'

이것이 대공황 한복판의 미국의 얘기입니다. 루스벨트가 얘기한 게 바로 이런 걸 얘기하는 겁니다. 제가 지금 얘기하는 이 똑같은 얘기를 저는 역사에서 그냥 받아서 얘기를 하는 것뿐입니다.

이렇게 됐기 때문에 루스벨트가 취임을 한 다음에 대대적으로 재벌개혁에 들어갑니다. 그때 당시에 JP모건이라고 하는 기업은 어느 정도였느냐 하면 대통령을 우습게 보는 기업입니다. JP모건은 당시에 지금 우리나라의 삼성전자와 비교할 바도 없이 모든 걸 다 갖고 있습니다. 은행도 갖고 있고, 철도회사도 갖고 있고, 전력회사도 갖고 있고, 철강회사도 갖고 있고…… 그것을 루스벨트 대통령이 해체를 시켰습니다. 그렇게 거대한 JP모건이라고 하는 회사를 해체시켰는데 미국경제는 망했나요? 그렇지 않습니다. 미국은 그 이후로 탄탄한 세계 최대 강국으로 들어섰습니다.

이것이 바로 보수정부가 얘기했던 그 논리가 허구라는 겁니다. 그렇게 기업집단을 만들어서 그 기업집단에서 엄청난 내부유보금을 쌓아서 자기들끼리 돈 돌려 가면서 거기다 그렇게 쌓아 봐야 그것이 국민경제에 도움이 되지 않는다는 겁니다.

그리고 그 국민경제에 대한 그러한 불만이 나오는 것에 대해서 끊임없이, 지금 말씀드리는 것처럼 정보기관 이런 것들을 통해서 혹은 국가기관을 통해서 그런 불만을 억제해 오는 것이 바로 줄푸세 정책이라는 것입니다. 지금 새누리당의 정책이 바로 그러한 정책이라고 하는 것을 말씀드리고요.

그래서 지금 이와 같은 역사적 단계에서 저는 '한국도 지금 그와 같은 과정을 겪는구나, 그런데 지금 재벌이 너무나 크기 때문에 우리 정치는 계속적으로 왜곡되고 이렇게 갈 수밖에 없구나' 하는 것을 굉장히 아쉽게 생각하면서, 저는 그래서 경제민주화가 중요하고 경제민주화를 통해서 재벌들이 더 이상 골목상권에 침투하지 말고 재벌들이 더 이상 중소기업을 쥐어짜게 하지 말고 노동자들 쥐어짜게 하지 말고 이렇게 새로운 경제로 가야 된다는 얘기를 하게 되는 겁니다.

미국은 중학교 때부터 선거 때 자원봉사

그래서 국회를 혐오하는, 그래서 국회를 통법부로 만드는 이것이 민주주의 발전에 도움이 되지 않고, 이렇게 민주주의 발전에 도움이 되지 않을 때 바로 정격유착은 심해진다, 그러니까 그렇게 국회의원들을 폄하해서 이익을 볼 사람들은 강력한 권한을 갖고 있는 재계뿐이라고 하는 말씀을 다시 한 번 드리겠습니다.

그래서 이런 것들에 대해서 제가 굉장히 안타깝게 생각을 했는데요. 저는 최근에 굉장히 긍정적인 현상들을 몇 개 보게 되었습니다. 다른 게 아니라, 여기서 우리 당 얘기를 해서 죄송하긴 합니다마는, 더불어민주당에 작년도에 굉장히 많은 당원들이 굉장히 짧은 시간에, 거의 10만 명 이상 되는 당원들이 입당을 했습니다. 저는 새누리당에서도 이런 것을 했으면 좋겠고, 이것이 바로 제가 말씀드린…… 새누리당이든 더불어민주당이든 이것이 바로 보이지 않는 곳, 보이지 않는 잊혀진 사람들, 아까 루스벨트가 얘기했듯이 국정을 운영하는 데 있어서 잊혀진 사람들의 목소리를 다시 회복하는 중요한 수단이라고 저는 생각을 하는 거지요. 그래서 우리 국민들이 좀 더 정치에 관심을 가지시고 적극적으로 당원이 돼서 목소리를 반영하는 것이 한국정치의 발전에 도움이 된다는 얘기인데요.

그동안은 한국에서 정당에 가입하는 것이 이른바 터부시돼 왔습니다. 그리고 저희가 이런 인권에 대해서 굉장히 얘기하는 것 중의 하나가요, 야당에 가입한 당원들은 야당에 가입했다는 얘기를 지금 잘 못합니다. 이게 지금 한국 민주주의의 현실입니다. 그래서 그동안은 야당에 가입했다 그러면 계속 탄압받을까 봐, 여러분들 아시다시피 지금 탄압받은 분들이 한둘이 아니잖아요. 그러니까 그런 탄압을 받은 것에 대해서 우려가 있기 때문에 정당에 가입하는 것에 대해서 굉장히 꺼려하는데 갑자기 10만 명이나 되는 분들이 짧은 시간에 들어왔기 때문에 저는 굉장히 고무적인 현상이라고 생각을 하고 한국정치에 있어서 새로운 하나의 전기가 될 중요한 일들이 되지 않았나 이렇게 생각이 됩니다.

여기 새누리당 의원님들도 계십니다마는, 저는 그래서 꼭 말씀을 드리고 싶어요. 지금 제가 말씀드리는 것처럼 인권의 문제를 자꾸 억압하려고 하는 이런 시도를 중단하고 바로 이렇게 정치를 복원해서 국민들이 정당에 좀 더 많이 가입하고, 그래서 국민들의 목소리가 좀 더 많이 들리게 하는 게 저는 굉장히 중요하다고 생각합니다. 그래서 더 많은 분들이 정치에 들어와 주셨으면 좋겠다는 생각을 하고요.

그다음에 정치에 들어와서 그냥 가만히 계실 게 아니라 엄청난 권한을 가진 목소리 큰 사람들과 대항하기 위해서 우리 목소리 작은 사람들이 열심히 뭉쳐서 활동을 해야 된다고 생각을 합니다.

지난번에 미국을 보니까 미국은 거의 중학교 때부터 선거 때 자원봉사를 하더라고요. 그때서부터 이런 정치적인 훈련을 쌓고 그런 정치적인 훈련을 통해서 그 사람들이 커 나가는 거지요. 그러니까 유럽에서 어느 당의 당수가 되면, 젊은 40대에도 당수가 되는데 다들 깜짝깜짝 놀라지요. 그런데 그분이 정당생활을 얼마나 했나 물어보면, 거의 20년 동안 했다 그러면 거의 스무 살, 심지어는 열다섯 살 이때서부터 정당생활을 했고 그 사람들이 한 20여 년 정당생활 하다가 당수가 되고 이렇게 되는 거지요. 그래서 그런 의미에서 저는 한국정치의 발전을 위해서 우리 국민들이 더 많이 정치에 참여를 해야지 저희가 지금 얘기하는 이런 것들을 이해할 수 있지 않을까 이렇게 생각을 합니다.

제가 아까 말씀드렸다시피 마국텔이 굉장히 중요한 의미를 가지고 있다고 생각하고요. 사실은 제가 더불어민주당 디지털소통본부장을 하면서 마리텔을 하려고 그랬어요. 마리텔이 지금 어렵지 않거든요. 그래서 우리 당원들도 많이 입당하고 이래서 이런 걸 하면 정치를 활성화하는 데 굉장히 도움이 되겠다 하는 생각을 하고 있었는데 여러 가지 기술적인 문제도 있고 예산 문제도 있고, 쉽게 하려면 그냥 휴대폰 가지고도 할 수는 있습니다. 그런데 그런 고민을 하고 있었는데 이 필리버스터가 되면서 이렇게 많은 분들하고 소통을 할 수 있게 돼서 굉장히 좋고요.

한국은 사실상 디플레이션 상황

지금 어떤 분이, 얘기한 김에 부동산 얘기도 자꾸 해 달라고 하시는 분이 있는데요. 사실은 제가 굉장히 안타깝게 생각하는 것 중의 하나가 그런 겁니다. 아까 말씀드린 대로 지금 경제 비상사태고 한국경제는 굉장히 위급한 사태고, 그리고 그 위급한 사태 중에 가장 위급한 것이 부동산이다.

아까 루스벨트가 얘기한 대로 우리 평범한 시민들의 이야기로 한번 해 보자고요. 우리 평범한 시민들의 입장에서 봤을 때 지금 한국의 집값이 우리 월급으로 살 수 있는 집값인가, 그것 아니라는 걸 우리가 뻔히 알고 있지 않습니까? 그러면 그게 아니라는 걸 뻔히 알고 있음에도 불구하고 그 집값을 높이기 위해서 박근혜정부와 새누리당은 지난 3년간 노력을 해 온 거지요. 그러니까 그 결과 한국경제는 훨씬 더 악화되었고요. 그래서 지금 그것 때문에 가계부채는 엄청나게 커진 거고요. 저는 국민적 불만 이런 것들이 앞으로도 계속 갈등요소가 될 것이고요, 이런 갈등요소를 해결하는 데 있어서 박근혜정부의 이런 일방통치가 굉장히 위험하다는 얘기를 드리는 겁니다.

지금 한국은 사실상 디플레이션에 들어간 상황이고요. 그러니까 디플레이션이라고 하는 것이 물가수준이 떨어지는 건데요. 여태까지 물가가 계속 오르고 있던 것에 대해서 물가가 떨어지면 좋지 않느냐 이렇게 생각하는 분이 굉장히 많은데요. 이게 굉장히 위험한 게 뭐냐 하면 물가가 떨어지기 시작하면, 특히 공산품 가격이 떨어지기 시작하면 물건을 만들 때 생각했던 가격보다 나중에 물건을 팔 때 가격이 떨어지니까 회사들이 무너지기 시작합니다. 실제로 지금 한국에서 공산품 가격은 이미 작년서부터 떨어지고 있고요. 작년에 소비자물가가 0.7% 올랐는데 그렇게 된 이유는 담뱃값 때문에 그런 거고요. 그것을 제외하고 나면 지금 물가가 거의 오르지 않고…… 그런데 생필품 가격들, 우리 시장에서 이른바 장바구니 물가는 올랐지요. 그러면 다른 게 내렸다는 얘기가 되겠지요. 그때는 물건 가격이 내려진, 바로 그것을 생산하는 기업들은 어떻게 되겠어요? 그것을 생산하는 기업들은 이제 무너지게 되겠지요. 그래서 디플레이션이 인플레이션보다 훨씬 더 무시무시한 것이고, 그 무시무시한 것을 저희가 대비를 해야 된다고 제가 오래전부터 얘기를 드린 겁니다.

이것은 너무 경제학 강의가 돼서 죄송한데요. 제가 처음에 말씀드렸다시피 우리 대한민국이 지금 해야 되는 일들은 바로 이런 것들을 해야 된다는 것을 제가 말씀드리고 싶은 겁니다.

지금 너무 많이 얘기들을 하셔 가지고 제가 정리가 잘 안 되네요.

어떤 분이 이런 얘기는 하시네요. 이런 걸 보면서 의원들을 알게 돼서 굉장히 좋다 이런 얘기를 하시네요. 그래서 언론에서 필리버스터 보도를 제대로 해 주면 좀 마음 편히 잘 수 있는데 왜 이런 것 보도 안 해서 잠 못 자게 하느냐 이런 얘기도 있습니다. 저도 한국 언론들이 정말 이해가 잘 안 갑니다. 그러니까 필리버스터에서 나온 내용들이 의사진행 발언이기 때문에 상당히 많이 중언부언하는 내용도 있지만 그래도 나와서 발언하시는 분들이 중요한 내용들을 몇 가지씩 얘기하고 있고 굉장히 많은 분들이 지금 시청을 하고 있는데 그것에 대해서 언론에서 거의…… 문제가 심각하다 이겁니다.

아이디 링링123 이런 분이 이런 얘기를 해 주셨어요.
'이 법이 웃긴 게 테러의 사전적 정의가 극심한 공포인데 무슨 흔히 생각하는 폭탄 던지는 테러가 아니라 그냥 감정 상태를 말하면서 폭탄테러방지법도 아니고 테러방지법이라고 얘기하는 게 아주 어설픈 콩글리시 같다. 짜증방지법, 슬픔방지법, 해피방지법 이런 것처럼 아주 애매모호한 그런 얘기를 지금 하고 있다.'

필리버스터에 대해서 이렇게 얘기를 해 주시는 분이 계시네요. 국정원을 바라보는 다양한 시각,
'필리버스터 때문에 있는 줄 알면서도 보지 않았던 국회방송을 며칠 내내 켜 놓고 보게 되는데 이미 정권에게 먹힌 지 오래돼 버린 요즘 TV 매체를 통해서 듣기란 기대할 수 없는 이런 주제와 자세한 내용들, 국정원 관련된 수많은 진실된 역사들과 사건들을 국회의원으로부터 또다시 한 번 복습하게 되는 것에 대해 깊은 감사함을 느낀다.'

'국정원 혹은 대테러 관련 정책, 유신정권 등의 주제들을 어떤 의원님은 인문학 측면에서, 어떤 의원님은 역사적인 관점에서, 어떤 의원님은 인문 관련 시점으로, 어떤 의원님은 법에 관한 시각으로, 어떤 의원님은 정책 관련 입장에서 풀어서 강연을 해 주시니 이처럼 자세하게 정치를 실시간으로 보던 적이 있던가. 그런데 국정원 대테러 관련 정보 수집 문제를 지금은 또 경제적인 관점으로 배울 줄이야. 매번 참으로 새롭고 감사하고 놀라울 따름이다. 앞으로는 또 어떤 새로운 측면으로 배울 수 있을지가 기대된다. 그동안 힘없이 보이는 야당의 모습을

보면서……'

이건 뭐 저희 얘기니까……

'이렇게 국민을 위해 많은 노력을 하면서 뜻대로 되지 않아 얼마나 억울했을까 싶다. 토론에서 하는 말의 내용과 말투, 억양들을 보면 의원분들의 깊은 생각과 진정성을 느낄 수 있다.'

몇 가지만 더 읽어 드리도록 하겠습니다.

국정원의 잘못들이 끝도 없이 나온다.
아이디 리얼마린이라는 분인데요.
필리버스터를 며칠 보고 있으면서 느끼는 건데 진짜 한국의 정보기관의 잘못이 끝도 없이 나온다. 대부분 조작이고 불법이고 많은 무고한 시민들이 희생된 내용, 아는 내용도 있고 모르는 내용도 있었지만 진짜 이 정도일 줄은 몰랐다. 누군가가 국정원이 잘못했던 일을 시간 순으로 죽 나열해 줬으면 좋겠다. 이 정도로 나쁜 기관을 우리가 가지고 있을 필요가 있는가 모르겠다.

정치 얘기는 했지만 어떤 분은 그래도, 마할로라는 분은 경제이야기가 화나고 불꽃이 일었다고 말씀을 해 주시고요.
지금 공무원이신 분한테 연금법 얘기하고 콘크리트는 몰라도 정당 지지 없는, 이건 뭐……

박근혜정부는 경제성장 동력을 잃어버렸다
하여튼 지금 많은 분들이 이런 얘기를, 필리버스터를 늦은 시간까지도 이렇게 보고 계시면서, 지금 팩트TV에서도 굉장히 많은 분들이 이 늦은 시간까지, 밤을 새셨을 것 같은데 지금 이렇게 보고 계십니다. 지금 1만 7000명 넘는 분들이 이것을 보고 있답니다. 팩트가 너무 좋은 것 같아요.

그래서 지금 제가 말씀드리는 게, 저도 소통본부장을 하면서 굉장히 많이 배웠습니다. 지금 기술적으로 엄청난 발전이 이루어지고 있고요. 지금 팩트의 댓글을 보니까 실시간으로 댓글이 엄청나게 이루어지고 있는데, 세상이 이렇게 바뀌었는데 아직도 국정원은 도청이나 감청이나 하려고 그러고 그것을 제대로 타깃을 정해서 하지 못한다는 게 너무나 안타깝습니다.

그래서 오늘 이 팩트TV를 보고 이러신 분들한테 저는 다시 한 번 말씀드리고 싶은 게, 처음 말씀드렸던 것처럼 적극적으로 좋은 국회의원을 지켜서 목소리들을…… 국회의원이라고 하는 사람들은 국민의 목소리를 확대해 주는 확성기지요. 그러니까 그 확성기를 통해서 자기의 목소리를 더 많이 드러내는 그런 거고, 우리 은수미 의원님께서 '국민이 주인이다. 나의 주인은 국민이다' 이런 얘기를 한 것처럼, 그건 아주 기본적인 것 아니겠습니까? 기본적으로 국민들의 목소리를 제가 담아서 그걸 가지고 대신 얘기하는 겁니다.

제가 경제학 교수 출신인데요, 상임위장에서 막 소리를 지릅니다. 요즘 국회가 그렇게 소리 지르고 이러면 점수 깎이고 막말 국회의원 되고 이래서 소리 안 지르고 다 조용히 내는데 저는 초선 국회의원으로서 그래도 할 말은 해야 되겠다 그래서 소리를 지르는데, 그 얘기는 뭐냐 하면 지금 경제가 이렇게 어렵잖아요. 그리고 국민들이 다 불안에 떨고 있고요. 그런데 지금 정부에서는 다 자기 잘하고 있다 이러고 있고, 불안한 것에 대해서 오히려 해고를 더 쉽게 하는 법을 만들려고 그러고, 그러면 지금 그 분노한 국민들의 목소리를 담아야 되겠다, 뭐 저라고 그렇게 소리 지르고 싶겠습니까? 저도 이미지 예쁘게 가꾸고 싶습니다 마는 바로 그런 국민들의 목소리가 있다고 저는 생각하기 때문에 그분 들을 위해서 그런 소리도 지르고 장관한테 언쟁도 높이고 막 이렇게 하 는 거지요.

박근혜정부의 기재부장관들하고 저하고는 생각이 좀 다릅니다. 아까 말씀드린 것처럼 보수정부와 진보정부가 정책이 다른데 지금 박근혜 정부는 제가 보기에는 경제를 성장할 수 있는 어떤 동력을 잃어버린 것 같아요. 그러니까 자꾸 부동산 경기나 살려 가지고 하려고 그러는데 이 것은 지금 시대에 너무나 뒤떨어진 것이고 이것이 지금 대한민국을 자 꾸 후진시킨다고 생각을 하는 거지요.

박근혜정부에서 창조경제를 얘기해서 저는 그것은 참 좋은 정책이라고 처음부터 얘기했습니다. 창조경제 한번 제대로 해 보자. 저희가 그래서 창조경제활성화특위도 만들고 거기에서 제가 더 적극적으로 '이 창조 경제가 박근혜정부 정책이라고 하더라도 이것 정말 성공시켜 보자', 그 런데 창조경제가 어떤 건지를 이분들이 잘 모르시더라고요. 죄송한 말 씀입니다마는 저는 그 문제에 대해서 공부를 굉장히 많이 했고요.

미국이 저렇게 강한 나라가 되기까지 어떤 노력이 있었나 이런 것을 좀 말씀드리고 싶습니다. 아까 말씀드린 대로 미국도 나라가 거의 망할 때 쯤 됐어요. 그게 언제였느냐 하면 제가 미국에 유학 갔던 1980년대 후 반에 그랬습니다. 이른바 일본이 쳐들어오고 독일이 쳐들어오고 그래 서 미국에서 일본이 미국의 빌딩들을 다 사들여 가고요. 미쓰비시가 맨 해튼에 있는 큰 빌딩들 사들여 가고 그다음에 미국 국민들은 전부 독일의 자동차만 타고 다니고, 벤츠 BMW 이런 것만 타고 다니고 그러니까 미국의 자동차 회사들 휘청거리고, 그러니까 미국 내에서 그때 커다란 위기감이 일었습니다. 그래 가지고 진주만 공습에서는 우리가 이겼지만 이번에는 돈 공습에서 우리가 지는 것 아니냐, 이러다가 일본이 완전히 미국을 먹어 버리는 게 아니냐, 왜냐하면 그때는 일본의 거품이 심해서 일본을 팔면 미국 3개를 산다 이런 얘기가 있을 정도로 일본의 땅값이 높았을 때입니다. 그러니까 미국의 입장에서는 굉장히 불안감을 느낄 수밖에 없었고, 독일도 독일자동차가 그렇게 오니까……

미국이 그러한 위기의 상황에서, 제가 말씀드리는 지금 이 비상상황에서 미국은 열심히 연구를 했습니다. 그래서 일본 식으로 갈 것이냐 독일 식으로 갈 것이냐, 그러다가 결국은 미국식으로 간다는 것으로 결론을 내렸고 그 미국식이라고 하는 것의 결과가 바로 실리콘밸리고 그것이 구글이고 그것이 지금 얘기하는 페이스북이고 이런 것들이 나오는 겁니다.

구글이나 페이스북이나 이런 창의적인 기업이 나오게 된 이유는 뭐냐하면 실리콘밸리에서 7전 8기가 가능하도록, 벤처기업가가 일곱 번 망해도 여덟 번 또 투자할 수 있는, 성공한 수 있는 기회를 주기 때문에 미국경제가 저렇게 탄탄한 것이다 이렇게 저는 이해를 했고요, 그것이 미국의 강점이다. 아까 말씀드린 대로 다양한 아이디어를 자유롭게 수용하고 지식정보화 사회에 맞게끔 원활하게 정보를 유통하는 것 이것이 미국의 강점이다.

연대보증을 없애자, CEO 보증을 없애자

그러면 실리콘밸리가 저렇게 된 것의 가장 중요한 건 뭐냐 하면 7전 8기가 돼야 되는 것이지요. 7전 8기가 되려면 회사가 한번 망해도 다시 회사를 할 수 있어야 되는, 거기에는 두 가지가 필요합니다. 한 가지는 회사가 한번 망해도 누군가가 또 돈을 빌려 주는 사람이 있어야 되고, 하나는 그렇게 회사를 하다 망해도 먹고사는 데 지장이 없어야 됩니다. 애들 학교 보내는 데 지장이 없어야 되는 거지요. 그러니까 한국의 경우에도 이것이 잘 되게 되려면 한국과 같은, 지금 이와 같은 상황에서 박근혜정부가 얘기한 창조경제를 제대로 잘 하기 위해서는 이 두 가지가 필요한 겁니다.

벤처기업인이 벤처 하다가 망해도 애들 학교 보내는 데 지장이 없어야 되는 거지요. 이게 바로 저희가 얘기하는 누리과정 그다음에 무상급식, 고교 무상교육 이런 겁니다.

그다음에 이 사람이 회사를 하다가 망했어도 다시 재기하려면 뭐가 돼야 되느냐 하면 그동안 투자받은 것에 대해서 딱 정리가 돼야 되는 거거든요. 주식회사 같은 경우에는 정리가 되지요, 유한책임제도니까. 그런데 빚을 얻은 경우에는 한국의 잘못된 제도 중의 하나가 보증제도가 있습니다. 그러니까 이 보증제도, 빚보증, 기업이 돈을 빌리게 되면 이 벤처기업가가 보증을 세우게 되는데 그것 갚다가 도저히 회복하기 어려운 단계로 접어들게 되고요. 그래서 한국에서는 한번 기업하다 망하면 다시 회생하기 어려운 거지요.

제가 국회의원 되고서 꼭 하고 싶었던 것 중의 하나가 이겁니다. 제발 이것 좀 없애자, 파격적으로 연대보증을 없애자, 파격적으로 CEO 보증을 없애자, 이것 반대하는 게 새누리당입니다. 이것 반대하는 게 기획재정부입니다. 저는 무슨 창조경제를 하자는 건지 알 수가 없고요. 그러다 보니까 벤처산업이 좋아질 수가 없기 때문에 박근혜정부의 창조경제가 지금 제대로 성과를 거두지 못한다고 생각을 합니다. 저는 박근혜정부의 이런 정책들을 되살펴 보면서 이런 것들이 박근혜정부가 지금 성과를 내지 못하는 이유라고 생각을 합니다. 성과를 내지 못하니까 지금 엉뚱한 일들을 계속하게 되고 그리고 계속 정치 쪽으로만 관심을 두고……

너무나 당연한 얘기입니다마는 새누리당이 동의는 하지 않겠습니다마는 저는 이 얘기가 맞다고 생각하는 거지요. 그래서 '해외정보 수집에는 무능하고 정권 안보에 골몰하는 국정원 개혁이 먼저'라는 참여연대 이태호 사무처장 얘기를, 조금 내용이 긴데요, 시간도 아직 많이 남아서 천천히 읽어 보도록 하겠습니다.

"테러를 방지하는 데 현재 상당히 많은 정책이 있다. 부족한 것이 그러면 아무것도 없다는 건가? 그렇지는 않다. 취약한 구석이 있다. 지금 우리나라에서 가장 취약한 구석은 뭘까? 단언컨대 국가정보원의 해외정보 수집능력이다. 박근혜 대통령이 강조해 마지않는 국제정보 교류 및 공조의 강화를 위해서도 국정원을 개혁하여 해외정보 수집과 분석에 집중하게 해야 한다.

부족한 것은 테러방지법이 아니라 국정원의 해외정보 수집능력이다. 유감스럽게도 우리나라 국가정보원은 그 덩치나 무제한의 권한에 비해서 독자적인 해외정보 수집능력이 지극히 부족하다. 대북·해외·국내 정보 수집을 독점하고 기획조정이라는 이름으로 각급 정부부처와 기관들을 쥐락펴락하며 대내 심리전을 빙자해 민간인들을 사찰하거나 정치에 개입하는 등 불필요한 일에 시간과 인력을 낭비하고 있기 때문이다. 최근 수년간 일어난 국정원의 민간인 사찰사건, 대선 개입사건, 불법 해킹사건, 중국동포 간첩조작 사건 등은 국정원 일탈행위의 일각을 보여 주고 있다.

국정원의 일탈을 보여 주는 증거뿐만 아니라 국정원의 무능을 보여 주는 사례도 끝없이 열거할 수 있다. 특히 다음에 열거하는 것은 국정원이 IS에 대해 독자적인 정보수집능력을 갖추고 있을 가능성이 거의 없음을 보여 주는 정보 실패 사례다.

2003년 이라크 파병 당시 국정원은 석유자원 확보와 안전 등을 고려할 때 이라크 북부가 파병지로 바람직하다는 의견을 내놨다. 첫 파병지로 거론된 곳은 이라크 북부의 모술이었다. 군과 국정원은 모술이 안전하다고 주장했고 군이 주도한 현지조사단의 정부 측 참가자들은 현지 군부대 등을 건성으로 시찰한 후 모술이 안전하다고 보고했다. 민간연구자로서 현지조사단에 참여했던 박건영 교수만 유일하게 조사단 일정이 실제 조사를 포함하지 않았으므로 모술이 안전한 파병지라는 결론에 찬동할 수 없다고 밝혔다. 하지만 유엔 이라크지원단이 타전하는 일일보고서에는 모술이 이라크에서 종족 간 무장갈등이 가장 심한 곳 중의 하나로 보고되고 있었다. 모술이 위험한 지역이라는 정보를 국내에 제공한 것은 국정원이 아니라 유엔을 모니터하던 시민단체 참여연대였다.

한편 우여곡절 끝에 이라크 북부의 아르빌에 자이툰부대를 파견하기로 한 한국정부는 아랍어 통역병을 모집해서 현지로 파견했는데, 현지에 도착해서야 아르빌 지역에서는 아랍어가 아닌 쿠르드어를 사용한다는 사실을 확인했다.
이것이 당시 우리나라 해외정보력의 수준이었다.

7. 테러방지법보다 국정원 개혁이 필요하다

시민단체보다 못한 국정원의 해외정보 수집능력

지금 모술 인근 지역은 IS가 점령한 상태로 쿠르드족, 투르크족 등 삼 파전의 무장갈등이 지속되고 있다. 하지만 국정원도 군도 외교부도 한 국의 이라크 파병이 이리크, 특히 우리가 파병했던 이라크 북부 지역 의 평화와 재건에 과연 긍정적인 영향을 미쳤는지 어떤 모니터 보고서 도 내놓지 않고 있다. 참여연대가 매년 국회를 통해서 자료를 요청하 지만 단 한 번도 국회에 공개된 바 없다.

이렇게 이라크 상황에 대한 평가나 정보가 부족한 상태에서 이명박정 부는 자원외교라는 이름으로 이라크 만수리아와 아카스 가스전 개발 에 투자했다. 이 사업은 IS와 이라크 정부군 간의 내전이 격화됨에 따 라 2014년 6월부터 현장작업이 중단된 상태다. 어디 이라크뿐인가? 20조 이상의 손실을 낳은 것으로 평가되는 자원외교의 실패에는 부 정부패도 있지만 고질적인 해외정보 부족이 큰 몫을 하고 있다. 이게 국정원과 정부의 해외정보력 수준이다. 이런 국정원에게 테러방지법을 던져 준다고 한들 제대로 일을 할 수 있겠는가?

박근혜정부의 국정원에서 북한 담당 기획관으로 일했던 구해우 미래전략연구원 원장은 신동아와의 인터뷰에서 '국정원은 정권안보기구로 출범했다는 태생적·체질적 한계를 극복하지 못했다. 국가 안보보다 정권 안보를 중시하는 체질 때문에 정치권력에 줄 대는 행태가 나타났다'고 혹평했다. 그는 또 정보기관 요원들이 댓글 공작이나 하고 북한과 관련해 소설 같은 이야기를 흘리는 언론플레이 공작이나 하는 것은 부끄러운 일이라며 해외 및 북한 파트와 국내 파트를 분리하는 것을 포함한 구조개혁을 단행해야 한다고 주장했다. 그는 정권안보기구로서의 성격이 강한 국정원뿐 아니라 검찰 또한 과도한 권력집중 및 정치화의 병폐를 갖고 있다면서, 국정원의 국내 분야는 경찰의 수사기능과 합쳐 미국 연방수사국과 비슷한 형태의 중앙수사국으로 통합하고, 검찰은 수사기능을 이 중앙수사국으로 넘기고 미국식 공소유지 전담기구로 재편하며, 국정원은 해외 및 북한을 담당하는 독립 정보기구로 개혁할 것을 제안한다.

이렇듯 국정원이 오남용해 온 과도한 권한과 기능, 국내정보 수집기능, 수사기능, 기획조정기능, 대내 심리전 기능 이런 것들은 없애고 해외와 북한 관련 정보수집을 전담하게 해야 한다는 것은 일부 진보인사만의 주장이 아니다. 보수·진보를 넘어 정보개혁을 위한 필수조치로 받아들여지고 있는 것이다. 해외정보국으로의 개편, 국정원이 국민의 안전에 지금보다 훨씬 더 기여할 수 있는 길은 바로 그것이다.

테러방지법은 국정원 밥그릇 지키기법이다.

그런데 지금 국정원이 밀어붙이고 있는 테러방지법, 사이버테러 방지법은 불안하게도 역방향으로 가고 있다. 이들 법안은 무늬만 테러방지법일 뿐 사실상 국정원이 그 본령인 해외정보 수집 기능을 강화하기보다 국내정보 수집, 조사와 수사, 정책조정, 작전기능, 그 밖에 시민사찰과 정치개입을 더욱 강화하도록 고안된 법이다. 국정원의 비효율과 무능을 더욱 극대화하고 인권침해만 가중시킬 우려가 크다.

무엇보다도 여당 의원들에 의해 국회에 제출된 테러방지법안들은 법률적으로 모호한 테러행위를 예방한다는 명분으로 국정원 등 국가기관에 과도하고 포괄적인 권한을 부여하고 있다. 4개의 테러방지법안은 국정원에게 테러 및 사이버테러 정보를 수집·분석할 뿐만 아니라 정부부처의 행동계획을 수립하고 나아가 대응을 지휘하면서 필요시 군을 동원하는 등 집행기능까지 수행하는 광범위한 권한을 부여하고 있다.

예를 들면 국정원 산하에 대테러센터를 두어 정보를 집중하고 국무총리가 주관하고 정부 유관부처가 참여하는 국가테러대책회의를 두되 그 산하 대테러상임위원회의 의장 역시 국정원장이 담당한다는 것이다. 지역과 부문의 테러대응협의체도 해당 지역과 부문의 국정원 담당자들이 주관한다. 국정원에 의한, 국정원을 위한, 국정원의 테러방지법인 것이다.

박근혜정부와 국정원이 추구하는 테러방지법은 미국의 사례를 따르는 것처럼 보이지만 사실은 미국의 체계와 사뭇 다르다. 9·11 전후 미국은 3년간 논의 끝에 2004년 정보기구를 개편했는데 그 핵심은 정보분석취합 기능을 CIA에서 떼어 내는 것이었다. CIA에 집중된 정보분석 기능이 정보실패를 가져왔다는 판단 때문이었다.

대신 정보 취합·분석을 전담할 국가정보국장실을 신설하고 해외정보 수집은 CIA(중앙정보국)과 DIA(국방정보국), 국내정보 수집과 수사는 FBI(연방수사국), 전자신호정보 수집은 NSA(국가안보국), 영상정보 수집 및 분석은 NRO(국가정찰국), NGA(국가공간정보국) 등으로 각 정보기구의 역할을 전문화하였다. 국가정보국장실은 이들 정보기구들을 포함한 총 17개 부서에서 올라오는 각종 정보를 취합하여 분석하고 데이터베이스를 축적하는 국가독립기구로서 대통령과 NSC, 국토안보부를 보좌한다.

정보 수집·분석 기능과 조사·수사 기능도 각각 분리되어 있다. 해외에서 군사작전 중에 체포된 적 전투원에 대해서 일부 CIA와 DIA가 수사하지만 대부분의 조사 및 수사 기능을 FBI가 담당한다.

특히 잠재적인 테러 위협을 조사하고 대비하기 위해 FBI 산하에 테러리스트조사센터를 별도로 운영하는데 이 센터는 FBI 산하 기구이지만 법무부 국무부 국방부 국토안보부 등이 협력하여 운영한다.

요약건대 9·11로부터 미국 정보 당국이 얻은 교훈은 정보 독점은 정보 실패를 낳는다는 것이다. 따라서 9·11 이후 미국 정보 개혁의 핵심은 정보 수집과 분석의 분리, 정보주체와 집행주체의 분리, 각급 기관 간 견제와 균형의 확대를 지향했다.

그런데 한국에서는 비대하고 무능하며 국내정치 개입을 일삼는 국정원에게 더욱 많은 사찰기능과 독점적 기능을 부여하는 방향으로 테러방지법을 제정하려 하고 있는 것이다.

인권침해 논란 속에 폐지된 미국판 테러방지법

한편 최근 국회에 제출된 테러방지법안, 사이버테러 방지법안들은 하나같이 국정원 등의 공안기구에 테러단체 혹은 테러위험인물을 지정할 권한을 주고 테러위험인물로 의심할 만한 상당한 이유가 있는 경우 출입국관리기록, 금융거래정보 및 통신사실 확인자료 등을 영장 없이 요구할 권한도 부여하고 있다.

평범한 해킹도 사이버테러의 범주에 포함되고 모든 통신사마다 도·감청 설비를 구비할 것을 의무화하는 독소 조항도 있다. 반면 국정원이 지닌 과도한 권력에 비해 그 인력·예산·활동 내역에 대해서는 정부 내부와 국회를 막론하고 어떤 견제와 감시도 미치지 못해 불투명한 반민주적 기구의 대명사로 국내외에 오명을 떨치고 있는 실정이다.

이 문제에 대해서도 미국의 사례는 참고할 만하다. 미국은 9·11 사건 직후 패키지 테러방지법인 애국자법을 제정했는데 이 법은 제정되자마자 그 비효율성과 부작용에 대한 비판에 직면해 2006년 대폭 개정되었고 그 후에도 독소 조항에 대한 논란이 이어져 2015년 6월 2일 결국 폐기, 미국자유법으로 대체되었다.

그중 대표적인 독소 조항의 하나가 애국자법 215조다. 215조는 NSA가 외국인과 자국민에 대해 무더기로 도·감청하고 통신기록을 수집할 수 있도록 허용하여 인권침해 논란을 빚었다. 2004년 조지 부시 대통령이 구성했던 대통령 직속 사생활보호 및 시민자유 검토 위원회는 NSA의 통화기록 프로그램이 대테러 조사활동에 가시적인 성과를 냄으로써 미국에 가해지는 위협을 개선했다는 어떠한 증거도 없다고 비판했지만 2006년 이 법을 대폭 개정한 후에도 이 독소 조항은 사라지지 않았다.

2013년 전 NSA 직원 에드워드 스노든이 미국 정부가 전 세계와 자국 민을 상대로 무차별 도·감청을 자행해 왔다는 사실을 폭로한 후에야 비로소 이 독소 조항의 개폐가 정부와 의회에서 진지하게 논의되기 시 작했다.

2015년 6월 애국자법이 폐지된 후 이를 대체한 미국자유법은 그동안 논란이 되어 왔던 NSA의 외국인과 자국민에 대한 무차별 도·감청과 무더기 통신기록 수집을 금지하고 대신 자국민에 대해서는 영장 받은 선별적 감청만 가능토록 했다.

애국자법의 또 다른 독소 조항 중 하나는 국가안보레터다. 애국자법 505조는 FBI가 일종의 행정명령인 국가안보레터를 발송하여 인터 넷 서비스 제공자, 도서관, 은행, 신용카드 업체 등에게 가입자의 통신 기록 또는 거래기록을 통째로 요구할 수 있도록 했다.

국가안보레터 제도는 예전에도 있었던 제도지만 애국자법 제정과 더 불어 그 발행 요건을 대폭 완화한 것이다. 심지어 국가안보레터를 받 은 사업자는 고객의 정보를 FBI에 제공했다는 사실조차 고객에게 알 릴 수 없도록 했다.

2014년 오바마 대통령이 구성한 대통령 직속 정보재검토 그룹은 다 른 유사한 수단들이 법원의 허가를 필요로 하는 데 반해 국가안보레 터만 FBI에 의해 발행되어야 할 원칙적 이유를 찾을 수 없다며 이 제 도의 개선을 요구하기도 했다. 하지만 애국자법 대신 제정된 미국자유 법에서도 법원의 허가 없이 레터를 발행할 수 있도록 한 조항은 폐지 되지 않고 존속하게 되었다.

다만 미국자유법은 국가안보레터 발행 시 FBI를 비롯한 관계기관은 이용자 정보를 통째로 요구하지 못하고 필요한 정보를 특정하도록 제한했고 국가정보장으로 하여금 매년 국가안보레터 발행 건수와 정보수집 건수를 웹사이트에 의무적으로 공개하도록 하였다. 또한 과거의 함구령도 일부 개선하여 레터를 받은 사업자는 매년 총 몇 번의 레터를 통해 총 몇 명의 기록을 제공했는지 공개할 수 있게 하였다.

한마디로 지금 국회에 제출되어 있는 테러방지법안과 사이버테러 방지법안들은 미국에서는 이미 폐기되거나 제한되고 있는 것을 국정원과 검경에게 부여하는 독소 조항을 가득 담고 있다. 이 법안이 통과되어서는 안 된다.

프랑스가 테러방지법이 없어서 당한 게 아니다

미국 영국 스페인 러시아 프랑스 등 이슬람 극단주의 단체로부터 무장공격을 당한 나라들이 테러방지법이 없어서 당한 것은 아니다. 이들 나라의 대외정책이 정의롭지 못해 해당 지역의 주민들에게 큰 불행을 안겨주었기 때문에 극단주의 세력의 표적이 된 것이다.

IS는 우리나라가 미국을 도와 파병했던 이라크에서 사실상 시작되었다. 우리나라가 IS 테러의 표적이 되었다면 테러방지법이 없어서가 아니라 미국을 도와 세계 3위 규모의 군대를 이라크에 파견하고 그 후로도 이라크 등에 일어난 재앙에 대한 책임감을 느끼는 대신 석유자원 확보니 가스전 개발이니 하는 몰염치한 일에 아무런 현지 정보도 없이 엄벙덤벙 나섰기 때문일 수 있다. 우리나라 정부가 첫 파병지로 물색했던 모술은 지금 IS가 점령하고 있다.

변화가 절실하다. 대책도 시급하다. 가장 절실한 변화는 테러와의 전쟁에 협력해 온 지난 14년간의 우리나라 대외정책을 돌아보는 일이다. 공포를 과장하고 적개심을 고취하는 것으로는 문제를 해결할 수 없다. 지금 가장 시급한 대책은 테러방지법이 아니다. 국정원을 개혁하여 해외정보수집에 집중하게 함으로써 국민이 준 세금이 아깝지 않게 하는 일이다."

저는 여기서 제가 동의하는 부분이 국정원이 해외정보 수집에 좀 집중했으면 좋겠다, 그리고 이제 오해를 받는 국내정보 부문은 다른 기관으로 옮기는 것이 타당하지 않은가 저는 그렇게 생각을 합니다.

그래서 지금 말씀드렸다시피 세계화시대거든요. 그래서 이제 세계가 다 연결이 되어 있고 그리고 세계가 다 인터넷으로 연결이 되어 있습니다. 그러면 국정원이라고 한다면 지금 세계적으로 공개된 그런 자료들을 수집해서 그것을 빅데이터를 분석하는 그런 능력을 빨리 만들어 가야 할 것인데 불행하게도 국정원에는 지금 그런 인력들이 없고 그런 인력들을 양성하지 않는다, 그래서 아까 여기 보인 것처럼 국정원이 정권유지기구로 전락했기 때문에 국가안보보다는 오히려 정권유지수단으로 전락한 것이 문제의 중요한 원인이다라고 하는 것을 다시 한 번 말씀드리고 싶습니다.

충분히 저는 가능하다고 생각을 하고요, 할 수 있는데 안 하는 것이지요. 그것은 우리가 국정원 개혁이 얼마나 어렵다고 하는 것을 또 알려주는 것이고요.

참여정부 때 대통령께서 국정원의 보고를 받지 않으셨지요. 그것을 공언을 하셨고 실제로 그것을 이행을 하셨습니다. 그런데 그렇게 참여정부 내에서 국정원을 개혁하려고 노력을 했지만 결국 참여정부가 끝나자마자 다시 원상복귀가 되었다고 하는 것이 이것이 국정원 개혁이 굉장히 어렵다는 것을 보여 준 것이지요.

그러면 우리 국민들의 입장에서 보았을 때에는 지금 우리가 국정원에 엄청난 돈이 들어가는데 그 엄청난 돈을 제대로 된 분야에 사용해야 될 것 아닌가. 그리고 그 제대로 된 분야라고 하는 것은 바로 해외정보 수집 분야라는 것을 이 글을 통해서 저도 동의를 하기 때문에 말씀을 드린 것입니다.

정리를 좀 해 보면요, 저는 이제 말씀드린 것이 언론이 제 역할을 하지 못해서 지금 이런 사태가 나왔고 언론이 지금 인권침해에 대해서 제대로 방어를 해 주지 못 하기 때문에 이런 문제가 계속되고 있다, 그러니까 계속적으로 인권침해를 하려고 하는 그런 기도가 계속 이루어지고 있다……

사실 저는 그런 것이 잘 이해가 안 갔어요. 아까 말씀드린 대로, 아까 다음카카오 얘기를 했고요, 그 다음카카오를 그렇게 비민주적으로 세무조사까지, 말도 안 되는 세무조사하고 그다음에 이석우 대표 그렇게 말도 안 되게 뒷조사하고 협박해서 회사에서 쫓아내고 이러는데, 여러분들 지금 한번 보시게 되면 이 다음카카오의 세무조사에 대해서 제가 낸 보도자료 외에는 거의 보도를 하지 않습니다.

저는 이유를 잘 모르겠어요. 그러니까 이 다음카카오하고 언론사하고, 포털하고 언론사하고 정권 관계에 어떤 문제가 있어서 그런지 모르겠지만 거의 보도가 안 되었어요. 그래서 저는 그때 굉장히 이상하다고 생각을 하고 저 혼자 그냥 열심히 자료를 수집해 가지고 보도자료 내고 그랬습니다.

다음카카오 자체에서도, 제가 국회의원으로서 이런 것을 거론을 하지만 저희가 처음에 시작한 것은 그와 같은 포털을 지배하려고 하는 정권의 의도를 공개하기 위해서 이런 것을 했는데 다음카카오의 입장에서도 굉장히 껄끄러우니까 굉장히 정보를 알려주기를 꺼려하고 그래서 국세청으로부터 정보를 다 받을 수밖에 없었는데요.

그런 것에 대해서 저는 상당히 중요한 일이다. 이것이 한국 민주주의에서도 중요한 일이고 특히 지식정보화 사회에서 포털을 이런 식으로 정권이 길들이려고 하는 것이 말이 안 된다고 생각해서 이것을 굉장히 중요하게 생각을 했는데 거의 대부분의 언론이 보도를 하지 않았습니다. 그런 것들을 저는 납득하기 조금 어려운 것이고요, 그래서 이런 것들에 대해서 좀 더 우리 국민들이 다시 관심을 가졌으면 좋겠습니다.

필리버스터를 계기로 정치에 더 관심을

어떤 분이 아이디가 ㄴㅇㅅㅇㄱ인데요.
'필리버스터 참 신기합니다. 여태껏 정치기사나 뉴스 5분만 봐도 너무 열 받고 짜증나서 꺼 버리기 십상이었는데 필리버스터는 봐도봐도 (한국의 암울한 부정부패를 까발리고 비판하는 내용임에도) 계속 보고 싶고 늦은 이 시간에도 활력이 넘칩니다. 더민주 의원들은 진실된 목소리를 들려주는 것에 목말라 있고 저희들은 진실된 목소리를 듣는 것에 목말라했던 것 같네요.'

이렇게 얘기를 했습니다. 이것이 제가 말씀드린 대로 지금 한국 민주주의의 하나의 획기적인 새로운 장으로 그 전기가 될 수 있지 않을까 하는 생각을 저는 해 봅니다.

'한국이 이번 일을 계기로 새로운 시작을 맞이하기를'
아이디가 sizro라는 분인데요.
'이번 국정원의 감시기구화를 억제하기 위한 의회의 회의는 여러 영역에서 센세이션을 불러왔고 그로 인해 수많은 악행의 고발이 동시에 이루어지고 있습니다. 저는 이 기회로 민중들의 정치적 관심과 이해가 증진되어 정의와 사랑이 넘치는 국가로 탈바꿈함을 기대합니다.
조선왕조의 멸망 이후 여러 국제정세와 내부정치 불안으로 흔들리던 시절은 여러 사람의 피를 불러왔고 우리는 그들의 희생으로 지금까지 삶을 얻었습니다. 그러나 아직도 많은 병폐들이 지워지지 않은 채 남아 우리의 삶을 어둡게 물들이고 있습니다. 이 어둡게 물든 세대를 거쳐 민중의 고통을 자아내고 이제는 그 아파 신음하는 사람에게 책임을 묻는 사태까지 왔습니다.
그들의 욕망에는 브레이크가 없었고 그들은 유신정권의 부활을 위해 국정원을 이용해 테러를 방지한다는 가면을 쓰고 민중의 자유를 빼앗으려 하였습니다. 그 결과가 지금의 필리버스터를 불러일으켰고 이들은 과한 욕심으로 망할 것입니다.'
이렇게 되어 있네요.

이런 의견들이 있습니다. 저도 이 계기가 우리 국민들의 정치에 대한 관심을 불러일으키는 아주 큰 계기가 되었으면 좋겠다 하는 생각을 합니다.

그런 것을 좀 했으면 좋겠어요. 그래서 이제 정치를 좀 긍정적으로 보고 '정치합시다 운동'을 이 필리버스터를 계기로 했으면 좋겠습니다. 보수적인 분들은 보수정당을 지지하시면 되고 진보적인 분들은 진보정당을 지지하면 되고, 그래서 지금 전혀 진실을 제공하지 않는 언론을 넘어서 그리고 목소리를, 지금 스피커를 독점하고 있는 재벌을 넘어서, 경제권력을 넘어서 우리 국민들이 목소리를 되찾고 그리고 한국 민주주의의 발전을 한 단계 높이는 계기가 되기를 저는 기대합니다.

이제 국회선진화법에 대해서 말씀을 드리겠습니다.
저는 국회선진화법을 처음부터 좋아하지는 않았고요. 그런데 2012년 도에 여야가 서로 어느 당이 다수당이 될지 모르니까 불안한 입장에서 국회선진화법을 만들었습니다.

그런데 지금도 그분들이 계십니다. 국회선진화법을 주동하신 분들이 새누리당에도 있고 우리 당에도 있습니다. 그런데 새누리당에서 그때 국회선진화법을 주장했던 그분들, 대화와 타협으로 한국의 의회정치를 이끌어 가자고 주장하신 그분들이 지금 전혀 목소리를 못 내고 계십니다.

국회선진화법에 문제가 있는 것이 아니라 대화와 타협을 억제하는 강력한 권력에 문제가 있는 것이지요. 틀림없이 아까도 말씀드렸지만 국회에 맡겨 두면 국회의원들이 타협을 해서 좋은 답안을 만들어 낼 수 있습니다. 그런데 그게 아니라 옛날 제왕적 대통령인 것처럼 70년대의 그런 독재정권하에서의 대통령이 누리던 권력을 누리고 싶으신지 자꾸 국회의 의사결정에 대해서, 국회가 타협한 것에 대해서 청와대가 동의하지 않고 청와대의 의중을 강요하는 데서 지금 이 모든 문제가 나오고 있다, 이렇게 생각을 합니다.

그래서 제가 경험하기에는 최소한 2012년 4월에, 2012년 5월이지요. 5

월에 19대 국회가 개원해서…… 처음에는 여야가, 특히 대통령선거 전에는 또 어느 당이 여당이 될지 모르니까 서로 양보하고 이러면서 타협을 했습니다. 사실 그때 경제민주화법이 상당히 많이 통과가 된 거고요. 박근혜 대통령도 경제민주화를 공약으로 내세웠기 때문에 그때 통과가 됐고, 심지어는 박근혜 대통령이 당선되고 나서도 한동안은 여야 간에 그와 같은 합의가 상당 부분 유지가 되었습니다. 그런데 시간이 가면 갈수록 청와대가 국회의원들에 대한 압력을 강하게 넣는지……

부의장 이석현: 홍종학 의원님, 말씀 중에 미안합니다. 제가 사회교대 시간이 돼서 또 낮 3시에 다시 뵙겠습니다. 수고하십시오.

— 이석현 부의장, 정의화 의장과 사회교대

홍종학 의원: 그래서 지금 이런 상황들이 저는 한국 민주주의의 하나의 시련이라고 생각을 합니다.

사실은 야당 국회의원으로서의 자괴감이 상당히 많습니다. 여당 국회의원들한테 대한 아쉬움도 많습니다. 왜 국회의원이 돼 가지고 저렇게 정부 관리한테 꼼짝 못하고 저렇게 쩔쩔매나.

국가정보원의 권력남용방지법안이 먼저다

특히 제가 있는 기획재정부 같은 경우에는 예산을 담당하기 때문에 거의 뭐 권력기관 중에 국정원이 권력을 다 행사한다고 한다면 경제부처 중에서는 가장 강력한 권력기관입니다, 예산 때문에. 그러니까 정부의 각 부처에서도 기재부한테 꼼짝 못하고, 심지어는 국회의원들조차도 지역구 예산을 부탁하는 입장이기 때문에 국회의원들도 기획재정부의 눈치를 상당히 봐야 되는 이런 상황입니다. 그러다 보니까 국회의원들도 그 기관의 눈치를 보고 국정원, 제가 그쪽은 아니라서 자세히는 모릅니다마는 아마 지금 국정원 쪽도 유사한 일이 벌어지고 있지 않은가, 저는 개인적으로 그렇게 짐작을 하고 있습니다.

그러니까 외환위기 이후에 한국 경제가 문제가 있고 한국이 국가적인 위기에 있다 하면서 그것을 개선하기 위해서 굉장히 오랫동안 우리가 노력해 왔던 것들, 그런 것들이 지금 많이 무너져 내리면서 우리나라가 굉장히 어렵게 되고 있다는 생각을 저는 하지 않을 수가 없습니다.

유사한 얘기입니다마는 테러방지법보다 국가정보원의 권력 남용을 방지하는 법안이 먼저다라고 하는 요지의 글을 읽어 드리겠습니다.

이 글은 작년 12월 7일에 '테러방지법과 사이버테러 방지법, 무엇이 문제인가'라고 하는 세미나가 열렸고요, 거기에서 아주대학교 법학전문대학원의 오동석 교수님이 발표한 겁니다. 그중에서 일부를 발췌해서 읽어 드리도록 하겠습니다.

테러방지법안보다 국가정보원의 권력남용방지법안이 먼저다

테러 개념의 추상성·모호성은 곧장 대테러대책기구의 기능 범위에 대한 규정 부재에서도 나타난다. 국가대테러대책회의, 대테러센터 등을 가동하는 테러의 범주를 확정하지 않았을 뿐 아니라 그것을 결정하는 과정과 절차에 대한 규정 또한 존재하지 않는다. 테러의 강도와 밀도가 어느 정도에 이를 때 대테러기구의 권한을 발동하는지, 그 권한 발동의 절차는 무엇인지 그리고 그에 대한 국민적 감시·감독의 가능성은 어떻게 확보할 수 있는지에 대한 규정이 전혀 없다.

이런저런 테러 관련 조약들을 뭉뚱그려 그러모은 행위에 대해 테러의 이름표를 붙이고 법만 만들어 주면 알아서 잘 할 테니 권력을 모아 달라는 말밖에 되지 않는다. 그때그때 자의적 판단에 따라 대테러대책이라는 명분하에 국가권력을 한 곳에 집중시키는 위험만을 담고 있다. 그러니 테러방지법안은 헌법적 관점을 끌어들이지 않아도 국민을 허수아비로 만들어 버린 꼴이다.

테러방지법안에서 예정하고 있는 대테러기구의 전체적인 구조는
① 실질적, 포괄적인 대테러대책기관이 되는 대테러센터를 국가정보원장 소속하에 설치하며,

② 대테러센터가 주요 행정각부의 장 및 국무조정실장으로 구성되는 국가대테러대책회의를 실질적으로 관할, 행정각부의 권한·업무·기능을 조정, 통할하는 방식을 취하고 있다.

테러방지법안은 국가정보원에 구성되는 대테러센터를 중심으로 위로는 행정각부의 장에 대한 조정·통할 기능과 아래로는 대테러대책기구에 대한 조정·통할의 기능이라는 이중석인 수준에서 대테러센터가 관여할 수 있는 여지를 확보한다. 테러방지법안에는 테러방지를 빌미로 하여 국가정보원이 국가권력의 중심부에 똬리를 틀고자 하는 목적만이 존재한다는 비판이 있는 이유이다. 이런 의혹을 불식하고자 한다면 테러에 대응하기 위해서 설립하겠다는 국가대테러대책회의, 대테러센터, 대테러대책본부 등의 기구에 대해서 다음과 같은 질문에 답할 수 있어야 한다.

첫째, 과연 기존의 국가기구, 즉 행정자치부 경찰청 법무부 검찰 국가 정보원 등은 테러방지법안이 예정하고 있는 테러에 대응할 능력이 없는가? 대테러 대응역량에 대한 조직진단 해 보았는가? 가끔씩 언론을 통해 공개했던 대테러훈련은 무용지물인가?

둘째, 현재의 대테러 대응기구들이 대테러 대응능력이 없다면 그 막강한 권력을 가진 기구들의 무능력은 도대체 어디에서 기인하는가? 당해 기구의 권한과 조직을 변화시킴으로써 감당할 수 없을 정도로 무능한 것인가?

셋째, 테러에 대응하기 위해 국가정보원을 중심으로 전혀 새로운 대테러 조직을 짜야 한다면 미국처럼 별도의 행정각부로서 국토안보부를 설치하여 국무총리의 통할 아래 모든 정보기관을 통합 또는 재배치하는 근본적인 정부조직 변화를 꾀해야 하는 것은 아닌가?

마지막으로 국민들이 국가정보원을 신뢰하고 있지 않음을 고려하여 국가정보원을 해외정보기관, 사이버정보기관, 대북정보기관으로 분리하고 대테러 정보 업무를 공유하도록 하는 방안을 꾀할 수는 없는 것인가? 사람들은 유신독재 회귀를 말하고 있는데 대통령에 대해서만 책임을 지며 다른 어떤 기관에 의한 통제도 불가능한 국가정보원장에게 국가대테러대책회의와 대테러센터를 실질적으로 혹은 법적으로 관할하게 하는 것이 과연 바람직한가?

국가정보원장이 대테러 기능을 매개로 하여 여타의 국가 행정 각부를 사실상 통할하는 권력분립의 예외적 현상을 야기할 수 있다는 의문에 대해 어떻게 답할 것인가? 그럼에도 불구하고 아무런 응답도 없이 테러방지법만 만들면 된다는 식의 독재 국가적 태도는 무엇 때문인가?

테러방지법은 독재 정권 못지않게 대통령 권력을 강화

사실 테러방지법안은 과거 독재 정권 못지않게 제왕적 대통령의 권력을 강화하는 내용을 담고 있다. 국가정보원은 대통령 직속기관이기 때문이다. 더욱이 테러방지법안은 경우에 따라서 대책회의의 장이 대통령을 경유하여 군 병력을 동원할 수 있도록 하고 있다. 하지만 이러한 군 병력의 동원 체제는 헌법 위반의 혐의가 있을 뿐 아니라 조직법상으로도 이중적 낭비이다.

헌법은 전시·사변 또는 이에 준하는 국가비상사태에 한하여 병력으로 군사상의 필요에 응하거나 공공의 안녕질서를 유지할 수 있기 때문이다. 즉 헌법은 계엄을 선포한 경우에 한해서만 군 병력을 동원할 수 있도록 허용하고 있다. 군복을 입지 않은 민간인에 의한 군사독재의 부활 또는 평시 군사독재 아니냐는 의심을 벗기 어렵다."

저는 이분의 주장이 상당히 의미가 있다고 생각을 해요. 지금까지 기존의 국가기구 이런 것들이 제대로 못 해 왔다면 그러면 그 기구에 대해서 우리 조직분석부터 해야 되잖아요. 왜, 뭐가 안 됐는지. 그러니까 하나하나 아까 말씀드린 대로 공항이 안 됐으면 공항에 가서 왜, 뭐가 문제인지 이런 것들에 대해서 하나하나 분석하고 그리고 나서 문제점을 개선을 해 나가야 되는데 떡하니 지금 대테러방지법 하나 내놓고 도·감청을 확대하려고 하는 것 이것은 납득하기 어려운 것 아닌가.

그다음에 지금 새누리당에서는 이게 외국도 똑같이 이렇게 다 하고 있다고 그러는데 그게 아니라 미국처럼 국토안보부를 만들어서 정보기관을 통합·재배치하는 이런 방안이 훨씬 더 합리적인 것 아닌가 하는 얘기지요. 그것은 아까도 이미 말씀드린 거고요.

이분이 재밌는 얘기를, 저는 이 분야에 대해서 잘 모르기 때문에, 재밌는 얘기를 하시는데 국가안보보다 인간안보로 접근해야 한다는 얘기를 하십니다. 그래서 한번 참고로 무슨 얘기인지 한번 보도록 하겠습니다.

"각국에서 다투어 제정한 반테러법이 비밀정보기관을 비밀경찰로 바꾸는 데 일조하는 법이라는 평가가 있다. 국가정보원은 수사권을 가지고 있기 때문에 이미 비밀경찰체제라는 주장도 있다. 그렇기 때문에 테러방지법 제정이 결국은 무수히 많은 인권침해사건을 일으킨 국가정보원이 권력의 중심에 서고자 하는 프로젝트라는 의견이 지배적이다.

많은 사람들의 인명피해를 초래할 수 있는 범죄행위를 막고자 한다면 기존의 범죄 대응체계를 점검하는 일부터 시작해야 한다. 경찰과 검찰 등 관련 기관들의 책임을 묻는 국정조사를 진행해야 한다. 대통령은 테러 관련법 제정을 요청하기 이전에 정부의 수반으로서 현재의 대테러 체계가 부실한 까닭에 대해 책임을 져야 한다.

대응능력 부재의 원인을 제대로 진단해야 올바른 해법을 낼 수 있다. 기존 대응체계의 무능력이 명백하게 드러나는 경우에 한하여 테러방지법을 제정하는 일이 설득력을 가질 것이다. 그러나 그렇다고 대테러 담당의 중심 역할을 국가정보원이 맡는 것은 헌법적으로 인정하기 어렵다. 무엇보다도 국가정보원의 수사권한을 제거해야 한다. 국가정보원을 순수 정보수집기관으로 바꾸고 해외정보 수집기관과 국내정보 수집기관을 분리하는 것을 전제로 해야 한다. 그 이후에 테러를 방지하고 대응하는 체계를 다시 만드는 일을 할 수 있다.

1994년에 유엔은 인간안보라는 새로운 개념을 통해 세계화와 공공재의 민영화로 인해 점증하는 사회적, 개인적 삶에서의 불안정에 대응하는 방법을 제시했다. 테러가 왜 발생하는지에 대해 한번이라도 진지하게 생각해 본 사람이라면 따라서 이제는 국가안보에서 인간안보로 정책의 초점을 옮겨야 한다는 주장에 공감할 것이다.

오늘날 우리는 조그마한 사건으로도 큰 재앙에 직면할 수 있는 고도기술사회에서 살고 있다. 대도시들은 테러와 그에 준하는 사태가 발생하면 걷잡을 수 없는 혼란에 빠지게 될 것이다. 테러방지법에 반대한다고 해서 세월호 참사와 같은 재난에 대해 무관심한 것은 절대 아니다. 테러방지법과 같은 방식의 대처에 반대한다는 뜻이지 만약의 위험을 예방하고 대처하는 자세는 절대적으로 필요하다.

전문가들은 그 어떠한 테러방지법을 동원하더라도 자살테러는 막을 수 없을 것이라고 본다. 9·11 테러는 현대와 같은 고도의 발전된 위험사회가 얼마나 위험한가 하는 것을 분명하게 보여 주었다. 어떤 사회도 위험과 폭력으로부터 100% 안전할 수는 없다. 절대적 안전을 내세우면서 그것을 달성하기 위한 국가의 권한 확대를 시도한다면 이는 국민을 우롱하는 일이자 국민과 인권에 대한 위협이 될 것이다.

그러므로 다른 방식으로 접근해야 한다. 한국 사회의 실정을 고려한다면 광범위한 재난예방 및 재난구조체계를 구축하는 것이 무엇보다도 필요하다. 고도기술사회가 갖고 있는 그 자체의 위험에 대처하기 위해 국가의 예산을 어디에 쓸 것인가 하는 부분은 매우 중요한 정책적인 판단이다. 시간과 돈과 인력을 적절하고 필요한 부분에 균형 있게 투입할 수 있는 지혜를 모아야 한다.

4·16세월호참사 특별조사위원회가 세월호 참사의 진상과 원인을 규명하고 세월호 참사에 대처하지 못한 국가 무능력을 진단·평가하며 국회와 함께 대형재난에 대한 예방 및 대응 체계를 마련한 입법 활동을 하는 과정에서 우리는 테러에 대한 해법도 어느 정도는 찾을 수 있을 것이라고 믿는다."

국정원 개혁을 막는 정부와 여당

이런 이야기입니다. 이런 것들이 지금 학자들이 생각하는 얘기들이고요. 대체적으로 저희가 이와 같은 방식의 국정원 개혁방안을 계속 냈는데 지금 정부와 새누리당이 그것을 막고 있고요. 그리고 지금 이제 오히려 거꾸로 국정원의 권한을 강화하는 이런 법안을 낸 거지요. 그러니까 이런 추세가 상당히 좋지 않은 추세다 하는 점들을 저희가 말씀을 드리는 겁니다.

대체적으로 저는 경제적인 측면에서 주로 많이 말씀을 드렸고요. 국가정보원의 문제는 단순한 국가정보원의 문제가 아니라 이게 지금 이렇게 양당 간에…… 저는 이 문제에 대해서는 이렇게 첨예할 정도가 될 필요는 없다고 생각하고 지금도 양당이 굉장히 빠른 시간 내에 합의될 수 있는 여지가 분명히 있음에도 불구하고 박근혜 대통령께서 그리고 새누리당에서 이것을 거부하고 있는 것은 테러방지 외에 다른 목적이 있는 것으로 의심할 수밖에 없다는 말씀을 다시 드리고요.

그것은 결국은 정치적인 목적 때문에 이런 중요한 사안을 그렇게 처리하고 있다, 이렇게 공포의 정치, 독선의 정치로 일관하고 있다는 생각을 갖지 않을 수 없습니다. 그런 독선의 정치, 공포의 정치는 잠시는 성공할지 모르지만 반드시 국민의 심판을 받는다는 것이 역사의 교훈입니다.

제가 말씀드립니다마는 역사에서는 항상 단기간 동안에는 그렇게 자본의 이익을 대변하면서, 권력으로 인권을 침해하면서 잠시는 정권을 유지할 수 있을는지는 모르지만 그렇게 오래 지속될 수는 없다, 최악의 경우에 한국이 굉장히 위험한 파시즘 국가로 갈 수도 있겠지만 1987년에 시민혁명을 이끈 우리나라의 저력으로 볼 때 저는 그것은 불가능하다고 생각을 하고 있습니다.

그러니까 그런 것들을 막는 것이 사실은, 국민들이 제대로 정보를 알지 못하는 것 때문에 그렇게 되는 건데요. 이렇게 필리버스터를 통해서 정보가 알려지게 되니까 저는 그런 희망적인 순간이 조금 더 앞당겨지지 않았나 이렇게 생각을 하고 있습니다.

과거 우리는 굉장히 어두운 시기를 살았습니다. 광주사태가 벌어졌는데, 얼마 전에 돌아가셨지요, 독일의 사진기자가 광주사태를 찍어서 일등석 비행기를 타고 일본에 가서 그것이 나중에 우리 대학가에서 전부 돌려 본 영화가 되었고 필름이 되었고 바로 그렇게 진실을 알게 된 것이 대한민국의 민주화를 가져온 겁니다.

그런 의미에서 저는 정보를 굉장히 중요하게 생각하는데 지금 한국 정치는 정보가 꽉 막혀 있다, 경제도 꽉 막혀 있고, 한국 정치도 정보가 꽉 막혀 있고, 경제도 돈이 순환이 되어야만 경제가 발전하는데 지금 재벌이 710조 원 갖고 있으면서 거기에 파이프가 고장 났어요. 고장 났는데 지금 새누리당은 고장 안 났다고 계속 주장하면서 재벌에게 계속 돈을 갖다 주는 거지요.

정치 쪽에서도 정보가 국민들 사이에 유통이 되어야 되는데 지금 파이프가 고장이 난 거지요. 그래서 국민들이 하는 얘기는 유통이 되지 아니하고 국민들 상호 간에 서로 보지 못하고 그리고 대신에 일방적으로 이렇게 대통령 말씀만 계속 나오고 그다음에 경제권력들 여기 얘기만 일방적으로 되어서 정보도 꽉 막혔고, 그래서 지금 한국의 문제는 여기 저기 꽉 막혀 있는 게 문제다, 이것을 우리가 뚫어야 되는데 저는 쉽게 곧 뚫릴 거라고 생각합니다.

왜냐하면 이제는 1인 미디어 시대거든요. 그래서 현재 누구나 휴대폰을 들고 다니고 최근에 와서 급작스럽게 발전하고 있는데 미국에서는 이미 실시간 동영상 생중계가 페이스북으로 가능하다고 합니다. 그런데 우리나라는 지금 오마이뉴스가 처음 시도를 하고 있고요. 아직 도입 단계인데, 그런 식으로 깨어 있는 시민들이 1인 미디어로 장착해서 서로의 얘기를 확대 재생산한다면 저는 강력한 경제권력, 정치권력의 힘을 우리가 이겨 낼 수 있으리라 이렇게 생각을 하고 있습니다.

제 다음이 '사이다 국회의원'이신 서영교 의원께서 오시기 때문에 충분히 제가 시간을 드리려고 노력을 했는데 그전에 잠깐 말씀을 드리면……

아이고, 제가 아침이 되어서 정신이 혼미해서 '광주사태'라고 그랬나요? '광주사태'가 아니고 '광주민주화항쟁'인데 '광주사태'라고 했다고 어떤 분이 얘기를 해 주시네요. 죄송합니다.

아직 상당히 시간이 있습니다, 제가. 최소한 40분은 더 얘기를 해야 되고요.

8. 정치 무관심, 최악의 통치자를 만난다

1971년 김대중 후보의 장충단공원 연설

제가 마지막으로 꼭 읽어 드리고 싶은 게 하나 있습니다. 이게 1971년 도 4월 18일 날 당시 김대중 후보께서 장충단공원에서 대통령선거 유 세를 하신 유세문인데요. 저는 이 글을 보고 굉장히 크게 감동을 해서 대한민국 연설문 중의 최고의 명문이 아닌가 이렇게 생각을 합니다.

저는 루스벨트 대통령을 좋아해서 루스벨트 연설문들을 많이 읽는데 요. 하니히나가 굉장히 명문인데요. 그것에 버금가는 명문이 바로 71년 도 장충단공원의 연설문이다 이렇게 생각을 하고요. 그런데 제가 이걸 읽어 보고 정말 너무나 놀랐습니다.

왜냐하면 제가 정치에 들어와서 저도 연설문을 좀 도와 드리고 이러는 데요. 지난번에 이종걸 대표님 연설한 게 굉장히 큰 명문 중의 명문이 었습니다. 아주 좋았고요. 지난번에 새누리당의 유승민 대표의 연설문 도 아주 명문이라고 지금 되어 있지요.

그런데 제가 보기에는, 너무 놀란 게 1971년도 글인데 지금 보더라도 너무 좋다 그리고 지금하고 너무나 똑같다, 이 얘기를 들어 보시면 여러분들이 테러방지법을 얘기하는데 왜 지금 이걸 얘기를 하나 이런 의문이 들 건데 그게 해결이 될 거라고 생각합니다.

그런데 불행하게도 이게 굉장히 길어서, 인터넷에서 장충단공원 연설문을 찾아보면 전문이라고 나와 있는데 그게 사실 전문이 아니에요. 그래서 김대중평화센터에 제가 요청을 해서, 저는 이게 너무 좋아서 받아서 제 홈페이지에도 올려놓고 그랬는데요. 그때 40대 청년 김대중의 패기 그리고 그때 이렇게 좋은 글을 옆에서 조언해 줄 사람이 많지 않았을 건데 이 글을 보면서 저는 굉장히 놀랍게 생각을 합니다. 그러니까 지금 저는 많은 분들에게 이 글을 꼭 읽어 봤으면 좋겠다라고 제안을 드립니다.

제가 오늘 말씀드린 게 역사적인 얘기를 주로 했고 역사가 이렇게 반복이 되는데, 아까 계속 말씀드렸다시피 요즘 들어서 박근혜정부, 새누리당이 자꾸 옛날로 회귀하고 있다, 드디어 회귀한 게 1971년 정도하고 우리가 상당한 유사점을 찾을 정도니 한번 여러분이 들어 보시기 바랍니다.

"존경하고 사랑하는 서울 시민 여러분!

나는 먼저 내 연설을 시작함에 있어서 나의 경쟁상대인 공화당의 박정희 후보의 건투를 여러분 앞에서 비는 바입니다.

서울 시민 여러분!

나는 그동안 전국 방방곡곡을 돌아다녔습니다. 지금 전국에서는 모든 시민들이 이번에야말로 정권교체를 기어이 이룩하자고 경상도서, 전라도서, 충청도에서, 강원도에서 궐기했습니다.

나는 전국 유세의 결과 필승의 신념을 가지고 살아왔습니다만 오늘 여기 장충단공원의 100만이 넘는, 대한민국에서뿐만이 아니라 세계에 그 유례가 없을 이 대군중이 모인 것을 보고, 서울 시민 여러분의 함성을 보고 이제야말로 정권교체는, 우리의 승리는 결정이 났다는 것을 나는 여러분 앞에 말씀할 수 있습니다.

여러분, 이번에 정권교체를 하지 못하면 이 나라는 박정희 씨의 영구집권의 총통 시대가 오는 것입니다." 이게 71년도 4월 달에 연설을 한 것이니까요 이 예언은 그대로 들어맞은 거지요.

"공화당은 지난 개헌 때 이미 박정희 씨를 남북통일이 될 때까지 대통령을 시키려고 했으나 그 당시는 아직 자기 공화당 내부나 야당이나 국민이나 거기까지는 할 수 없어서 못 했던 것입니다. 나는 공화당이 그런 계획을 했다는 사실과 이번에 박정희 씨가 승리하면 앞으로는 선거도 없는 영구 집권이 총통 시대기 온다는 데 대한 확고한 증거를 가지고 있습니다. 또한 야당도 이번에 정권교체를 하지 못하면 더 이상 싸워 나갈 힘을 갖지 못할 것입니다.

박정희 씨는 지금 국민에게 봉사하고 심판받는 대통령 입후보가 아니라 국민에게 군림하고 국민을 지배하는 군주 같은 자세를 취하고 있습니다. 대통령선거에 임했음에도 불구하고 전국 유세조차 하지 않고 도 소재지 몇 군데밖에 안 가고 있습니다. 국민을 무시하기 때문에 그런 것입니다.

뿐만 아니라 박정희 씨가 며칠 전에 대전서 연설을 하면서 '나의 상대는 북괴뿐이다' 이렇게 말했습니다. 여러분, 이것이야말로 대한민국 내에서는 내가 상대할 사람이 있을 수 없다는 유아독존의 군주적인 자세를 표시한 것입니다.

여러분, 김일성이는 박정희 후보만의 상대가 아니라 삼천만 국민의 대결상대요 여러분과 나의 대결상대인 것입니다. 동시에 우리는 이 나라에서 지금 김일성에게 승리를 가져다주고 공산당에게 승리를 가져다주도록 독재와 부패와 특권경제를 하고 있는 오늘의 박 정권의 오늘의 정치야말로 공산당을 키워 주는 온상인 것입니다.

그리고 나는 여러분에게 말합니다. 우리는 다 같이 오늘의 공산당을 키워 주는, 공산당을 승자로 만든 박 정권의 독재와 썩은 정치와 특권경제가 종식하지 않으면 장차 공산당에게 승리할 수 없다는 것을 여러분에게 말씀하면서 우리가 공산당을 이기기 위해서는 박 정권을 이번에 기어이 종식해야 한다는 것을 여러분에게, 나는 여러분에게 호소하는 것입니다.

여러분, 내가 정권을 잡으면 이 나라의 독재체제를 단호히 일소할 것입니다. 다시 대통령을 두 번밖에 못 하는 조항으로 헌법을 고치겠습니다. 민주주의국가는 아무리 그 사람이 위대하다고 하더라도, 정치를 잘했다고 하더라도 대통령을 두 번밖에 안 하는 것이 민주주의야. 만약 박정희 씨가 없으면 반공도 안 되고 국방도 안 되고, 박정희 씨가 없으면 건설도 안 된다면 그러면 박정희 씨가 야당으로 돌아가고 나면 대한민국은 간판 내리고 문 내려야 하지 않소.

나는 내가 정권을 잡으면 대통령을 두 번밖에 못 하도록 헌법을 고칠 뿐만 아니라 그래도 사고가 나면, 우리나라 청와대는 여러분이 아시다시피 집터가 나빠 가지고 거기 들어간 사람마다 3선개헌을 해요. 이 박사가 그러더니 박정희 씨도 그래요.

박정희 대통령은 지금부터 4년 전에 목포에 나를 때려잡으러 왔어요. 유명한 6·8 선거 당시에 내가 박 대통령에게 질문을 했어요. '당신이 이렇게 대통령에 당선돼 가지고, 그래 가지고 이렇게 국회의원선거를 부정선거 하는 것 보니까 3선개헌을 목표하고 있는 게 아니냐?' 이랬더니 박 대통령이 목포 역전에다 2만여 명을 모아 놓고 연설을 했어요. '3선개헌은 절대로 안 한다. 나보고 3선개헌을 한다는 것은 야당 놈들의 모략이다' 이렇게 말했어요. 그랬더니 재작년 와서 절대로 안 한다던 3선개헌을 정반대로 '절대로' 해 버렸어요. 그렇소.

우리나라 정계에는 아첨하는 사람들이 많아요. 공화당의 윤 모 씨라는 분은 과거 이 정권 때는 이 박사한테 붙어 가지고 '이승만 대통령은 건국 이래의 위인이다. 그러니까 3선개헌을 해야 한다' 하더니 어느새 박정희 씨에게 붙어 가지고 '박정희 대통령은 단군 이래의 영웅이다. 그러니까 3선개헌을 해야 한다' 이런 말을 했어요. 이린 자는 앞으로 내가 대통령이 되면 또다시 쫓아와 가지고 '김대중 대통령은 천지개벽 이래의 영도자다. 그러니까 3선개헌을 해야 한다' 이럴지도 몰라. 그렇기 때문에 이번에 헌법을 아예 3선개헌을 못 하도록 헌법 부칙에다가 대통령은 두 번밖에 못 한다는 헌법 69조3항은 누구도 고칠 수 없다고 못박아둠으로써 앞으로 이 나라에서 이 가든 박 가든 김 가든 누구든 자기 한 사람의 영구 집권을 위해서 헌법을 이리 고치고 저리 고치고 못 하도록 영원히 못 하게 하겠다는 것을 여러분 앞에 내가 공약하는 바입니다."

박정희의 3선개헌에 반대했다가 중정에서 몽둥이세례를 당한 국회의원들

여기가 이제 핵심인데요,

"내가 정권을 잡으면 이 나라의 정보정치를 일소할 것입니다. 오늘날이 나라는 말만 민주주의야. 백성 민(民)자 임금 주(主)자, 백성이 주인이란 말이야. 그런데 새빨간 거짓말이야. 백성이 선거의 자유가 없어요. 시골에 가보면 야당 유세장에 나오지도 못하고 나와도 박수도 못쳐요. 이러한 독재정치, 이 독재정치의 총본산이 중앙정보부다······오늘날 중앙정보부는 언론을 완전히 장악해서 신문과 방송이 사실을보도 못 하게 하고 부정선거를 지휘하고 야당을 탄압하고 야당을 분열시키고 심지어 여당조차도 박정희 씨 1인 독재에 반대하는 사람은살아남지 못해.

재작년 3선개헌 때 공화당 국회의원들이 3선개헌에 반대한 사람들이중앙정보부에 끌려가서 지하실에서 발길로 채이고 몽둥이로 맞고 온갖 고문을 다 당했어. 3선개헌 하면 나라가 망한다고 공화당 의장직을그만두고 탈당했던 김종필이라는 사람이 오늘날 저렇게 자기 마음에없는 소리를 하고 돌아다니는 것도 정보정치의 압력 때문에 그런 거야. 이것이 현실이야.

중앙정보부는 학생들을 때려잡고 학자와 문화인들을 탄압하고 못 하는 일이 없어. 정계에 개입해 가지고 모든 일마다 간섭하고 요새도 경제인들을 수백 명 불러다가 '김대중에게 돈 주지 마라. 만일 돈 줬다가는 너희 사업을 망쳐놓겠다' 협박을 해 가지고 돈을 절대로 안 준다는 각서를 받고 있어요. 그래 가지고 물론 각서 썼다는 말 밖에 나가서 안 하겠다고 또 각서를 씌우고 있어요.

여러분, 중앙정보부는 공산당은 잡지 않고 독재의 총본산이요. 따라서 만일 이와 같은 정보정치를 그대로 놔두어 가지고는 이 나라의 이 암흑과 독재를 영원히 제거할 수 없을 뿐만 아니라 국민 여러분의 권리와 국민 여러분들의 자유가 소생될 길이 없는 것이기 때문에 내가 정권을 잡으면 이런 암흑 독재의 무덤을 이루고 있는 중앙정보부를 단호히 폐지함으로써 국민의 자유를 소생시키겠다는 것을 여러분에게 약속하는 것입니다.

내가 이 자리에서 여러분에게 알려 드릴 반가운 소식이 하나 있습니다. 지금까지 정보정치에 시달려오던 우리 언론계 동지들이 동아일보를 위시해서 속속 대한일보, 한국일보, 조선일보, 중앙일보, 경향신문 등 이러한 신문사에서 정보원들이 신문사에 들어오고 언론 자유에 간섭하지 말고 우리도 이제는 우리들의 권리를 찾아야겠다고 각 사에서 결의를 하고 나섰습니다. 요새 3, 4일 사이에 계속적으로 결의하고 나섰습니다.

여기에는 큰 용기가 필요하고 결심이 필요함에도 이와 같이 결의한 우리 언론계 동지들의 향도에 대해서, 용감성에 대해서 서울시민 여러분들이 격려의 박수를 보내 주심을 부탁합니다.

내가 정권을 잡으면 지방자치제를 실시해서 민주주의의 기초를 확립하고 대통령 직속하에 여성지위향상위원회를 두어 가지고 우리나라 1500만 여성들의 교육과 생활과 보건, 사회적 대우 이런 문제에 대한 특별한 배려, 우리나라 여성들의 능력을 개발해서 지금까지 파묻혔던 여성들의 실력을 우리 국가 건설에 활용함으로써 새로운 민족중흥의 위대한 힘을 발휘코자 여성 문제에 대한 적절한 조치를 취할 것을 여러분에게 약속하는 것입니다.

다음에 박 정권은 반공을 두고 마치 공산당을 자기네 혼자 반대하는 것 같이 떠들어 대요. 과연 박 정권이 반공을 하느냐? 오늘날 이 독재 정치 이것은 무엇 때문에 우리가 공산당을 반대하는가 그 의미를 통쾌하게 말해 봅시다.

오늘날 이 썩은 정치 이것은 공산당을 키워 주는 온상이요. 오늘날 이 몇 사람을 잘살게 하는 특권경제, 공산주의는 이런 특권경제 속에서 자라나요. 따라서 박 정권은 말로는 반공 하지만 그 하는 정치는 오히려 공산당을 키우고 기르는 반공을 하고 있어요. 뿐만 아니라 박 정권은 공산당을 잡자, 간첩을 잡자 이렇게 말하지만 공산당도 안 잡아.

여러분!

지금 이 시간에 공산당을 잡으라는 중앙정보부나 경찰의 정보 형사들이 지금 이 시간에 공산당 잡고 있습니까? 내가 전국을 돌아다녀 보니까 지금 그 사람들이, 대공 사찰기관들이 밤잠을 안 자고 잡으려고 뛰어다니는 것은 공산당 간첩이 아니라 4월 27일 선거날을 전후해서 신민당 대통령후보 김대중이를 잡으러 뛰어다니고 있다 이 말이야.

공산당도 안 잡아. 말뿐이야. 뿐만 아니라 우리 국군을 정치적으로 악용해 가지고 국군의 사기가 떨어지고 전투력을 저하시키고 군대 내에서 사고가 증발한다 이 말입니다. 국제적으로 전쟁 애호 국가, 독재나

하고 부패한 나라로 낙인찍혀 가지고 심지어 미국 국회나 국민들 사이에서는 대한민국을 포기해 버리자는 논의가 나오기에 이르는가 하면 유엔 총회에서는 작년에 과반수의 지지조차 못 받게 되어 버렸어요.

썩은 정치는 공산당을 키워 주는 온상이요

불란서는 대한민국하고 국교를 맺지 않으려 하고 독일은 하여간 나라로 치지 않는 상태로 되어 버렸어요. 이렇게 고립돼 버렸어요. 박 정권 아래에서는 국가의 안전보장이 없는 것입니다.

여러분!

내가 정권을 잡으면 1년 이내에 서울 550만 서울시민들이 안심하고 발 뻗고 잘 수 있는 국방태세를 완비할 것입니다. 그것은 첫째로 완전히 국민의 지지를 받는 정부를 수립하여 공산당이 발붙일 데가 없도록 하고 모든 정보기관들이 공산당 잡는 데 집중해서 간첩이 얼씬도 못 해. 국군을 정치적으로 완전 중립시키니까 오직 대공전투에만 집중하게 돼요."

이게 지금 오늘 우리가 한 얘기하고 똑같은 얘기를 1971년에 하는 것 아니겠습니까?

"국제적으로는 한국에서 민주주의가 살아나게 되고 신임과 존경을 받으니까 우리의 우방국가들이 더욱 도와주고 여기에 미군의 철수가 중지돼. 한국에서 이번에 정권교체가 되어야만 민주주의가 승리하고 우리의 안보태세는 비로소 반석 위에 올라가게 되는 것입니다.

내가 여러분에게 한 가지 책임 있는 말을, 중요한 말을 하겠습니다.

여러분!

김일성이는 앞으로 10년 내에는 대한민국을 침략하지 못해요. 38선을 돌파하지 못해. 김일성이는 그럴 힘이 없어. 뿐만 아니라 세계는 지금 전쟁이 아니라 평화로 가고 있어요.

여러분!

중공과 미국 관계를 보시오. 닉슨 대통령이 중공에 가고 싶다고 했어요. 자기 딸 신혼여행을 중공에 보내고 싶다고 했어요. 세계는 지금 평화로 가고 있는 거요. 박정희 씨는 국민 앞에 거짓말을 하고 있어요. 뿐만 아니라 소련과 중공이 김일성이가 쓸데없는 짓을 하면 일본이 재무장하기 때문에 절대로 못 하게 되어 있어요. 김일성이는 쳐들어오지 못해요.

다만 문제는 우리 정치가 잘못되어 가지고 우리 내부에서 사고가 나는 것이 문제입니다. 그것은 정치를 하루빨리 시정해야만 그 사고를 바로잡는 것입니다. 그것이야말로 이번에 정권 교체가 되어야 하는 것입니다.

여러분!

내가 '향토예비군을 폐지한다' 이렇게 말했더니 마치 공화당 사람들이 향토예비군을 폐지하면 내일이라도 김일성이가 서울에 들어올 것 같이 말을 해. 이것은 새빨간 거짓말이야. 우리는 향토예비군이 없어도 예비역을 유사시에 10분 내에 동원할 수 있는 그러한 법과 제도가 있는 것입니다. 향토예비군은 국방에 필요한 것이 아니라 박정희 씨의 독재체제를 강화하기 위해서 필요한 것입니다. 민주주의에서는 필요 없는 거요.

우리는 이북의 김일성이보다도 배나 많은 현역 군인을 가지고 있는 것입니다. 60만 대군을 가지고 있습니다. 미군이 주둔하고 있습니다. 경찰이 있습니다. 향토예비군은 필요가 없는 거요. 취약지구에는 전투경찰대와 예비사단 기동타격대가 있으면 됩니다.

내가 향토예비군을 폐지한다고 했더니 전국의 국민들이 호응을 했어요. 이에 공화당이 놀라 자빠져 가지고, 이래서 국방부장관이 협박을 하고 국회의 문을 닫고, 내가 무슨 김일성한테 손을 든 것처럼 떠들어 댔어.

내가 공화당 사람들에게 말했어. '당신네 향토예비군이 그렇게 좋으면 공화당은 하라 이 말이야. 내가 정권 잡아 가지고 우리 국방정책에서 향토예비군 필요 없다는데 남의 당 정책에 대하여 공화당이 시비할 게 뭐 있느냐 말이요.'

이래 가지고 내가 향토예비군은 필요 없고 예비역을 1년에 한 번 내지 두 번 소집해 훈련하자니까 공화당이 처음에는 반대하더니 결국 지금 향토예비군 그대로 두면서도 1년에 향토예비군을 두 번 소집한다고 즉각 반응을 보였어요. 여기에도 향토예비군 대상자들이 많이 모였는데 여러분들, 요 몇 달 동안 향토예비군 안 불려 가게 되어 좀 편해진 것 다 내 덕인 줄 알라 그 말이요.

향토예비군은 이중 병역의무요, 헌법 위반이요, 옷값만 하더라도 25억 원이요, 하루 200원씩 생업에 지장을 보면 183억이야. 더욱이 향토예비군은 경찰 지휘하에 있어 가지고 시골 같은 데 가 보면 지서 순경들은 숙직실에서 잠을 자고 향토예비군이 파출소 보초나 서 주고 산에 가서 나무 해다가 바치고 하는 실정입니다.

향토예비군 중대장을 작년 이래 중앙정보부에서 불러다가 훈련을 하고 있는데 그 훈련 내용이 공산당 잘 잡으라는 훈련이 아니라 이번 대통령선거에 야당 후보 김대중이 잘 때려잡으라고 훈련하고 있다 그 말이야. 또한 향토예비군 나가는 데 3000원이나 5000원을 중대장 갖다 주면 한 달에 한 번 안 나가도 전부 나갔다는 도장 찍어 줘요. 이렇게 썩었어.

그러므로 내가 정권을 잡으면 국방에는 아무 도움이 안 되면서 독재체제를 강화하는 데 악용하고 있는 이와 같은 군사조직의, 군국주의로 끌고 가는 향토예비군을 전면적으로 폐지하겠다는 것을 여러분에게 약속하는 바입니다.

또한 학교 교련, 이것도 군사독재 강화를 위해서 하는 것입니다. 대학교 재학생보고 5분의 1 시간이나 군사훈련 받아라 하는 이것은 대학교인지 군대인지 구분할 수가 없어요. 지금 이 나라에는 30만 명의 병역기피자가 있고 40만 명의 제1보충역이 있어요. 군대 나가고 싶어도 영장이 안 나와서 못 나가요. 그런데 무엇 때문에 대학생을 괴롭히느냐 말이에요. 이것은 정의감과 민주주의적 신념에 넘치는 대학생들을 꽉 장악함으로써 독재체제에 반항을 못 하게 하기 위해서 그런 거야.

따라서 우리가 정권을 잡으면 당연히 향토예비군과 마찬가지로 대학교에서의 군사 교련은 철폐할 것이며 요새 대학교 교련 반대를 이 사람들이 악용해 가지고 선거에 자신이 없으니까 엉뚱한 일을 하려고 해요.

나는 대학교 학생들에 대해서 내가 이래라 저래라 할 입장에 서 있지 않지만 한 가지 분명히 타이를 말이 있어. 이 자들에게 악용당하지 않도록 유의하는 동시에 우리가 정권을 잡으면, 4월 27일 날 민주주의가 승리하면 이와 같은 독재주의의, 군사주의의 군사 교련은 당연히 자동적으로 폐지된다는 것을 여러분 앞에 다짐하는 것입니다.

제2의 청일전쟁이나 러일전쟁은 없어야

공화당이 자꾸 우리에 대해서 생트집만 잡고 있습니다. 내가 볼 때 정권이 바뀌기는 틀림없이 바뀌겠어요. 왜 그러냐 하면 과거 선거 때는 야당이 자꾸 비판을 하고 여당이 정책적이라 하더니 아까 양일동 부의장도 말했지만 이번에는 야당이 정책적이고 여당이 만날 트집만 잡고 있어. 신민당 유세장에 가도 신민당 얘기, 공화당 유세장에 가도 신민당 얘기만 하지 다른 말이 없어. 이것은 공화당이 이미 국민 앞에 내세울 밑천이 없어졌다 이 말이야. 거짓말은 이제 안 먹혀들어 가기 때문에 그런 상태가 오디 이 말이야.

아까 4대국 전쟁 억제문제는 우리 유진산 당수께서 이미 설명하셨기 때문에 내가 더 말 안 하겠어요. '이 나라에서 제2의 일·청전쟁이나 일·러전쟁을 하지 말라. 이 나라에서 다시 6·25 같은 것은 제3국을 조종해 가지고 획책하지 말아라' 그게 뭐가 잘못이야? 남북 교류 문제도 김일성이가 전쟁을 포기하고 파괴분자를 보내지 않는다면 그 전제가 선다면 우리 동포끼리 소식이라도 알아보고 체육 경기에도 나가고 기자도 왔다갔다하자, 그것이 뭐가 나쁘냐 그 말이에요.

세계에서 같은 동족끼리 자기 부모 형제가 살고 있는지 죽었는지 알아보지도 못하고 편지하지도 못하는 나라는 박정희 정권 치하의 대한민국뿐이란 말이에요. 월남도 잘하고 있어요. 내 제안이 뭐가 잘못이오? 박정희 씨는 엉뚱하게 무슨 70년대 후반에 가서 신의주까지 고속도로를 놓느니 금강산에 가서 관광개발을 한다느니 잠꼬대 같은 소리를 하고 있어요.

아까도 말했지만 국제정세는 지금 급속도로 변하고 있어요. 내가 말한 4대국의 한반도 전쟁 억제, 이 안은 내가 지난번에 미국 갔을 때 험프리 전 미국 대통령 후보 같은 사람, 내 그 설명을 듣고 당신의 그런 훌륭한 정책을 미국 지도자들이 다 알았으면 한다면서 내 손을 붙잡고 널리 좀 알려 달라고 부탁했어요. 하버드대학의 라이샤워 교수나 MIT 대학의 윌리엄 번디 같은 교수가 전폭적으로 지지를 해요. 닉슨 대통령도 금년 연두교서에서 아시아에서의 안전보장은 4대 국가에 달려 있다고 말하고 있어요.

나는 박정희 씨에 대하여 이 자리를 통해서 말하고 싶습니다, 대통령을 하려면 공부 좀 하라고. 국제정세가 어떻게 돌아가는가, 조그마한 국내 정치에만 악용하려 들지 말고 크게 앞에 나와 대결을 해 보라고. 50년과 100년 앞을 내다보고 국가의 운명을 내다보는 대통령학을 공부하라고 권고하고 싶어요.

여러분!

나는 오늘 여기서 박 정권의 부정부패에 대해서 내가 여러분에게 대해서 중대한 얘기를 좀 하고 싶습니다. 요새 지방을 다녀 보면 도처에 뭐라고 써 있느냐 하면 "중단 없는 전진" 이렇게 해 놓았습니다. 박 정권이 전진한다는 것입니다. 전진은 뭐가 전진입니까? 이 나라에서 민주주의가 후퇴하고 남북통일이 후퇴하고 농촌 경제가 후퇴하고 도시 중소기업들의 경제가 후퇴하고 대기업들이 마구 쓰러지며 후퇴하고 오직 이 나라에서 중단 없이 전진하고 있는 것이 하나 있어. 그것은 오직 부패가 중단 없이 전진하고 있어요.

오늘날 박 정권 사람들은 마치 부정부패는 박정희 씨는 아무런 책임이 없는 것처럼 얘기를 해요. 나는 나의 경쟁 상대자에 대해서 되도록 그 개인의 인격에 관련된 말은 내가 하고 싶지 않습니다. 다만 내가 참을 수 없는 것은 사실을 감추고 박정희 씨는 아무 책임이 없는 것같이 하는 것만은 용서할 수가 없어요.

박정희가 만든 5·16 장학회의 축재

오늘날 이 나라의 부정부패는 법적으로 정치적으로 박정희 씨에게 책임이 있을 뿐만 아니라 사실상 책임이 있어요.

여러분!

오늘날 지금 이 나라에서 청와대 비서진의 책임자, 경호실의 책임자, 박정희 씨의 처남, 박정희 씨 처조카, 사위, 이런 사람들이 몇십억, 몇백억의 부정 축재를 했어요. 어째서 박정희 씨에게 책임이 없느냐 그 말이에요. 한 가정에서 아버지 밑에 아들 형제가 전부 나쁜 짓을 하는데 아버지가 책임이 없습니까. 말도 안 되는 소리요.

뿐만 아니라 5·16 장학회라는 게 있어요. 방송국을 가지고 있고 신문사를 가지고 있고 대학을 가지고 있어요. 재산이 무려 500억이오. 50억이 아니라 500억이오. 이 500억의 거대한 재산을 가진 5·16 장학회, 문화방송을 가지고 영남대학을 가지고 부산일보를 가지고 있어요. 많은 신문들을 가지고 있어요. 여기는 말만 장학회라 해 가지고 갖은 축재를 다 하고 있어. 장학사업은 500억의 1할, 100분지 1, 고작 1억밖에 안 해. 금년도 장학사업이 2400만 원, 1억 원의 정비예금밖에 되지 않는다 이 말이야. 이렇게 폭리를 취하고 있는데 이 500억의 재산을 가진 5·16 장학회가 누구 것이냐? 박정희 대통령 개인 것이란 사실이 그 사정을 아는 사람들의 얘기예요.

또한 지금 이 나라에서 부정 선거한 돈, 부패하게 긁어모은 정치자금, 이런 것은 전부 박정희 씨 개인 수중으로 들어가 가지고 다시 국민들에게 돌아가 선거에 쓰여지고 있어요. 이 나라 부정부패를 그렇게 해놓고도 손을 못 댄 이유가 어디 있는 거요?

여러분!

지난번에 박정희 대통령은 2억 이상 350억까지 부정 축재한 공무원이나 여당 계통의 정치인 명단을 뽑으니까 300명이 나왔어요. 그러나 이 300명을 손대면 공화당의 대가리부터 꼬리까지 다 없어지니까 손을 못 대고 그대로 있는 거예요. 박정희 씨 수중에 그 명단이 있어요.

이렇게 부정부패한 것이 오늘의 현실이에요. 지금 이 나라 국민은 어떻습니까? 돈이 없으면 천금 같은 부모가 병들어도 병원 앞에서 죽고, 돈이 없으면 다 큰 자식이 학교도 못 가고, 쌀이 없으면 굶고, 집이 없으면 길거리에서 떨고 있는 실정입니다.

나는 며칠 전 신문을 보고 내가 눈물을 흘린 일이 있습니다. 어떤 지게 품팔이 한 사람이 아침에 집을 나오니까 자기 부인이 오래 앓은 속병에 "봄철 미나리 좀 먹었으면 좋겠소" 이 말을 듣고 돈벌이가 되면 사 가지고 간다고 약속을 했습니다. 때마침 비가 와 가지고 단돈 10원도 돈벌이가 없었어요. 저녁 때 돌아가려니 자기 처가 신음하며 기다릴 테니까 차마 발이 안 움직여서 미나리 나물 가게에서 30원짜리 미나리 한 단을 훔치다가 붙들려 가지고 지금 이 시간 절도죄로 구속돼서 형무소에 들어가 있어요.

여러분!

10년 전 5·16 당시에 8개월 민주당 정권을 기다리지 못해서 부정부패했다고 쿠데타를 했어요. 오늘날 10년이 되었어요. 박정희 씨는 5·16 당시에 500만 원의 부정 축재한 자도 모조리 구속을 해 가지고 재산을 몰수하고 소급법까지 만들었어요.

나는 박정희 씨에 대하여 서울시민 여러분과 더불어 권하고 싶어요. "박정희 씨요, 당신은 8개월의 민주당 정권도 기다리지 못하는데 10년 전 500만 원의 부정 축재자도 구속했는데 오늘날 당신의 주위에는 500만 원의 200배 5억, 1000배 50억, 10000배 500억의 부정 축재자들이 우글거려. 그럼에도 불구하고 당신은 30원짜리 미나리 도둑은 구속을 해도 50억이나 500억의 거대한 도둑놈들은 어째서 국민 앞에 드러내 가지고 이 자들을 처단하고 재산을 몰수하지 못하는 이유가 무엇이냐?"고 나는 박정희 씨에게 묻고자 하는 것입니다.

여러분!

윗물이 맑아야 아랫물이 맑습니다. 대통령이 깨끗해야 모든 공무원이 깨끗해요.

나는 내가 정권을 잡으면 내 단독으로 부정부패 일소에 대한 책임을 질 것입니다. 나의 재산을 국민 앞에 공개 등록하고, 부정부패 추방법을 만들고 부정부패적발위원회를 전국에 두어 가지고 국민 여러분의 대표가 참석해서 정치와 행정의 부정부패를 적발해야 할 것입니다.

나는 부정부패에 대한 전 책임을 누구에게도 미루지 않고 내가 지는 동시에 국민 여러분이 감시하고, 여러분이 한번 대통령인 나와 국민 여러분이 손을 잡고 일치단결해서 부정부패를 뿌리 뽑자는 것을 이 자리에서 제의하는 것입니다.

내가 정권을 잡으면 대중경제체제를 실시할 것입니다. 생산 면의 자유경제, 분배에 있어서 사회정의를 실천에 옮길 것입니다. 물가를 대폭 내려서 오늘날 독과점업자들이 결탁해 가지고 물가를 올리는 것을 법으로 금지해서 여러분의 물가를 대폭 내리고, 노동자와 사무원이 참여하는 노사노동위원회를 만들 것이며 또한 농촌경제의 발전 기초 위에 상업과 공업을 발전시킬 것입니다.

세금정책에 있어서 일대 개혁을 단행하겠습니다. 세금에 있어서 오늘날 돈 많이 벌면 세금 적게 내고, 돈벌이가 적은 중소기업이나 공무원이나 봉급자가 오히려 세금을 많이 냅니다. 노동자가 세금을 많이 부담하는 이러한 현상은 단호히 시정할 것입니다.

돈 많이 버는 사람은 세금 많이 내고 적게 버는 사람은 적게 내야

뿐만 아니라 돈이 많다고 해서 낭비하고 사치하는 사람들에 한해서 내가 정권을 잡으면 단단히 세금을 많이 물게 할 것입니다. 남들은 200만 원짜리 집도 없는데 5000만 원, 1억, 2억짜리 호화주택에 살고 있는 사람들, 부유세를 내야 해요. 3000만 원, 4000만 원 정원을 만들어 가지고 나무 한 그루에 100만 원, 150만 원짜리 심어 놓고 있는 사람들, 정원세를 내야 됩니다. 자동차 한 대에 200만 원, 300만 원 정도가 아니라 1000만 원, 2000만 원짜리 고급 승용차 타고 다니는 사람들, 특별세금 내야 돼요.

또한 도둑 지키자면 5000원짜리 진돗개면 되는데 독일이나 영국 같은 데서 100만 원, 200만 원 비싼 개 사다가 사람도 못 먹는 고깃덩이나 던져 먹이고 전문의 두어 매주 주사 맞히고 있는 사람들, 개에 대해서 단단히 세금 물어야 해요.

농민들은 땅 한 평이 없는데 30만 평, 40만 평 골프장이 대한민국에 10개 이상 있어요. 이 골프장 출입하는 사람들, 단단히 입장세 내야 해요.

또한 부인들이 1만 원짜리 반지도 못 끼고 다니는 사람이 수두룩한데 300만 원, 500만 원짜리 보석반지 끼고 다니는 사람들, 엄청난 사치세를 내야 돼.

이렇게 해서 내가 정권을 잡으면 돈 많이 버는 사람은 세금 많이 내고 적게 버는 사람은 적게 내는 동시에 돈 많다고 해서 나라와 사회 형편도 생각하지 않고 사치와 낭비하는 사람들 엄청난 부유세와 특별세를 받는 일대 과세 개혁령을 내리겠다는 것을 여러분 앞에 공약하는 바입니다.

또한 내가 정권을 잡으면 국민 앞에 육성회비를 폐지할 것입니다.

국가는 의무교육에 대한 책임이 있습니다. 어린이만 학교에 갈 의무가 있는 게 아니라 국가가 무상으로 교육시킬 책임이 있는 것입니다. 오늘날 육성회비 때문에 얼마나 많은 비극이 생기고 있습니까?

내가 정권을 잡으면 교과서대 50원, 육성회비 98원, 이 돈에 대해서는 예산을 절감하고 원활한 자치세를 확보해 가지고 국가가 이것을 책임지는 동시에 앞으로는 다시 국민학교에서는 돈 때문에 선생이나 학부형이나 어린이나 괴로움을 받고 쫓겨 오고 돌아오고 하는 이런 일이 없도록 의무교육에 대한 국가의 책임을 완수한다는 것을 여러분들 앞에 약속하는 바입니다.

또한 최저임금제를 실시하고 서울에 있는 판자촌 50만 세대에 대하여 대책 없는 철거를 중지하고 판자촌을 그 개량한 상태에 따라서 양성화시키고 합법화시켜서 이 나라에서 지금 주택 때문에 허덕이는 서민 대중의 주택에 대해서 국가가 대안도 없이 이것을 무작정 철거시키는 그러한 일이 없도록 한다는 것을 여러분에게 약속드리는 것입니다.

왜 이러한 공약에 대해서 공화당에서 실천 가능성이 없다고 해? 나는 이중 곡가제와 도로 포장과 국민학교 육성회비 폐지, 기타 내가 한 공약에 690억의 예산이 필요합니다. 그런데 지금 우리나라 예산 5200억의 1할 5부만 절약해도 750억이 나와요.

오늘날 특정 재벌들과 결탁해서 합법적으로 면세해 준 세금만 하더라도 1200억이에요. 그렇기 때문에 정권을 잡아서 절약하고 낭비하지 않고 받아들일 것 다 받아들이면 이와 같은 일을 하면서도 오히려 돈이 800억이나 남는다는 것을 여러분에게 제가 말씀드릴 수 있습니다.

또한 이 나라에서 지금 유물 만능사상, 성공 제일주의, 성도덕의 타락, 국민 정신의 해이, 이러한 박 정권의 정신과 도덕을 무시한 정책을 종교단체와 사회단체, 문화인들과 교육자들의 국민 정신 재건과 국민 도의 재건정책에 대해서 적극적으로 정부가 지원해서 사회부패를 일소하고 부지런한 자가 성공하는 건전한 시민사회를 만들어서 이 나라의 정신을 부흥시키고 물질만능을 배격하고 국민의 도의와 정신 앙양에 정부가 적극적인 노력을 경주한다는 것을 여러분 앞에 약속하는 것입니다.

내가 정권을 잡으면 국내외에 걸친 민주 거국내각을 실시하고 군대에 대해서 내가 완전무결하게 장악 봉사할 것입니다.

여러분!

군인 출신이라야만 군대를 통솔할 수 있다, 이것은 말도 안 되는 소리입니다.

오늘날 세계에서 가장 강한 이스라엘 군대, 250만 인구 가지고 1억 5000만 아랍 연합군과 싸워서 연전 연승한 이스라엘 군대를 통솔하고 있는 사람은 73살 먹은 마이어라는 여자 할머니이고 인도는 인디라 간디 여사가 3군 총사령관이요, 민주주의는, 민주 국가의 군대는 국민이 선출한 지도자에 복종하는 것이요, 대한민국 군대는 그런 군대요, 군대와 국민을 따로 갈라 생각하려는 것이 박 정권의 독재적인 사고방식입니다.

그러나 나는 여러분에게 분명히 말해 둡니다. 내가 이번에 선거에 승리했을 때 군대가 전면적으로 3군 총사령관인 나의 명령에 복종할 것인가에 대해서 나는 국내외에 걸친 모든 보장을 받고 있다는 것을 500만 서울시민 앞에 분명히 밝혀서 박 정권의 그와 같은 협박에 여러분이 현혹되지 말기를 당부하고 여러분들에게 안심하도록 말씀드리는 것입니다.

여러분!

신민당의 집권 능력에 대하여 공화당이 말합니다. 내가 미안한 말이지만 여러분에게 한마디 하겠습니다.

5·16 당시에 박정희 소장은 국민들이 이름도 몰랐어요. 그렇게 정치 10년 해서 오늘까지 이를 줄 누가 알았겠어요? 군대에는 내가 박정희 씨보다 아래지만 정치에는 내가 박정희 씨보다 10년 선배요.

5·16 당시에 육군 소장인데 나는 국회의원이요, 그 당시 국회의원은 육군 소장쯤 경례받으려면 받고 말려면 그만두어요.

나는 20년 정치를 내가 배웠어요. 내가 정권 잡아 가지고, 아무것도 모르는 박정희 씨가 10년 하는데 20년 정치 배운 내가 못 한다니 말이 되느냐 말이요.

거기에다가 우리 신민당을 보시오. 공화당은 정권을 가지고 있는 대통령인 박정희 씨가 당내에서 아무도 경쟁을 허용하지 못해. 김종필이가 대통령 하려니까 쫓아냈다가 선거하자니까 또 불러왔어.

그러나 우리 신민당을 보시오. 일생을 조국에 바친 유진산 당수, 나 개인적으로는 친부모 같은 분이 자기가 나를 처음엔 후보로 안 밀었지만 당에서 결정하니까 국민의 선두에 서서 민주주의 원칙에 복종해서 오늘날 동으로 서로 갖은 고생을 하면서 여러분의 기대에 어긋나지 않는 투쟁을 하고 있어요.

나와 경쟁을 했던 김영삼 동지, 이철승 동지가 오늘 이 자리까지 나오지는 못했지만 지금 경상도에서 전라도에서 뛰고 있어요."

70년대로 돌아간 한국정치

뒤에 한 두세 장 더 남았는데요. 제가 말씀드리고 싶은 것은 여기까지 나왔기 때문에 여기까지 읽도록 하겠습니다.

제가 오늘 왜 김대중 대통령, 당시 김대중 후보의 1971년 4월 18일 장충단공원 대통령선거 유세를 읽었느냐 그러면 오늘 제가 장시간에 걸쳐서 얘기했던 그 얘기가 지금 여기에 들어가 있지 않습니까? 오늘 제가 얘기했던 대로 지금 경제가 굉장히 어려운 것은 양극화가 된 것이고 따라서 저희가 지금 재벌에 대해서 과세를 강화하고 그리고 복지를 강화하고 누리과정하고 무상급식하고 이런 것 하자고 하는데, 교육에 대해서 더 투자하자고 얘기하는데 바로 1971년에 김대중 후보가 그런 공약을 내세웠고 그 당시에도 역시 국정원이 국가 안보를 위해서 열심히 일을 하는 게 아니라 정권 안보를 위해서 야당 정치인들이나 쫓아다니니까 이런 문제가 생겼다 이런 것들이 지금 적나라하게 그대로 드러나는 거지요. 그러니까 그 정권의 속성이 여기 연설문에서 그대로 드러나고요.

글쎄요, 제가 멋없게 읽어서 아마 여러분들이 얼마나 그 감을 느끼실지 모르겠지만 저는 역사공부에도 굉장히 좋은 자료라고 생각을 하고요. 이게 실제 육성도 인터넷에 돌아다니고 있습니다. 그런데 육성의 질이 별로 좋지 않은데요. 그래도 그때 청년 김대중의 패기 그리고 열정을 느낄 수 있는 아주 대단히 훌륭한 명문이라고 생각을 해서 제가 오늘 읽어 드렸습니다.

저는 우리나라에서 이것과 노무현 대통령께서 대통령후보 출마한다고 해서 주머니에 손 넣고 했던 연설, 그 연설이 대단히 훌륭한 연설이고 그것이 참여정부의 기틀이 됐던 연설입니다. 명문이라고 생각하는데 그런 의미에서 저는 오늘 필리버스터를 마무리하면서 이것을 한번 읽어 드렸습니다.

저처럼 실제로 정치인들의 연설문을 써 본 사람의 입장에서는 정말 어마어마한 연설문이라고 하는 것을 느끼게 됩니다. 물론 당시의 상황이 지금하고 달라서 굉장히 재밌는 얘기들이 많이 나오고요 그러는데 실제로 그것을 한 꺼풀 뒤집어보면 지금도 1971년과 크게 다르지 않구나 하는 것들을 우리가 알게 되는 것이지요. 제가 오늘 말씀드린 게 그겁니다.

그러니까 1971년도 김대중 후보의 정책이 지금까지 저희 더불어민주당이 하고 있는 정책이고요, 이것이 바로 전 세계적으로 진보정권이 내세우는 정책들인 것입니다. 그리고 여기에서 저희가 계속 얘기하는 것이 권력기관의 남용을 우리가 방지하게 되면 권력기관의 제 위치를 찾을 수 있다, 그런데 지금 자꾸 다른 목적에 의해서 권력기관에 권력을 더 몰아주려고 하는데 그것이 오히려 권력기관을 무너뜨리고 있다 이런 것들이 그때나 지금이나 똑같다는 말씀을 다시 한 번 드립니다.

그래서 저는 말씀드리고 싶은 게 이 테러방지법이라고 하는 것은 큰 차이가 없는 겁니다. 별 것 아닌 거예요. 별 것 아닌 것을 가지고 지금 새누리당에서 얘기하는 대로 진짜 테러를 방지하기 위한 법이라면 그냥 당장 타결할 수 있는 것인데 새누리당이 그렇게 동의하고 있지 않기 때문에 이렇게 문제가 되고 있고 이렇게 여야 대립으로 보여진다, 하지만 이 문제는 간단하지만 지난 2, 3년간 박근혜정부가 독선적인 정치를 하면서 보여 준 그것에 비추어 볼 때 박근혜정부와 새누리당과 더불어민주당은 분명한 차이가 있다고 하는 것을 다시 한 번 말씀드리겠습니다.

그래서 저희는 국정원의 본연의 위치를 찾아 주기 위해서—이것은 국민 여러분께서 판단을 하셔야 되는 겁니다. 그러니까 오늘 제가 계속 말씀드린 것처럼 국정원을 개혁해서 국정원은 해외정보에 열심히 투자하고 연구해서 그쪽의 전문기관으로 나서는 그런 기관으로 거듭나도록 저희는 그렇게 추진을 하는 것이고요, 그렇게 정책제안을 하는 것이지요.

그런데 국정원은 내부적으로 어떻게 되어 있느냐 하면 해외에 나가서 그렇게 고생하면서 열심히 정보를 수집하는 사람들은 진급하지 못하고 반면에 정치에 개입해서 불법을 자행한, 물론 그게 바로 위험수당이겠지요. 그래서 불법을 자행하는 사람들은 위험수당을 받아서 다음에 승진하고 더 좋은 자리를 찾아가는 이것이 바로 국정원을 악순환에 빠지게 해서 국정원을, 우리의 중요한 정보기관을 망가뜨리고 있다 하는 것이 저희의 기본적인 생각입니다.

따라서 저희는 인권을 굉장히 중시하고, 한 명 한 명의 인권에 대해서 국가가 조심해야 되고 그리고 틀림없이 테러의 위협에서 우리가 벗어나기 위해서 거기에 어떤 제도가 필요하다고 한다면 그 제도에 의해서 인권이 침해되는 사항은 최소한으로 하는 것을 주장하는 겁니다.

그런데 아까 말씀드렸다시피 지금 박근혜정부와 새누리당에서는 그런 것보다 테러방지법 자체의 중요성만 강조하고 있다, 그리고 그렇게 얘기하는 근거로 저는 그렇게 말씀을 드렸습니다.

경제비상사태를 안보국면으로 몰고가기 위한 의도가 아닌가

그런데 얼마나 설득력 있었는지는 모르겠습니다마는 지금 진짜로 중요한 경제는 비상사태라고 할 정도로 완전히 망가져 있고 국민들은 그야말로 도탄에 빠져 있고 하루하루 살기가 굉장히 어렵고, 정말 힘든 하루하루를 살아가고 있고 그 불만이 언제 폭발할지 모르는 상황인데 그런 것들을 언론을 통제하고, 그다음에 여론을 호도하기 위해서 이렇게 안보국면으로 국정을 몰고 가기 위해서 이런 것을 하고 있다는 의심을 저희는 하게 되는 것입니다.

그리고 분명히 새누리당과 더불어민주당은 차이가 있다는 점을 그 점에서 다시 한 번 말씀드렸습니다. 새누리당은 재벌을 지원해서 경제를 살리겠다고 하는 확고한 이념을 가지고 있는 정당이고요.

저희는—이게 경제적으로는 오래된 케인스의 얘기인데, 그렇게 해서 경제는 살아나지 않는다, 계속적으로 양극화가 더 진행이 되기 때문에 경제가 살아나기 굉장히 어려울 것이다. 그렇다면 저희 입장에서는 바로 그 어려운 구매력이 없는 중산층과 서민들에게 그대로 정부가 지원을 해 주는 것이 경제를 살리는 방법이다. 더 이상 재벌이 중소기업의 임금 쥐어짜기 이런 것들을 하지 못하게끔 해서 중산층과 서민에 돈이 돌게 하고 이 중산층과 서민에 돈이 돌게 되면 결국 구매력이 생겨서 소비가 늘어나게 되고 소비가 늘어나면 중소기업이 잘되고 중소기업이 잘되면 결국 대기업의 재벌들도 다시 돈을 벌게 되는 선순환의 경제운용을 저희가 주장하는 것이고, 그 주장이 이른바 케인스 경제학이라고 하는데…… 경제학에 그렇게 크게 두 가지 생각이 있습니다. 고전학파의 생각이 있고, 경제에는 정부가 가급적 개입하지 말라는 고전학파 생각이 있는데 지금 한국에 있어서 새누리당의 문제는, 미국이나 이런 데서 고전학파 경제학자들은 정부가 개입하지 말라는 겁니다.

그런데 한국의 문제는 한국 정부는 재벌에 대해서 특혜를 주고 있고 재벌에 대해서 세금을 깎아 주고 있고 그다음에 재벌의 세금·세율을 계속 낮추는 정책을 취했다는 겁니다. 이게 미국하고 우리나라하고 굉장히 다른 것이다 이런 말씀을 드리고 싶습니다.

그래서 새누리당과 우리와는 명백한 차이가 있다고 하는 것이 이번의 이 작은 테러방지법이라고 하는 것을 계기로 해서 더 극명하게 드러났다고 저는 생각을 하고요. 이제 그런 것들이 이번 필리버스터를 통해서 좀 더 많이 잘 알려졌으면 좋겠다 하는 생각을 합니다.

정치에 무관심한 자는 최악의 통치자를 만난다

이제 정리를 하도록 하겠습니다.

정치에 관심을 가져 주시기 바랍니다. '정치에 관심을 갖지 않을 때 여러분들은 최악의 통치자를 만나게 된다, 가장 바보의 통치를 받게 된다'고 그리스 철학자 플라톤이 얘기했습니다.

사실 시민사회가 발전하지 않은 그리고 노동조합이 발전하지 않은 한국 사회에서는 굉장히 힘든 상황에서 우리는 민주화라고 하는 시민혁명을 이룬 대단히 자랑스러운 국가입니다. 실제로 2차 세계대전 이후에 이렇게 발전한 나라는 없고 기적의 국가라는 것을 저는 믿어 의심치 않습니다.

그런데 그렇게 되면서, 경제가 좋아지면서 정치에 대한 관심들이 좀 더 줄어들었고 그리고 시대가 바뀌면서 좀 더 개인주의적으로 흐르고 이렇게 되면서, 특히 정치혐오증이 날이 가면 갈수록 확대된다고 하는 것을 저는 굉장히 안타깝게 생각을 했고 그것이 어떤 전기를 통해서 바뀌기를 기대했습니다.

그런데 이 필리버스터가 그와 같은 하나의 계기가 되고 그리고 많은 분들이 시청하고, 저한테 온 걸 보니까 이걸 시청하는 분들이 전 세계에서 시청하고 있다고…… 핀란드, 밴쿠버, 도쿄, 영국, 비엔나, 함부르크, 런던 이런 데 계시는 해외 교민들도 전부 시청할 정도로 관심을 많이 갖고 있다고 하는데 저는 그런 것이 계기가 되어서 한국의 민주정치가 한번 더 크게 발전했으면 좋겠습니다.

좋은 국회의원들이 많습니다. 좋은 국회의원들을 꼭 지켜 주셔야 됩니다. 좋은 국회의원일수록 힘을 가진 사람들이, 그러니까 국민의 목소리를 많이 대변하는 국회의원이면 국회의원일수록 국회에 진입하는 것을 원하지 않는 세력들이 있게 됩니다.

지금 저희가 우려하는 게 바로 그러한 상황들 때문에 국정원의 비대화를 우려하는 거고요. 정말로 국민을 주인으로 생각하는 국회의원들이 많이 만들어질 수 있도록 국민 여러분께서 관심을 가지셔야 되고요.

그리고 이번을 계기로 해서 우리 국민들이 적극적으로 정치에 참여를 해 주시는 것이 필요하다고 저는 생각을 합니다. 이제는 옛날처럼 깃발이 아니라 그냥 길거리로 나와서 선거운동을 해 주시는 것이 이러한 테러방지법에 대한 여러분의 의견을 제시하는 하나의 방법이라고 생각합니다.

필리버스터는 국회의원 5분의 3의 동의가 있으면 중단해야 합니다. 300명이니까 180명이 동의를 하면 중단되어야 됩니다. 저희가 지금 필리버스터를 할 수 있는 것은 다수당이 180명이 되지 않기 때문에 필리버스터가 가능한 거지요. 만약에 다수당이 180석 이상이 되게 되면 필리버스터조차도 불가능한 것이 현실입니다.

필리버스터는 결국은 제가 처음에 말씀드렸다시피 소수자의 의사진행 방해이기 때문에 필리버스터가 끝나면 이 법은 통과가 됩니다.

너무나 무력한 얘기입니다. 그것이 현실입니다.

필리버스터는 소수자의 마지막 목소리이고요, 그것이 바로 길거리로 뛰쳐나가지 않는 국민들에게 알리는 우리가 가지고 있는 유일한 수단입니다.

필리버스터가 효과가 있으려면 이 필리버스터를 시청하는 국민들께서 저의 얘기가 옳다고 하시면 그 의견을 전달을 해 주시기 바랍니다.

국회의장님께도 전달해 주고 새누리당 의원님들께도 전달해 주시고 대통령께도 전달해 주셔서 필리버스터의 의미 자체, 저희가 생각했던 국정원의 참다운 개혁을 위해서, 그리고 진짜 국민감시법이 아닌 참다운 테러방지법을 만드는 것을 지지한다는 여러분의 의견을 보여 주셔야 됩니다. 그것이 필리버스터의 종국적인 목표라고 하는 것을 말씀을 드립니다.

제가 학교에서 강의를 많이 했기 때문에 큰 준비 없이 왔습니다, 그냥 편안하게 얘기하려고. 그래서 중언부언한 게 좀 있었을 것 같은데요 그 중언부언한 부분이 사실은 굉장히 중요한 부분이라고 생각을 합니다.

오랜 시간 들어 주셔서 대단히 감사드리고요.

정의화 의장님, 제가 아까 신문기사 읽어 드린 것 죄송하게 생각하고요. 그냥 국민들에게 알리기 위해서 그랬다고 이해해 주시기 바랍니다.

앞에서 의원님들 너무나 잘해 주셨기 때문에 저는 이 정도로 마치면 될 것 같고요.

다음, 사이다 국회의원이 기다리고 있기 때문에 저는 여기서 마치도록 하겠습니다.

고맙습니다.

(박수 치는 의원 있음)

의장 정의화: 홍종학 의원님 수고가 많았습니다.

그런데 모두에 의장에 대해서 상당한 의혹을 제기했는데 전혀 사실무근이라는 것을 제가 꼭 말씀을 드리고요. 다음 기회가 있으면 사과를 해 주시기 바랍니다.

수고 많았습니다.

다음은 더불어민주당 서영교 의원 나오셔서 토론해 주시기 바랍니다.

부록. 테러방지법 전문

국민보호와 공공안전을 위한 테러방지법
〔 제정 2016.3.3 법률 제14071호 〕

제1조(목적)

이 법은 테러의 예방 및 대응 활동 등에 관하여 필요한 사항과 테러로 인한 피해보전 등을 규정함으로써 테러로부터 국민의 생명과 재산을 보호하고 국가 및 공공의 안전을 확보하는 것을 목적으로 한다.

제2조(정의)

이 법에서 사용하는 용어의 뜻은 다음과 같다.

1. "테러"란 국가·지방자치단체 또는 외국 정부(외국 지방자치단체와 조약 또는 그 밖의 국제적인 협약에 따라 설립된 국제기구를 포함한다)의 권한행사를 방해하거나 의무 없는 일을 하게 할 목적 또는 공중을 협박할 목적으로 하는 다음 각 목의 행위를 말한다.

  가. 사람을 살해하거나 사람의 신체를 상해하여 생명에 대한 위험을 발생하게 하는 행위 또는 사람을 체포·감금·약취·유인하거나 인질로 삼는 행위

  나. 항공기(「항공법」 제2조제1호의 항공기를 말한다. 이하 이 목에서 같다)와 관련된 다음 각각의 어느 하나에 해당하는 행위

  1) 운항중(「항공보안법」 제2조제1호의 운항중을 말한다. 이하 이 목에서 같다)인 항공기를 추락시키거나 전복·파괴하는 행

위, 그 밖에 운항중인 항공기의 안전을 해칠 만한 손괴를 가하는 행위

2) 폭행이나 협박, 그 밖의 방법으로 운항중인 항공기를 강탈하거나 항공기의 운항을 강제하는 행위

3) 항공기의 운항과 관련된 항공시설을 손괴하거나 조작을 방해하여 항공기의 안전운항에 위해를 가하는 행위

다. 선박(「선박 및 해상구조물에 대한 위해행위의 처벌 등에 관한 법률」 제2조제1호 본문의 선박을 말한다. 이하 이 목에서 같다) 또는 해상구조물(같은 법 제2조제5호의 해상구조물을 말한다. 이하 이 목에서 같다)과 관련된 다음 각각의 어느 하나에 해당하는 행위

1) 운항(같은 법 제2조제2호의 운항을 말한다. 이하 이 목에서 같다) 중인 선박 또는 해상구조물을 파괴하거나, 그 안전을 위태롭게 할 만한 정도의 손상을 가하는 행위(운항 중인 선박이나 해상구조물에 실려 있는 화물에 손상을 가하는 행위를 포함한다)

2) 폭행이나 협박, 그 밖의 방법으로 운항 중인 선박 또는 해상구조물을 강탈하거나 선박의 운항을 강제하는 행위

3) 운항 중인 선박의 안전을 위태롭게 하기 위하여 그 선박 운항과 관련된 기기·시설을 파괴하거나 중대한 손상을 가하거나 기능장애 상태를 야기하는 행위

라. 사망·중상해 또는 중대한 물적 손상을 유발하도록 제작되거나 그러한 위력을 가진 생화학·폭발성·소이성(燒夷性) 무기나 장치를 다음 각각의 어느 하나에 해당하는 차량 또는 시설에 배치하거나 폭발시키거나 그 밖의 방법으로 이를 사용하는 행위

1) 기차·전차·자동차 등 사람 또는 물건의 운송에 이용되는 차량으로서 공중이 이용하는 차량

2) 1)에 해당하는 차량의 운행을 위하여 이용되는 시설 또는 도로, 공원, 역, 그 밖에 공중이 이용하는 시설

3) 전기나 가스를 공급하기 위한 시설, 공중의 음용수를 공급하는 수도, 전기통신을 이용하기 위한 시설 및 그 밖의 시설로서 공용으로 제공되거나 공중이 이용하는 시설

4) 석유, 가연성 가스, 석탄, 그 밖의 연료 등의 원료가 되는 물질을 제조 또는 정제하거나 연료로 만들기 위하여 처리·수송 또는 저장하는 시설

5) 공중이 출입할 수 있는 건조물·항공기·선박으로서 1)부터 4)까지에 해당하는 것을 제외한 시설

마. 핵물질(「원자력시설 등의 방호 및 방사능 방재 대책법」 제2조제1호의 핵물질을 말한다. 이하 이 목에서 같다), 방사성물질(「원자력안전법」 제2조제5호의 방사성물질을 말한다. 이하 이 목에서 같다) 또는 원자력시설(「원자력시설 등의 방호 및 방사능 방

재 대책법」제2조제2호의 원자력시설을 말한다. 이하 이 목에서
같다)과 관련된 다음 각각의 어느 하나에 해당하는 행위

1) 원자로를 파괴하여 사람의 생명·신체 또는 재산을 해하거나
   그 밖에 공공의 안전을 위태롭게 하는 행위

2) 방사성물질 등과 원자로 및 관계 시설, 핵연료주기시설 또는
   방사선발생장치를 부당하게 조작하여 사람의 생명이나 신체
   에 위험을 가하는 행위

3) 핵물질을 수수·소지·소유·보관·사용·운반·개조·처분 또
   는 분산하는 행위

4) 핵물질이나 원자력시설을 파괴·손상 또는 그 원인을 제공하
   거나 원자력시설의 정상적인 운전을 방해하여 방사성물질을
   배출하거나 방사선을 노출하는 행위

2. "테러단체"란 국제연합(UN)이 지정한 테러단체를 말한다.

3. "테러위험인물"이란 테러단체이 조직원이거나 테러단체 선전, 테러
   자금 모금·기부, 그 밖에 테러 예비·음모·선전·선동을 하였거나 하
   였다고 의심할 상당한 이유가 있는 사람을 말한다.

4. "외국인테러전투원"이란 테러를 실행·계획·준비하거나 테러에 참가
   할 목적으로 국적국이 아닌 국가의 테러단체에 가입하거나 가입하기
   위하여 이동 또는 이동을 시도하는 내국인·외국인을 말한다.

5. "테러자금"이란 「공중 등 협박목적 및 대량살상무기확산을 위한 자금조달행위의 금지에 관한 법률」 제2조제1호에 따른 공중 등 협박목적을 위한 자금을 말한다.

6. "대테러활동"이란 제1호의 테러 관련 정보의 수집, 테러위험인물의 관리, 테러에 이용될 수 있는 위험물질 등 테러수단의 안전관리, 인원·시설·장비의 보호, 국제행사의 안전확보, 테러위협에의 대응 및 무력진압 등 테러 예방과 대응에 관한 제반 활동을 말한다.

7. "관계기관"이란 대테러활동을 수행하는 국가기관, 지방자치단체, 그밖에 대통령령으로 정하는 기관을 말한다.

8. "대테러조사"란 대테러활동에 필요한 정보나 자료를 수집하기 위하여 현장조사·문서열람·시료채취 등을 하거나 조사대상자에게 자료제출 및 진술을 요구하는 활동을 말한다.

제3조(국가 및 지방자치단체의 책무)

① 국가 및 지방자치단체는 테러로부터 국민의 생명·신체 및 재산을 보호하기 위하여 테러의 예방과 대응에 필요한 제도와 여건을 조성하고 대책을 수립하여 이를 시행하여야 한다.

② 국가 및 지방자치단체는 제1항의 대책을 강구함에 있어 국민의 기본적 인권이 침해당하지 아니하도록 최선의 노력을 하여야 한다.

③ 이 법을 집행하는 공무원은 헌법상 기본권을 존중하여 이 법을 집행하여야 하며 헌법과 법률에서 정한 적법절차를 준수할 의무가 있다.

제4조(다른 법률과의 관계)

이 법은 대테러활동에 관하여 다른 법률에 우선하여 적용한다.

제5조(국가테러대책위원회)

① 대테러활동에 관한 정책의 중요사항을 심의·의결하기 위하여 국가
  테러대책위원회(이하 "대책위원회"라 한다)를 둔다.

② 대책위원회는 국무총리 및 관계기관의 장 중 대통령령으로 정하는
  사람으로 구성하고 위원장은 국무총리로 한다.

③ 대책위원회는 다음 각 호의 사항을 심의·의결한다.
  1. 대테러활동에 관한 국가의 정책 수립 및 평가
  2. 국가 대테러 기본계획 등 중요 중장기 대책 추진사항
  3. 관계기관의 대테러활동 역할 분담·조정이 필요한 사항
  4. 그 밖에 위원장 또는 위원이 대책위원회에서 심의·의결할 필요
    가 있다고 제의하는 사항

④ 그 밖에 대책위원회의 구성·운영 등에 필요한 사항은 대통령령으로
  정한다.

〔시행일 2016.9.4〕

제6조(대테러센터)

① 대테러활동과 관련하여 다음 각 호의 사항을 수행하기 위하여 국무
  총리 소속으로 관계기관 공무원으로 구성되는 대테러센터를 둔다.
  1. 국가 대테러활동 관련 임무분담 및 협조사항 실무 조정
  2. 장단기 국가대테러활동 지침 작성·배포

3. 테러경보 발령

4. 국가 중요행사 대테러안전대책 수립

5. 대책위원회의 회의 및 운영에 필요한 사무의 처리

6. 그 밖에 대책위원회에서 심의·의결한 사항

② 대테러센터의 조직·정원 및 운영에 관한 사항은 대통령령으로 정한
다.

③ 대테러센터 소속 직원의 인적사항은 공개하지 아니할 수 있다.

[시행일 2016.9.4]

제7조(대테러 인권보호관)

① 관계기관의 대테러활동으로 인한 국민의 기본권 침해 방지를 위하
여 대책위원회 소속으로 대테러 인권보호관(이하 "인권보호관"이라
한다) 1명을 둔다.

② 인권보호관의 자격, 임기 등 운영에 관한 사항은 대통령령으로 정한
다.

[시행일 2016.9.4]

제8조(전담조직의 설치)

① 관계기관의 장은 테러 예방 및 대응을 위하여 필요한 전담조직을 둘
수 있다.

② 관계기관의 전담조직의 구성 및 운영과 효율적 테러대응을 위하여

필요한 사항은 대통령령으로 정한다.

제9조(테러위험인물에 대한 정보 수집 등)

① 국가정보원장은 테러위험인물에 대하여 출입국·금융거래 및 통신
이용 등 관련 정보를 수집할 수 있다. 이 경우 출입국·금융거래 및 통
신이용 등 관련 정보의 수집에 있어서는 「출입국관리법」, 「관세법」,
「특정 금융거래정보의 보고 및 이용 등에 관한 법률」, 「통신비밀보
호법」의 절차에 따른다.

② 국가정보원장은 제1항에 따른 정보 수집 및 분석의 결과 테러에 이
용되었거나 이용될 가능성이 있는 금융거래에 대하여 지급정지 등
의 조치를 취하도록 금융위원회 위원장에게 요청할 수 있다.

③ 국가정보원장은 테러위험인물에 대한 개인정보(「개인정보 보호법」
상 민감정보를 포함한다)와 위치정보를 「개인정보 보호법」 제2조의
개인정보처리자와 「위치정보의 보호 및 이용 등에 관한 법률」 제5조
의 위치정보사업자에게 요구할 수 있다.

④ 국가정보원장은 대테러활동에 필요한 정보나 자료를 수집하기 위하
여 대테러조사 및 데리위험인물에 대한 추적을 할 수 있다. 이 경우
사전 또는 사후에 대책위원회 위원장에게 보고하여야 한다.

제10조(테러예방을 위한 안전관리대책의 수립)

① 관계기관의 장은 대통령령으로 정하는 국가중요시설과 많은 사람
이 이용하는 시설 및 장비(이하 "테러대상시설"이라 한다)에 대한 테
러예방대책과 테러의 수단으로 이용될 수 있는 폭발물·총기류·화
생방물질(이하 "테러이용수단"이라 한다), 국가 중요행사에 대한 안

전관리대책을 수립하여야 한다.

② 제1항에 따른 안전관리대책의 수립·시행에 필요한 사항은 대통령령
으로 정한다.

〔시행일 2016.9.4〕

제11조(테러취약요인 사전제거)

① 테러대상시설 및 테러이용수단의 소유자 또는 관리자는 보안장비를
설치하는 등 테러취약요인 제거를 위하여 노력하여야 한다.

② 국가는 제1항의 테러대상시설 및 테러이용수단의 소유자 또는 관리
자에게 필요한 경우 그 비용의 전부 또는 일부를 지원할 수 있다.

③ 제2항에 따른 비용의 지원 대상·기준·방법 및 절차 등에 필요한 사
항은 대통령령으로 정한다.

〔시행일 2016.9.4〕

제12조(테러선동·선전물 긴급 삭제 등 요청)

① 관계기관의 장은 테러를 선동·선전하는 글 또는 그림, 상징적 표현
물, 테러에 이용될 수 있는 폭발물 등 위험물 제조법 등이 인터넷이
나 방송·신문, 게시판 등을 통해 유포될 경우 해당 기관의 장에게 긴
급 삭제 또는 중단, 감독 등의 협조를 요청할 수 있다.

② 제1항의 협조를 요청받은 해당 기관의 장은 필요한 조치를 취하고
그 결과를 관계기관의 장에게 통보하여야 한다.

제13조(외국인테러전투원에 대한 규제)

① 관계기관의 장은 외국인테러전투원으로 출국하려 한다고 의심할 만한 상당한 이유가 있는 내국인·외국인에 대하여 일시 출국금지를 법무부장관에게 요청할 수 있다.

② 제1항에 따른 일시 출국금지 기간은 90일로 한다. 다만, 출국금지를 계속할 필요가 있다고 판단할 상당한 이유가 있는 경우에 관계기관의 장은 그 사유를 명시하여 연장을 요청할 수 있다.

③ 관계기관의 장은 외국인테러전투원으로 가담한 사람에 대하여 「여권법」 제13조에 따른 여권의 효력정지 및 같은 법 제12조제3항에 따른 재발급 거부를 외교부장관에게 요청할 수 있다.

제14조(신고자 보호 및 포상금)

① 국가는 「특정범죄신고자 등 보호법」에 따라 테러에 관한 신고자, 범인검거를 위하여 제보하거나 검거활동을 한 사람 또는 그 친족 등을 보호하여야 한다.

② 관계기관의 장은 테러의 계획 또는 실행에 관한 사실을 관계기관에 신고하여 테러를 사전에 예방할 수 있게 하였거나, 테러에 가담 또는 지원한 사람을 신고하거나 체포한 사람에 대하여 대통령령으로 정하는 바에 따라 포상금을 지급할 수 있다.

〔시행일 2016.9.4〕

제15조(테러피해의 지원)

① 테러로 인하여 신체 또는 재산의 피해를 입은 국민은 관계기관에 즉

시 신고하여야 한다. 다만, 인질 등 부득이한 사유로 신고할 수 없을 때에는 법률관계 또는 계약관계에 의하여 보호의무가 있는 사람이 이를 알게 된 때에 즉시 신고하여야 한다.

② 국가 또는 지방자치단체는 제1항의 피해를 입은 사람에 대하여 대통령령으로 정하는 바에 따라 치료 및 복구에 필요한 비용의 전부 또는 일부를 지원할 수 있다. 다만, 「여권법」 제17조제1항 단서에 따른 외교부장관의 허가를 받지 아니하고 방문 및 체류가 금지된 국가 또는 지역을 방문·체류한 사람에 대해서는 그러하지 아니하다.

③ 제2항에 따른 비용의 지원 기준·절차·금액 및 방법 등에 관하여 필요한 사항은 대통령령으로 정한다.

제16조(특별위로금)

① 테러로 인하여 생명의 피해를 입은 사람의 유족 또는 신체상의 장애 및 장기치료를 요하는 피해를 입은 사람에 대해서는 그 피해의 정도에 따라 등급을 정하여 특별위로금을 지급할 수 있다. 다만, 「여권법」 제17조제1항 단서에 따른 외교부장관의 허가를 받지 아니하고 방문 및 체류가 금지된 국가 또는 지역을 방문·체류한 사람에 대해서는 그러하지 아니하다.

② 제1항에 따른 특별위로금의 지급 기준·절차·금액 및 방법 등에 관하여 필요한 사항은 대통령령으로 정한다.

〔시행일 2016.9.4〕

제17조(테러단체 구성죄 등)

① 테러단체를 구성하거나 구성원으로 가입한 사람은 다음 각 호의 구분에 따라 처벌한다.

   1. 수괴(首魁)는 사형·무기 또는 10년 이상의 징역

   2. 테러를 기획 또는 지휘하는 등 중요한 역할을 맡은 사람은 무기 또는 7년 이상의 징역

   3. 타국의 외국인테러전투원으로 가입한 사람은 5년 이상의 징역

   4. 그 밖의 사람은 3년 이상의 징역

② 테러자금임을 알면서도 자금을 조달·알선·보관하거나 그 취득 및 발생원인에 관한 사실을 가장하는 등 테러단체를 지원한 사람은 10년 이하의 징역 또는 1억원 이하의 벌금에 처한다.

③ 테러단체 가입을 지원하거나 타인에게 가입을 권유 또는 선동한 사람은 5년 이하의 징역에 처한다.

④ 제1항 및 제2항의 미수범은 처벌한다.

⑤ 제1항 및 제2항에서 정한 죄를 범할 목적으로 예비 또는 음모한 사람은 3년 이하의 성역에 처한다.

⑥ 「형법」 등 국내법에 죄로 규정된 행위가 제2조의 테러에 해당하는 경우 해당 법률에서 정한 형에 따라 처벌한다.

제18조(무고, 날조)

① 타인으로 하여금 형사처분을 받게 할 목적으로 제17조의 죄에 대하여 무고 또는 위증을 하거나 증거를 날조·인멸·은닉한 사람은 「형

법」제152조부터 제157조까지에서 정한 형에 2분의 1을 가중하여 처벌한다.

② 범죄수사 또는 정보의 직무에 종사하는 공무원이나 이를 보조하는 사람 또는 이를 지휘하는 사람이 직권을 남용하여 제1항의 행위를 한 때에도 제1항의 형과 같다. 다만, 그 법정형의 최저가 2년 미만일 때에는 이를 2년으로 한다.

제19조(세계주의)

제17조의 죄는 대한민국 영역 밖에서 범한 외국인에게도 국내법을 적용한다.

부칙 〈제14071호, 2016.3.2〉

제1조(시행일)

이 법은 공포한 날부터 시행한다. 다만, 제5조부터 제8조까지, 제10조, 제11조, 제14조부터 제16조까지는 공포 후 3개월이 경과한 날부터 시행한다.

제2조(다른 법률의 개정)

① 통신비밀보호법 일부를 다음과 같이 개정한다.

제7조제1항 각 호 외의 부분 중 "국가안전보장에 대한 상당한 위험이 예상되는 경우"를 "국가안전보장에 상당한 위험이 예상되는 경우 또는 「국민보호와 공공안전을 위한 테러방지법」 제2조제6호의 대테러활동에 필요한 경우"로 한다.

② 특정 금융거래정보의 보고 및 이용 등에 관한 법률 일부를 다음과 같이 개정한다.

제7조제1항 각 호 외의 부분 중 "조사 또는 금융감독 업무"를 "조사, 금융감독업무 또는 테러위험인물에 대한 조사업무"로, "중앙선거관리위원회 또는 금융위원회"를 "중앙선거관리위원회, 금융위원회 또는 국가정보원장"으로 한다.

제7조제4항 중 "금융위원회(이하 "검찰총장등"이라 한다)는"을 "금융위원회, 국가정보원장(이하 "검찰총장등"이라 한다)은"으로 한다.

③ 특정범죄신고자 등 보호법 일부를 다음과 같이 개정한다.

제2조제1호에 바목을 다음과 같이 신설한다.

바. 「국민보호와 공공안전을 위한 테러방지법」 제17조의 죄

경제비상사태

홍종학의 필리버스터

경제비상사태의 실상과
테러방지법의 숨은 의도

국가비상사태가 아니라 경제비상사태